# Magische Verteidigungs-Waffen

## Helm, Brünne, Schild
## und Fessel

*Band 66b der Reihe „Die Götter der Germanen"*

1

## Bücher von Harry Eilenstein:

- Astrologie (496 S.)
- Photo-Astrologie (428 S.)
- Horoskop und Seele (120 S.)
- Tarot (104 S.)
- Handbuch für Zauberlehrlinge (408 S.)
- Physik und Magie (184 S.)
- Der Lebenskraftkörper (230 S.)
- Die Chakren (100 S.)
- Das Chakren-System mit den Nebenchakren (296 S.)
- Meditation (140 S.)
- Reinkarnation (156 S.)
- Drachenfeuer (124 S.)
- Krafttiere – Tiergöttinnen – Tiertänze (112 S.)
- Schwitzhütten (524 S.)
- Totempfähle (440 S.)
- Muttergöttin und Schamanen (168 S.)
- Göbekli Tepe (472 S.)
- Hathor und Re 1:  Götter und Mythen im Alten Ägypten (432 S.)
- Hathor und Re 2:  Die altägyptische Religion – Ursprünge, Kult und Magie (396 S.)
- Isis (508 S.)
- Die Entwicklung der indogermanischen Religionen (700 S.)
- Wurzeln und Zweige der indogermanischen Religion (224 S.)
- Der Kessel von Gundestrup (220 S.)
- Der Chiemsee-Kessel (76 S.)
- Cernunnos (690 S.)
- Christus (60 S.)
- Odin (300 S.)
- Die Götter der Germanen (Band 1 – 80)
- Dakini (80 S.)
- Kursus der praktischen Kabbala (150 S.)
- Eltern der Erde (450 S.)
- Blüten des Lebensbaumes 1:  Die Struktur des kabbalistischen Lebensbaumes (370 S.)
- Blüten des Lebensbaumes 2:  Der kabbalistische Lebensbaum als Forschungshilfsmittel (580 S.)
- Blüten des Lebensbaumes 3:  Der kabbalistische Lebensbaum als spirituelle Landkarte (520 S.)
- Über die Freude (100 S.)
- Das Geheimnis des inneren Friedens (252 S.)
- Von innerer Fülle zu äußerem Gedeihen (52 S.)
- Das Beziehungsmandala (52 S.)
- Die Symbolik der Krankheiten (76 S.)

- König Athelstan (104 S.)
- Herz des Tanzes – Tanz des Herzens (160 S.)

**Kontakt:**  www.HarryEilenstein.de  /  Harry.Eilenstein@web.de

**Herstellung und Verlag:** Books on Demand GmbH, Norderstedt    **ISBN:** 9783746074122

## Die Themen der einzelnen Bände der Reihe „Die Götter der Germanen"

Inha... ...nis

# A  Der Helm

## I  Der Helm in der germanischen Überlieferung

In den Liedern, Mythen und Sagas wird über sieben Arten von Helmen berichtet:

1. über den Eberhelm,
2. den Hörnerhelm,
3. den Maskenhelm („Grimr"), der auch das Gesicht bedeckt,
4. den Ögishelm („Schreckenshelm"), der den, der ihn trägt, in einen Drachen verwandelt,
5. den Goldhelm,
6. den aus einem anderen Grund besonderen Helm, und
7. den Himmel als Helm.

Daneben werden natürlich auch viele Helme genannt, die aber nur dem Schutz des Kopfes dienen und keinerlei erkennbare magisch-mythologische Eigenschaften haben.

## I 1.  Der Eber-Helm

Auf manchen Helmen befand sich eine kleine Eber-Statuette. Diese Helme werden „Eber-Helme" genannt.

Das germanische Substantiv „ebura" bedeutet „Eber, Keiler". Im Früh-Altnordischen verschob sich die Bedeutung des Wortes „eburar" zu „wilder Eber, Eber-Helm, Anführer, König". Im Altnordischen wurden daraus dann die beiden Substantive „jorr" für „wilder Eber" und „jofurr" für „Anführer, König".

Der Eber-Helm ist bei den Nordgermanen ab ca. 400 n.Chr., vielleicht auch schon früher, ein Abzeichen der Anführer gewesen.

## I 1. a)   Beowulf-Epos

Der von einer Eber-Statuetten gekrönte Helm erscheint des öfteren in den Liedern und Sagas. Wie seine Erwähnung in dem um ca. 700 n.Chr. verfaßten Beowulf-Epos zeigt, ist dieses Motiv schon recht alt.

Es wird sicherlich in einem Zusammenhang mit den Eber-Reittieren des Freyr und der Freya stehen. Wie u.a. das Hyndla-Lied zeigt, verwandelten sich die männlichen Toten auf ihrer Jenseitsreise in das für sie geopferte Herdentier, das oft ein Eber gewesen ist (siehe „Eber" in Band 65).

Im Beowulf-Epos heißt es:

*...   /   die streitgeübt*
*Mit gehämmertem Stahl   /   des Helmes Eber,*
*Mit scharfem Schwerte,   /   zerschmettern können.*

## I 1. b)   Beowulf-Epos

*/   Die Eber aus Gold,*
*die Feuer-gehärteten,   /   funkelten hell*
*auf den Wangenbergen.   /*

Wangenberge: zwei an Gelenken herabhängende Teile des Helmes, die die Wangen schützen („bergen")

## I 1. c)   Beowulf-Epos

*Auf dem Bestattungs-Feuer   /   war die blutige Rüstung*
*gut zu sehen   /   und auch der vergoldete Schwein-Helmaufsatz,*
*der Eber aus hartem Eisen.   /*

## I 1. d)   Beowulf-Epos

/ Tot ist Aeschere,
der ältere Bruder / des Yrmenlaf,
mein weiser Ratgeber / und meine Stütze in der Ratsversammlung,
Schulter-Gefährte / in der Not des Kampfes,
wenn Krieger stritten / und wir unsere Häupter schützten
und auf die Helm-Eber schlugen. /


## I 1. e)   Beowulf-Epos

Und der weiße Helm, / der sein Haupt beschützte,
war für die Tiefen / der Flut bestimmt,
durch Wogen-Wirbel hinab: / Er war mit Drähten umwunden,
mit Gold bedeckt, / so wie in den alten Tagen
die Waffenschmiede / ihn wundersam werkten
mit eingelegten Eber-Gestalten – / in keiner Weise konnten Schwerter,
die in der Schlacht geschwungen wurden, / diesen Helm beißen.

weiß = glänzend


## I 1. f)   Der Helm von Benty Grange

In Monyash in Derbyshire in Mittelengland wurde ein angelsächsischer Helm gefunden, auf dem sich ein Eber befindet. Dieser Helm stammt in etwa aus der Zeit von 500-700 n.Chr.

| | |
|---|---|
| *Original-Helm* | *Replik des Helmes* |
| *Original-Detail des Helm-Ebers* | *Replik-Detail des Helm-Ebers* |

## I 1. g)   Die Bronzeplatte von Torslunda

Auf der Insel Öland, die 6 km von dem südostschwedischen Festland entfernt liegt, wurde eine bronzene Platte aus der Vendelzeit (550-793 n.Chr.) gefunden, die als Matrize zur Herstellung von kleinen, geprägten Goldblechen diente. Auf ihr sind zwei Krieger mit Eber-Helm zu sehen.

*Bronzeplatte von Torslunda (Schweden)*

Zusammen mit dieser Platte wurden noch drei weitere Platten gefunden:

*zwei Kämpfer mit Eber-Helm*

*Krieger mit Vogelkopf-Hörner-Helm und
Wolfsfell-Krieger (Ulfhedinn)*

*Krieger und zwei Bären*

*Krieger hält Ungeheuer an einem Seil*

Auf der Platte rechts oben ist eine weitere Form des Helm-Aufsatzes zu sehen, der aus langen Hörnern besteht, die oben in einem Vogelkopf enden.

## I 1. h)  Skaldskaparmal

Einer der Helme, über den in Snorri Sturlusons Skaldenkunst-Lehrbuch berichtet wird, wird ein Helm mit einem Eber-Aufsatz gewesen sein.

*Da verlangten die Berserker des Hrolf Kraki für ihre Dienste drei Pfund Gold für jeden von ihnen und zusätzlich wollten sie Hrolf Kraki die Geschenke bringen, die sie selber ausgewählt hatten und die der Helm 'Schlachten-Keiler' und die Brünne 'Finnen-Erbe' waren, die beide kein Eisen beißen konnte, sowie den Goldring, der 'Schwein der Schweden' genannt wurde und den Adils Vorvater besessen hatte.*

Es ist bemerkenswert, daß sowohl der Helm als auch der Ring nach dem Eber benannt worden sind. Damit wird Freyr gemeint sein, der einen Sonnen-Eber als Reittier besaß und der das Urbild des Wiedergeborenen, also auch des ehemaligen Sonnengott-Göttervaters Tyr gewesen ist.

## I 1. i)  Kenningar und Heitis

Einige Kenningar spielen mehr oder weniger deutlich auf diese Keiler-Helme an:

| | | deutliche Eber/Keiler-Hinweise | | |
|---|---|---|---|---|
| **Helm** | *Keiler des Ali* | Ali = Seekönig | Eyvindr Skalden-Verderber Finnsson | Lausavisur |
| **Helm** | *Schlachten-Keiler* | | Glumr Geirason | Grafeldar-drapa |
| **Helm** | *Schlacht-Eber* | | Snorri Sturluson | Hattatal |
| **Helm** | *Kampf-Eber* | | Snorri Sturluson | Thulur |
| **Helm** | *Toten-Eber* | | Snorri Sturluson | Thulur |
| **Helm** | *Hallen-Eber* | | Snorri Sturluson | Thulur |
| | | vage Eber/Keiler-Hinweise | | |
| **Helm** | *Erschrecker* | wegen Eber-Helmaufsatz oder der Maske | Snorri Sturluson | Thulur |
| **Helm** | *Merkmal* | Symbol auf dem Helm | Snorri Sturluson | Thulur |
| **Helm** | *Heer-Helm-zeichen* | Helmzeichen: Aufsatz, das den Träger kennzeichnet oder ihn schützt (Eber o.ä.) | Snorri Sturluson | Thulur |

# I 1. j)  Jacob Grimm:  Deutsche Mythologie

Um ca. 575 n.Chr. berichtet der römische Historiker Theophanes, daß auf dem Rücken aller Merowingerkönige Schweineborsten wachsen:

*Theophanes meldet ausdrücklich, die Merovinger werden κριστάται und τριχοραχάται genannt, weil allen königen dieses geschlechts borsten, wie schweinen, auf dem rückgrat (ῥάχις) wachsen.*

- - -

Dasselbe Motiv findet sich auch noch 500 Jahre später in dem um ca. 1090 n.Chr. verfaßten Rolandlied, in dem sich diese Aussage jedoch generell auf die Heiden bezieht:

*das weiß noch Roland, wo freilich unter den Heiden aufgeführt werden:*

*'di helde von Meres;*
*vil gewis sît ir des,*
*daz niht kuoners mac sîn:*
*an dem rucke tragent si borsten sam swîn.'*

(auf dem Rücken tragen sie Borsten wie Schweine)

*Die herleitung des namens ist völlig unbekannt. ich weiß nicht, ob man in ihm einen bezug finden könnte auf den ebercultus des Frô, der unter Franken vorzüglich verbreitet gewesen wäre?*

- - -

In dem Bruchstück einer Erzählung, die Alberic von Besançon um 1093 n.Chr. verfaßt hat, werden die Borsten etwas korrekter auf den „Hut", d.h. auf den Helm verlegt:

*auch Lamprecht hat: 'sin hût was ime bevangen al mit swînes bursten.'*

(Sein Hut war ganz mit Schweineborsten bedeckt.)

# I 1. k)  Zusammenfassung:  Eber-Helm

Der Eber-Helm ist ein Zeichen der Anführer und Könige gewesen und stand vermutlich mit dem Eber des Freyr in Verbindung.

Dies ergibt sich aus:

- der Geschichte des Substantivs „Eber", das auch König bedeutete;
- den Eber-Helmen im Beowulf-Epos;
- dem Helm „Schlachten-Keiler" des schwedischen Königs Adils;
- der Benennung des Helms als „Keiler des (Seekönigs) Ali";
- der Behauptung, daß die Merowingerkönige Borsten auf dem Rücken trugen (Theophanes, 575 n.Chr.); und
- dem Sonnen-Eber des Freyr.

Eber-Helme sind für die Zeit zwischen 500 n.Chr. und 700 n.Chr. im dänisch-angelsächsischen Bereich nachgewiesen, aber sie werden auch in Schweden und Norwegen bekannt gewesen sein. Sie werden vermutlich schon in früherer Zeit hergestellt worden sein.

Die in den isländisch-skandinavischen Quellen erwähnten Helme sind vermutlich nur noch aus der Sagen-Tradition bekannt gewesen, da es keine Funde von Eber-Helmen nach 700 n.Chr. gibt.

Die Eber als Aufsatz auf den Helmen sind am häufigsten; es hat jedoch auch Eber als Einlegearbeiten auf den Helmen und auf den Wangenbergen der Helme gegeben.

# I 2.   Der Hörnerhelm

Von den Germanen sind mehrere Hörnerhelme bekannt, von denen sich drei erstaunlich ähnlich sind.

## I 2. a)   Der Hörnerhelm von Sutton  Hoo

*zwei Krieger mit Vogelkopf-Hörner-Helm*
*Sutton  Hoo (Ostengland), 650 n.Chr.*

Die beiden hier abgebildeten Hörnerhelme gehen an ihren Hörnerspitzen in Vogelköpfe über.

Es könnte sich bei diesen Hörnern daher um eine Kombination aus den Hörnern eines Stieres und zwei Seelenvögeln handeln. Dies könnte evtl. Tyr (Stier) und seine beiden Alcis-Söhne (Seelenvögel) sein – diese Deutung ist jedoch recht unsicher.

## I 2. b)   Der Hörnerhelm von Torslunda

*Krieger mit Vogelkopf-Hörner-Helm und Wolfsfell-Krieger (Ulfhedinn)*
*Prägeplatte aus Torslunda (Schweden), 550-793 n.Chr.*

## I 2. c)   Der Hörnerhelm von Obrigheim

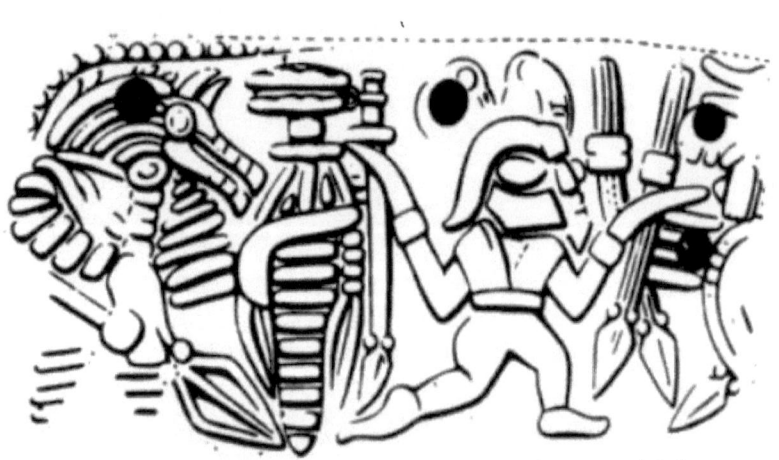

*links: ein stark stilisierter Wolfs-Krieger mit Speer und Schwert*
*Mitte: Krieger mit Vogel-Hörnerhelm, Schwert und zwei Speeren*
*rechts: Teil eines Kriegers mit Speer und Schild*
*Platte von Obrigheim (Deutschland), 650 n.Chr.*

Die insgesamt sieben auf dem Helm von Sutton Hoo, auf der Prägeplatte von Thorslunda und auf dem Helm von Obrigheim dargestellten Krieger haben mehrere Ähnlichkeiten:

- sie schreiten bzw. laufen,
- sie tragen ein Schwert und zwei Speere,
- der Helm hat zwei Wangenbergen,
- der Helm hat zwei Hörner,
- die beiden Hörner enden in einem Vogelkopf.

In Schweden wurde dieser Hörnerhelm-Krieger mit den Ulfhedinn (Wolfsfell-Kriegern) assoziiert.

## I 2. d)  Die beiden Hörnerhelme aus dem Veksoe-Moor

*Hörnerhelme, Veksoe-Moor, Bronzezeit*

21

Ihrer Form nach sind die Hörner auf diesen beiden Helmen am ehesten Stierhörner. Dies entspricht den Hörnern auf den bereits dargestellten Helmen aus der späteren Zeit. Sie könnte sich daher auch auf Tyr beziehen, der zu dieser Zeit noch der Sonnengott-Göttervater und der Kriegsgott der Nordgermanen gewesen ist.

Die Hörner enden in zwei Kugeln statt wie bei den späteren Hörnerhelmen in zwei Vogelköpfen – vermutlich werden sie jedoch dieselbe Symbolik haben.

Die Hörnerhelme haben auf ihrer Vorderseite je zwei große Augen – die des Tyr oder die der beiden Alcis?

In der Mitte des Helmes kriecht jeweils eine stark stilisierte Schlange über den Helm nach vorne. Dasselbe Motiv findet sich auch auf den Maskenhelmen der Vendelzeit, die im nächsten Kapitel beschrieben werden. Dort stellt diese „Helm-Schlange" sowohl den Sonnendrachen (Tyr) als auch die erwachte Kundalini dar (siehe den Band 41 die Schlangen und Drachen sowie das Kapitel „Kundalini" in Band 64).

Der Umstand, daß zwei gleiche Helme gefunden worden sind, läßt vermuten, daß sie in symbolischer Hinsicht zu den beiden Alcis-Söhnen des Tyr gehört haben. Zu der damaligen Zeit wurden die nordgermanischen Stämme zumindestens zum Teil von jeweils zwei Kriegern gemeinsam angeführt, die sich als die beiden „Söhne des Tyr" aufgefaßt haben (siehe den Band 12 über die Alcis).

Die Bedeutung der „Punkte" auf den beiden Helmen ist unklar – sind das Sterne am Himmel, also Symbole der Seelen im Jenseits? Dann wären diese beiden Helme keine Kampf-Helme, sondern rituelle Helme – was auch schon die Hörner vermuten lassen, die im Kampf bei schnellen Kopfbewegungen und bei Schlägen durch den Gegner ja ziemlich unpraktisch wären.

## I 2. f)   Die Hörnerhelme der beiden Alcis

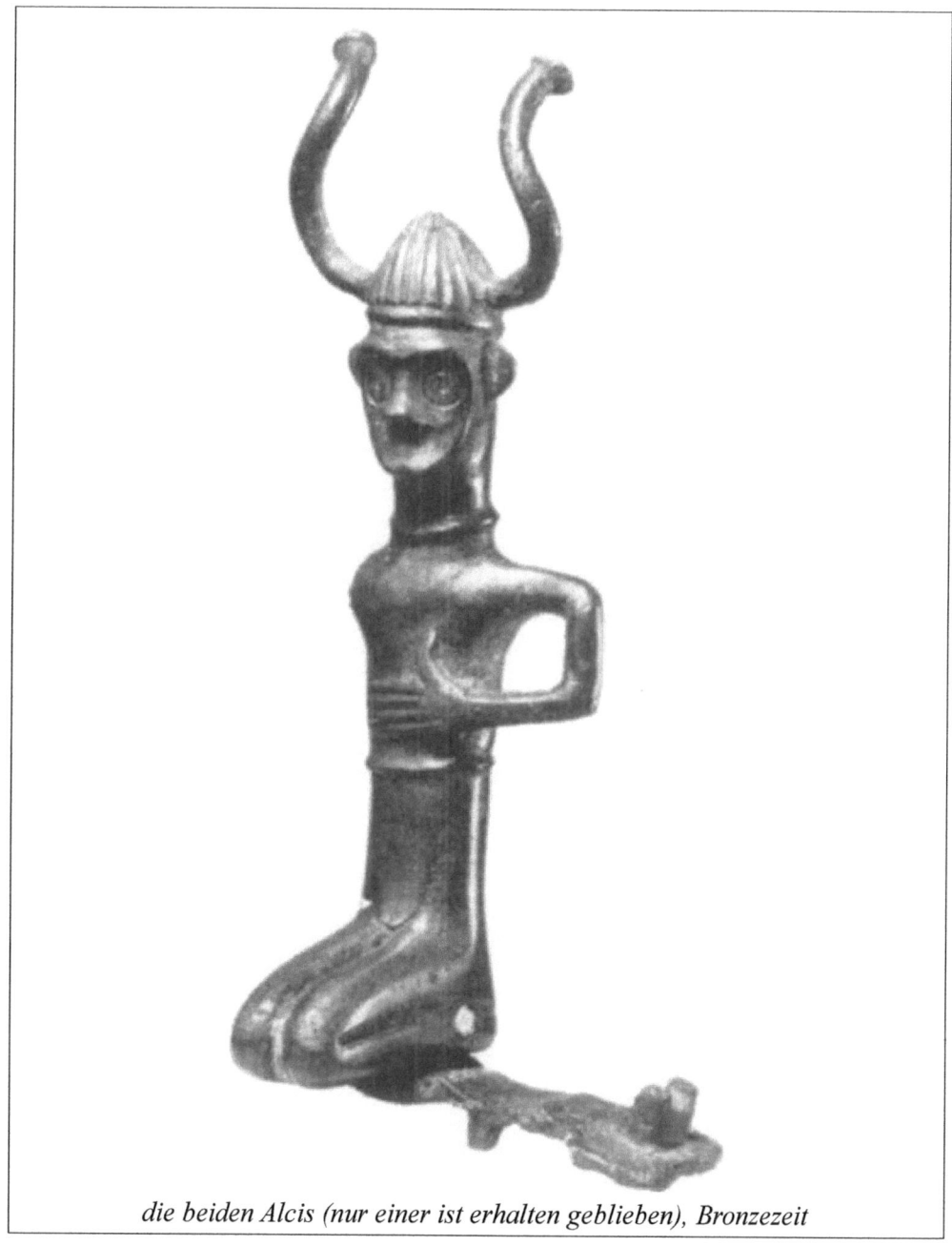

*die beiden Alcis (nur einer ist erhalten geblieben), Bronzezeit*

Dieser Standarten-Aufsatz aus der Bronzezeit zeigt die beiden Alcis-Zwillinge mit genau der Art von Hörnerhelm, die sich auch im Veksoe-Moor gefunden haben.

Es ist somit recht sicher, daß diese Art des Helmes zu den Alcis gehört – wenn auch vielleicht nicht ausschließlich. Auch die die beiden Krieger-Paare auf dem Helm von Sutton Hoo und von Obrigheim werden die beiden Alcis sein. Vielleicht gehören auch die beiden Krieger auf der Prägeplatte von Thorslunda zu den Darstellungen der beiden Alcis, obwohl der eine von ihnen als Ulfhedin dargestellt worden ist.

In der Vendelzeit wurden sowohl die beiden Alcis als auch ihre rituellen Trinkhörner „Grim", d.h. „Maskenhelm" genannt. Davon leitet sich u.a. der spätere Odin-Beiname „Grimnir" ab.

## I 2. g)  Zusammenfassung:  Hörnerhelm

Die germanische Überlieferung zu den Hörnerhelmen ist zu spärlich, um aus ihr alleine Schlußfolgerungen ziehen zu können. Man kann jedoch vermuten, daß der Vogel mit dem Seelenvogel und den Schwanen-gestaltigen Walküren in Verbindung gestanden hat. Die Hörner könnten wiederum zu den Opferstieren und diese mit dem Göttervater Tyr, dessen wichtigstes Opfertier der Stier gewesen ist, gehört haben – und von ihnen auf die beiden Alcis übertragen worden sein.

Das paarweise Auftreten sowohl der Hörnerhelme als auch der Hörnerhelm-Krieger zeigt, daß die Hörnerhelme eng mit den beiden Alcis-Söhnen des Tyr assoziiert worden sind.

Diese Alcis-Hörnerhelme sind später zu den Drachen-Maskenhelmen geworden, auf denen sich dieselbe Schlange wie auf den beiden Hörnerhelmen aus dem Veksoe-Moor befindet.

# I 3.  Der Maskenhelm

## I 3. a)  Das Wort „grimr"

Einige Helme bedeckten nicht nur den oberen Kopf, also den behaarten Teil, sondern auch das Gesicht.

Solche Helme wurden im Altnordischen „grimr", d.h. „Maske" genannt. Als „grimr" wird jedoch auch ein um das Gesicht gewundener Schal, der Metallschutz für den Kopf oder die Brust eines Pferdes sowie der Drachenkopf eines Drachenschiffes bezeichnet. Auch die Nacht kann poetisch mit „grimr" umschrieben werden.

Das altnordische Wort „grimr" ist in den germanischen Sprachen weit verbreitet und läßt sich sehr weit zurückverfolgen.

<table>
<tr><td colspan="5" align="center">Stammbaum des altnordischen Substanitvs „grimr"<br>- Teil 1 -</td></tr>
<tr>
<td rowspan="6">Europa/ Asien/ Nord-afrika (Meso-lithi-kum): ger auf-fallen</td>
<td rowspan="6">Nostra-tisch (frühes Neolith-ikum in Mesopo-tamien): gher laut sein</td>
<td rowspan="6">Indo-germa-nisch (mittleres Neolithi-kum, süd-russische Steppe): ghrem grollen</td>
<td colspan="2">awestisch: gram jemandem böse sein</td>
<td>persisch: gozm Groll; gerim Schminke, Maske</td>
</tr>
<tr>
<td colspan="3">griechisch: khromos Geräusch, Gewieher; khremizein wiehern; khromados Knirschen</td>
</tr>
<tr>
<td colspan="3">baltisch: grim singen; grimikan Liedchen; grameti polternd fallen; grumeti donnern; grumins ferner Donner; grumen dröhnen, murren, drohen; grumsti knirschen, knarren, drohen</td>
</tr>
<tr>
<td>altslawisch: grumeri donnern</td>
<td colspan="2">russisch: gremet donnern, klirren; grom Donner; pagrom Unwetter, Verwüstung, Krawall (Progrom)</td>
</tr>
<tr>
<td>germanisch: grem knirschen, zürnen</td>
<td>althochdeutsch: grimm wild, grausam jemandem gram sein jemandem zürnen</td>
<td>neuhochdeutsch: Grimm verhaltener Zorn; grimmig schlecht gelaunt jemandem gram sein jemandem zürnen</td>
</tr>
</table>

Der indogermanische Wortstamm „ghrem" findet sich im Germanischen mit verschiedenen Vokalen wieder, die im Folgenden wegen des großen Umfanges dieser Wortfamilien einzeln betrachtet werden – diese fünf Formen sind: „grim", „grem", „gram", „grom", „grum".

# Stammbaum des altnordischen Substanitvs „grimr"
## - Teil 2a (grim)-

*(das indogermanische „e" in „ghrem" ist zu einem germanischen „i" geworden)*

| germanisch | germanische Sprachen | | |
|---|---|---|---|
| **grima(n)** **grimo(n)** *Helm, Maske, Schreckens-maske* | altnordisch: **grima** *Maskenhelm, Gesichtsmaske, Drachenkopf am Steven, Nacht* | | |
| | angelsächsisch: **grimo** *Maske, Helm* | | alt englisch: **grima** *Maske, Helm, Gespenst* |
| | gotisch: **greima grima** *Maske* | | |
| | althochdeutsch: **grimo** *Maske*; **grim** *Maske, Helm* | | |
| **grimma(z)** **gremma(z)** *grimmig, zornig* | altnordisch: **grimmr** *zornig, grimmig, grausam* | | |
| | angelsächsisch: **grim(m)** *grimmig, feindlich, böse* | | altenglisch: **grim(m)** *grimmig, wild, schrecklich, grausam* |
| | neuenglisch: **grim** *düster, erbittert, grauenvoll, grimmig, hart, makaber, streng, trostlos, unerbittlich, verbissen, eisern, erbittert* | | |
| | mittelniederdeutsch: **grim** *grimmig, böse, zähneknirschend, zornig, wütend* | | |
| | altfriesisch: **grim(m)** *grimm, grimmig, schlimm* | | neufriesisch: **grimm** *grimm, grimmig* |
| | gotisch: **grimms** *grimmig, zornig, schrecklich* | | |
| | althochdeutsch: **grim** *grimm, grimmig, wild, grausam, rasend;* **grimmi** *Grimm* | mittelhochdeutsch: **grim(me)** *grimm, unfreundlich, wild, schrecklich, Grimm* | neuhochdeutsch: **grimm** *grimmig, schlecht gelaunt, in Wut geratend;* **Grimm** Wut, verhaltener Zorn |

# Stammbaum des altnordischen Substanitvs „grimr"
## - Teil 2b (grem)-

*(das indogermanische „e" in „ghrem" ist ein germanisches „e" geblieben)*

| germanisch | germanische Sprachen | | |
|---|---|---|---|
| **grem** *knirschen, zürnen* | | | |
| **gremmaga(z)** **gremmīga(z)** *wild, grausam* | angelsächsisch: **grimmag** *grimmig* | | |
| | mittelniederdeutsch: **grimmich** *zornig* | | |
| | althochdeutsch: **grimmig** *grimmig, grausam, schnaubend, unbarmherzig* | mittelhochdeutsch: **grimmec** **grimmic** *grimm, wild, schmerzlich, unfreundlich* | neuhochdeutsch: **grimmig** *grimmig, wütend, grausam* |
| **gremmalīka(z)** **grimmalīka(z)** *furchtbar, grausam* | altnordisch: **grimmligr** *grimmig, wild, grausam* | | |
| | altenglisch: **grimlic** *furchtbar, schrecklich, grausam* | | |
| | altfriesisch: **grimmlik grimlik** *grimm(ig), schlimm* | | neufriesisch: **grymmelig** *grimmig* |
| | althochdeutsch: **grimlih** *grimmig, grausam* | mittelhochdeutsch: **grimmelich** *grausam* | neuhochdeutsch: **grimmlich** *grausam* |
| **gremma(n)** **gremmjan** *grimmen, grimmig sein, rasen, toben, wüten, zürnen* | altnordisch: **grimmast** *zornig werden* | | |
| | angelsächsisch: **grimman** *wüten* | altenglisch: **grimman** *rasen, wüten* | |
| | mittelniederdeutsch: **grimmen** *zürnen, wütend sein, keifen* | | |
| | gotisch: **grimman** *ergrimmen, zürnen* | | |
| | althochdeutsch: **grimman** *rasen, wüten, toben* | mittelhochdeutsch: **grimmen** *tobend lärmen, brüllen, zürnen, wüten* | neuhochdeutsch: **grimmen** *grimmen, schmerzen* |
| **gremmi(n)** **gremmja(z)** *Grimm, Erbitterung* | althochdeutsch: **grimmi** *Wut, Grimm, Ingrimm, Jähzorn, Grausamkeit, Wildheit, Bitternis* | mittelhochdeutsch: **grimme** *Wut, Grimm, Wildheit* | neuhochdeutsch: **Grimme(n)** *Wut, Grausamkeit, leidenschaftliche Erregung, Schmerz (Bauchgrimmen)* |
| **gremmison** **gremmeson** *wüten, toben* | althochdeutsch: **grimmison** *wüten, toben* | | |
| **gremmitho** **gremmetho** *Wildheit, Wut* | altnordisch: **grimd** *Bosheit, Feindschaft* | | |
| | gotisch: **grimmitha** *Grimm* | | |
| | althochdeutsch: **grimmida** *Grimm, Grausamkeit, Gewaltherrschaft, Despotie, Härte* | | mittelhochdeutsch: **grimmede** *unbarmherzige Härte, erbarmungsloses Vorgehen* |

27

# Stammbaum des altnordischen Substanitvs „grimr"
## - Teil 2c (gram)-

*(das indogermanische „e" in „ghrem" ist zu einem germanischen „a" geworden)*

| germanisch | germanische Sprachen | | |
|---|---|---|---|
| **grama(z)** *zornig, grimmig, böse, gram* | altnordisch: **gramr** *zornig, feindlich;* **gramr** *König, Fürst, Teufel, Troll, Schwert;* **Gram** *das Schwert des Sigurd (ursprünglich das Schwert des Tyr)* | | |
| | angelsächsisch: **gram** *gram, feindselig, feindlich* | altenglisch: **gram grom** *gram, zornig, wild, feindlich* | |
| | mittelniederdeutsch: **gram** *unmutig, zornig, feindselig* | | |
| | mittelniederländisch: **gram** *zornig, erzürnt* | | |
| | gotisch: **grams** *zornig, Gram* | | |
| | althochdeutsch: **gram** *zornig, zornig auf, böse auf* | mittelhochdeutsch: **Gram** *zornig, unmutig, erzürnt* | neuhochdeutsch: **gram** *zornig, zornig auf, böse auf;* **Gram** *Kummer;* **sich grämen** *trauern* |
| **gramjan** *erzürnen, grämen, erbittern* | altnordisch: **gremman** *erzürnen, herausfordern, schmähen* | | |
| | altenglisch: **gramian** *wüten, toben* | | |
| | gotisch: **gramjan** *erzürnen, aufregen* | | |
| | hochdeutsch: **gremen gremmen** *erzürnen, reizen, kränken, beleidigen, lästern* | mittelhochdeutsch: **gremen** *sich grämen, erzürnt sein* | neuhochdeutsch: **grämen** *sich grämen, erzürnen, betrüben, ärgern* |
| **grama(z)** *Feind* | altenglisch: **grama** *Feind, Teufel* | | |
| **gramalika** *feindselig* | altenglisch: **gramlic** *feindselig* | | |
| **grami(n)** *Zorn* | altnordisch: **gremi** *Zorn* | | |
| | angelsächsisch: **gremi** *Zorn* | | |
| | mittelniederdeutsch: **gram** *Zorn, Unwillen* | | |
| **gramitho grametho** *Zorn* | altnordisch: **gremd** *Zorn* | | |
| **gramitjan grumitjan** *knirschen* | altenglisch: **grymettan** *brüllen, grunzen, rasen* | | |
| | althochdeutsch: **gremizzon gremizzen** *zürnen, wüten, toben, murren* | mittelhochdeutsch: **grenzen** *murren, aufbrausen* | frühneuhochdeutsch: **gremsen** *gremsen (mürrisch sein)* |

28

| Stammbaum des altnordischen Substanitvs „grimr" - Teil 2d (grom) - | |
|---|---|
| *(das indogermanische „e" in „ghrem" ist zu einem germanischen „o" geworden)* | |
| *germanisch* | *germanische Sprachen* |
| Es kommen keine Wort-Bildungen mit dem Vokal „o" vor. | |

| Stammbaum des altnordischen Substanitvs „grimr" - Teil 2e (grum)- | | |
|---|---|---|
| *(das indogermanische „e" in „ghrem" ist zu einem germanischen „u" geworden)* | | |
| *germanisch* | *germanische Sprachen* | |
| **gramitjan** **grumitjan** *knirschen* | mittelhochdeutsch: **grummen** *murren* | neuhochdeutsch: **grummeln** *murren* |

Anhand dieses umfangreichen Stammbaumes läßt sich nun die Entwicklung des altnordischen Substantivs „grimr" rekonstruieren:

Die mesolithische eurasiatisch-nordafrikanische Wortwurzel von „grimr" ist „ger" für „auffällig sein" (30.000-10.000 v.Chr.).

Daraus entwickelte sich im frühen Neolithikum (=Jungsteinzeit) in Mesopotamien durch eine Bedeutungs-Einengung das Adjektiv oder Verb „gher" für „laut sein" (10.000-7000 v.Chr.).

Im Indogermanischen, in dem dies Wort „ghrem" lautete, wurde die Bedeutung dieses Verbes noch einmal auf „grollen" eingeengt (7000-2800 v.Chr.). Dieses „grollen" hat sich möglicherweise auch auf den Donner bezogen.

In den verschiedenen indogermanischen Sprachen lassen sich folgende Weiterentwicklungen feststellen, die jedoch z.T. auch bereits früher vorhandene Bedeutungs-Aspekte des indogermanischen Wortes „ghrem" gewesen sein können:

| persisch:   | jemandem grollen, Schminke, Maske |
|-------------|-----------------------------------|
| griechisch: | Geräusch, Wiehern, Knirschen |
| baltisch:   | singen, Lied, polternd fallen, donnern, dröhnen, murren, drohen, knirschen, knarren |
| slawisch:   | donnern, klirren, Gewitter, Verwüstung, Krawall |
| germanisch: | knirschen, zürnen, wild, grausam, Maske, Helm, Gespenst, toben, brüllen, murren, Gewalt |

Die Grundbedeutung in den indogermanischen Sprachen ist offenbar „Donner, Lärm".

Als erste Nebenbedeutung tritt zum einen im Baltischen „singen, Lied" auf, was eine recht seltsame Ableitung von „grollen, donnern" wäre, wenn es sich ursprünglich um ein normales Singen handeln würde. Wenn man jedoch an den Bericht des Tacitus über das „grollende Tönen/Brüllen" der Germanen denkt, die vor der Schlacht in ihre Schilder „sangen" und ihre Schilder als verstärkenden Hohlraum benutzten, dann paßt die baltische Ableitung „singen" von dem indogermanischen „grollen" wieder recht gut.

Die zweite Nebenbedeutung ist die „Maske", die sowohl im Germanischen als auch im Persischen auftritt. Zunächst einmal hat eine Maske recht wenig mit dem Verb „grollen, donnern" zu tun. Es findet sich jedoch bei den Indogermanen ein wichtiges Motiv, in dem beides zusammenkommt: Bei der Erzeugung der Kampfekstase tragen die Krieger ein Wolfsfell, dessen Kopfteil sie als Maske tragen (siehe die vier Bronzeplatten von Torslunda im vorigen Kapitel) und brüllen laut – was vermutlich auch das Brüllen ist, das von Tacitus beschrieben wird (siehe dazu auch „Berserker" und „Ulfhedinn" in Band 62).

Blitz und Donner sind bei den Indogermanen zunächst noch Zeichen des Sonnengott-Himmelsgott-Göttervater-Kriegsgottes Dhyaus gewesen. Die Wolfskrieger, die durch ihren Gesang in sich ihre Kampf-Ekstase erweckten, werden daher zunächst „Dhyaus-Krieger", also Krieger des Kriegsgott-Göttervaters gewesen sein. Daher hat sowohl der Donner als auch die Wolfs-Maske ihren Ursprung in dem indogermanischen Göttervater Dhyaus – somit sind die Ableitungen „Gesang" und „Maske" von dem Wort, das ursprünglich den Donner bezeichnet hat, durchaus plausibel und mythologisch verständlich.

Auch bei den Germanen ist der Donner und der Maskenhelm noch immer mit dem Kriegsgott-Göttervater Tyr verbunden – der Donner gehört jedoch zu dem Donnergott Thor der sich bereits um ca. 6000 v.Chr. von dem indogermanischen Göttervater Dhyaus abgespalten hat (siehe den Band 17 über Thor).

Innerhalb der germanischen Sprachen läßt sich eine weitere Differenzierung dieses Wortes beobachten.

Im Zentrum der Bedeutungen steht die Wut. Dies erinnert in Verbindung mit der Kampfekstase der Berserker und der Ulfhedinn an den Namen „Odin/Wotan", der „Wut, Rage, Ekstase, Kampfekstase" bedeutet. Das bestätigt die Annahme, daß mit den germanischen Begriffen aus der Wortfamilie „grim" ursprünglich die Kampf-ekstase gemeint gewesen ist.

Die germanischen „grim"-Begriffe bestehen aus acht Gruppen von Bedeutungen:

1. rasen, toben, wüten, zürnen, erzürnen, Wildheit, Wut, Zorn
2. wild, grausam, furchtbar, böse
3. grimmen, grimmig, zornig, zürnen
4. Grimm, Erbitterung
5. knirschen, Knirschen
6. erbittern, Feind, feindselig
7. gram, grämen
8. Helm, Maske, Schreckenshelm

Der Zusammenhang zwischen diesen Gruppen ist leicht erkennbar: Die Kampf-ekstase (1), bei der die Betreffenden einen Maskenhelm (oder ein Wolfsfell mit Schä-del) tragen (8) und mit den Zähnen knirschen (5), richtet sich gegen Feinde (6) und ist für diese schrecklich (2). Ihre abgeschwächte Form ist die „normale Wut" (3), die auch chronisch werden kann (4) und dann viel Leid verursacht (7).

Diese Begriffs-Gruppe hat sich in den verschiedenen germanischen Sprachen verschieden weiterentwickelt, wie die folgende Übersicht zeigt. In der Liste sind zusammengehörige Begriffe wie „Zorn, zornig, zürnen, erzürnt, zornig werden" der Übersichtlichkeit halber mit nur jeweils einem Begriff wie z.B. „Zorn" aufgeführt – die Liste hat nur den Zweck, die mit dem Wort „grimr" und seinen Verwandten verbundenen Qualitäten sowie deren Entwicklung zu erfassen.

Die fünf Bedeutungs-Gruppen sind abwechelnd weiß und hellgrau hinterlegt, damit sie leichter unterschieden werden können.

## Die Zweige der Wortfamilie „grimr" in den germanischen Sprachen

| die Bedeutung von „grimr" und seinen Verwandten | Germanisch | | | | | | | |
|---|---|---|---|---|---|---|---|---|
| | Alt-nor-disch | Angelsächsisch | | | | | Go-tisch | Althochdeutsch |
| | | => Angel-säch-sisch | => Alt-englisch => Englisch | => Mittel-nieder-ländisch | => Mittel-nieder-deutsch | => Alt-friesisch => Neu-friesisch | | => Mittel-hochdeutsch => Neu-hochdeutsch |
| Zorn | x | x | x | x | x | | x | x |
| grimmig | x | x | x | | x | x | x | x |
| rasen, wüten | | x | x | | x | | x | x |
| sich ärgern | | x | x | | x | | | x |
| zähneknirschend | | | | | x | | | |
| brüllen, grunzen | | | x | | | | | x |
| wild | x | | x | | | | | x |
| feindlich | x | x | x | | x | | | |
| reizen, kränken | x | | | | | | | x |
| keifen | | | | | x | | | |
| verbissen | | | x | | | | | x |
| schrecklich | | | x | | | x | | x |
| grausam | x | | x | | | | | x |
| hart, streng | | | x | | | | | x |
| böse, Bosheit | x | x | | | x | | | |
| düster, grausig | | | x | | | | | |
| Gespenst, Teufel | x | | x | | | | | |
| Nacht | x | | | | | | | |
| schmerzen | | | | | | | | x |
| sich grämen | | | | | | | x | x |
| Helm | x | x | x | | | | | x |
| Maske | x | x | x | | | | x | x |
| Maskenhelm | x | | | | | | | |
| König, Schwert | x | | | | | | | |
| Schiffs-Drachenkopf | x | | | | | | | |

Die Bedeutung „zornig, grimmig" ist in allen germanischen Sprachen vorhanden und bildet offenbar die Bedeutungs-Grundlage von „grimr".

Die „Unfreundlichkeit" im Angelsächsischen und im Deutschen sind sicherlich als Abschwächung der Wut zu verstehen.

Im angelsächsischen Bereich, im Gotischen und im Deutschen hat „grimr" auch den Aspekt des „Jähzorns", was sich am einfachsten dadurch erklären läßt, daß „grimr" ursprünglich die Kampfekstase, also ein willentlich herbeigerufener Erregungszustand gewesen ist.

Zu der Erzeugung dieser Ekstase gehören das Brüllen, Grunzen, Schnauben, Toben, Lärmen und das Zähneknirschen, die für das Angelsächsische und das Deutsche belegt sind.

Das vielfältige Bild des Feindes, das bis hin zur Nacht (= Jenseits) und zum Teufel reicht, ist in allen germanischen Sprachen außer im Gotischen zu finden. Dieses Motiv ergab sich fast zwangsläufig aus der Gefährlichkeit der Kampfekstase-Krieger, also der Berserker und der Ulfhedinn.

Die Folge der Taten dieses „Feindes" war der Schmerz – diese Bedeutung findet sich sowohl im Deutschen als auch im Gotischen, was vermuten läßt, daß es auch im Gotischen einst die Bedeutung „Feind" gegeben hat.

Der Maskenhelm ist in allen germanischen Sprachzweigen (Altnordisch, Angelsächsisch, Gotisch, Deutsch) vertreten.

Im Altnordischen wurden auch der König und sein Schwert als „grimr" bezeichnet – diese Namensgebung stammt vermutlich aus der Vorstellung, daß der König der Sohn und der Vertreter des ehemaligen Sonnengott-Göttervaters und Kriegsgott-Schwertgottes Tyr auf Erden ist und dieser Göttervater der Gott der Ulfhedinn ist.

Die altnordisches Bezeichnung des Kopfes des Drachenschiffe als „grimr" wird dadurch entstanden sein, daß man den Drachenkopf und den Maskenhelm beide als Verbindung zum Jenseits angesehen hat – und er die Feinde in Angst versetzen sollte. Zudem ist das Drachenschiff ursprünglich das Schiff gewesen, in dem Tyr als Sonne über die Himmelssee gefahren ist.

Somit läßt sich nun die Entwicklung der mit „grimr" verwandten Worte in einer einfachen Graphik darstellen:

| Der Stammbaum der Bedeutungen des Wortes „grimr" | | | | | | | |
|---|---|---|---|---|---|---|---|
| eurasia-tisch-nord-afrika-nisch: | nostra-tisch: | indo-germa-nisch: | germa-nisch: | **Altnordisch:** | | | |
| | | | | (*Jähzorn*) | => *Wut* | | => *Feind* |
| | | | | | => *Maskenhelm* | | => König, Schwert (Tyr) |
| | | | | | | | => Drachenkopf eines Schiffes |
| | | | | **Angelsächsisch:** | | | |
| | | | | Jähzorn | | => Wut | => Feind |
| | | | | | | => Brüllen | |
| *auf-fal-lend* | *laut sein* | *grol-len* | *Kampf-ekstase, brüllen* | | | => Maskenhelm | |
| | | | | **Gotisch:** | | | |
| | | | | Jähzorn | => Wut | => (Feind) | => Schmerz |
| | | | | | => Maskenhelm | | |
| | | | | **Deutsch:** | | | |
| | | | | Jähzorn | => Wut | => Feind | => Schmerz |
| | | | | | | | => Unfreundlich keit |
| | | | | | => Maskenhelm | | |
| | | | | | => Brüllen | | |

Diese Übersicht zeigt deutlich, daß der Ursprung des altnordischen Wortes „grimr" in der Kampfekstase liegt. Das bedeutet, daß der Maskenhelm (grimr) entweder einfach nach der Gesichtsmaske benannt worden ist oder symbolisch an die Wolfsfelle der Ulfhedinn und die Bärenfelle der Berserker anknüpft.

Für diese Deutung spricht auch die Schlange, die auf einigen Maskenhelmen von hinten über den Kopf nach vorne kriecht und die sehr wahrscheinlich die zur Erzeugung der Kampfekstase erweckte Kundalinischlange ist (siehe auch die folgenden Betrachtungen und das Kapitel „Kundalini" in Band 64).

Das germanische Wort „grimr" hat seine Bedeutung schon früh auf „Wut" und „Feind" erweitert und verallgemeinert. Da sich jedoch die speziellere Bedeutung „Kampfekstase" und „Maskenhelm" in allen germanischen Sprachen erhalten hat, wird man von einer langlebigen Tradition der Ekstasekämpfer ausgehen können – wie dies auch eindrucksvoll von den Sagas der Nordgermanen belegt wird. Diese Ekstasekämpfer werden auch in der keltischen Überlieferung mehrfach beschrieben.

Die sozusagen moralische Ausweitung der Bedeutungen „Wut" und „Feind" auf „Schmerz" findet sich bei den Goten und den Deutschen, die recht früh christianisiert worden sind, wodurch vor allem die negativen Seiten der Ulfehdinn und der Berserker hervorgehoben worden sind.

Das Brüllen findet sich im Angelsächsischen und im Deutschen – im Altnordischen ist das „Berserker-Toben" vor dem Kampf unter anderen Begriffen bekannt – insbesondere unter dem Namen des Gottes Odin.

Die Verwendung des Wortes „grimr" für den „König" ist nur aus dem Altnordischen bekannt. Möglicherweise wurde der Maskenhelm wie der Eberhelm als Königsabzeichen, also gewissermaßen als die „altnordische Krone" angesehen – zumal alle bekannten Eber-Helme Maskenhelme sind … Der Norden wurde von allen germanisch besiedelten Gebieten als letztes christianisiert, sodaß sich hier alte Traditionen auch in der Sprache am besten erhalten konnten.

Tyr war der König der Götter und die irdischen Könige symbolisch gesehen seine Söhne – weshalb auch alle skandinavischen Königshäuser sich auf einen Göttervater (Tyr, Odin, Freyr) zurückführen. Das Wort „Grimr" ist daher auch eng mit dem Göttervater assoziiert gewesen: Tyr war der oberste Ulfhedinn-Wolfskrieger – nach seiner Absetzung ist aus dem Wolfskrieger-König der Fenris-Wolf geworden …

Der Maskenhelm hat häufig einen Eber-Aufsatz gehabt haben. Er wurde mit der Kampfekstase der Berserker und der Ulfhedinn assoziiert und ist eine Art „Krone" der Könige gewesen.

## I 3. b)   Der Maskenhelm von Sutton Hoo

In dem Schiffsgrab von Sutton Hoo in Ost-England ist ein Maskenhelm gefunden worden. Das folgenden Bilder zeigen den Original-Helm, der um ca. 650 n.Chr. hergestellt worden ist, und eine Replik des Original-Helmes.

*Maskenhelm von Sutton Hoo (Original)*

*Maskenhelm von Sutton Hoo (Replik)*

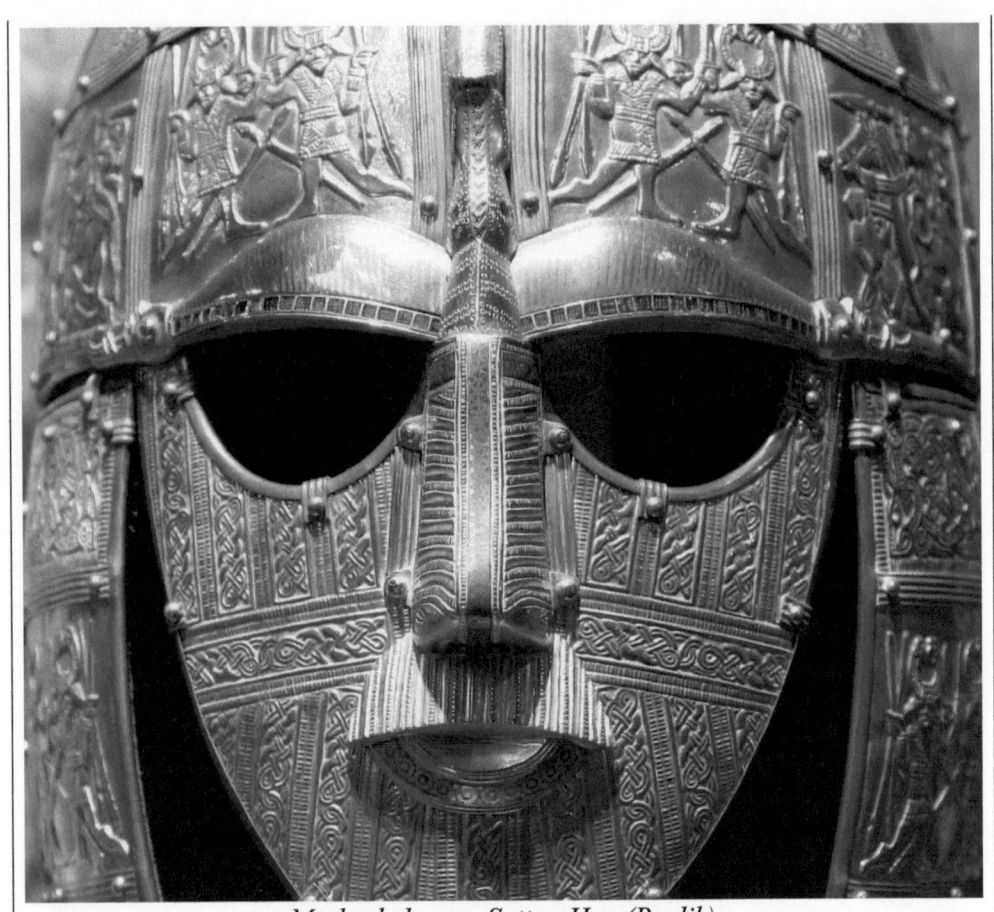

*Maskenhelm von Sutton Hoo (Replik)*

*Männer mit „Vogel/Horn-Helm"*
*Detail des Maskenhelmes von Sutton Hoo*

*„der Sieger"*
*Detail des Maskenhelmes von Sutton Hoo*

Zumindestens der Maskenhelm von Sutton Hoo ist der Prunkhelm eines Königs gewesen.

Auf ihm finden sich drei Motive:

- der „Sieger" hoch zu Roß,
- zwei „Vogelhornhelm-Krieger"
- vier Schlangen/Drachen:
    - eine Schlange kommt von hinten her über den Helm nach vorne zu der Stelle zwischen bzw. kurz über den Augenbrauen (wie die Kundalinischlange im Yoga)
    - eine Schlange steigt von der Nase aus aufwärts zu der „Kundalini"
    - eine Schlange „kriecht" von der Stelle zwischen den Augenbrauen („Drittes Auge") über die Augenbraue nach links
    - eine Schlange „kriecht" von der Stelle zwischen den Augenbrauen („Drittes Auge") über die Augenbraue nach rechts

Diese Bilder lassen sich zu einer „Anleitung für den Gebrauch des Helmes" zusammenfassen:

Um ein Sieger („Reiter") zu werden, ist es notwendig, in sich den Drachen (Kundalini-Schlange) zu erwecken und die Kampfekstase zu erlangen (Maskenhelm = „grimr" = Kampfekstase).

Diese Deutung der Bilder auf dem Maskenhelm von Sutton Hoo würde der Etymologie des Wortes „grimr" entsprechen.

Zu dem Zusammenhang zwischen der Erweckung der Kundalini (Yoga: „Inneres Feuer") und dem Ekstasekampf siehe auch das Kapitel „Kundalini" in Band 64.


## I 3. c)  Der Helm von Uppland

Die Lage der Schlange bzw. des Drachens auf dem Helm von Sutton Hoo ist kein Zufall, wie ein anderer, sehr ähnlicher Helm zeigt:

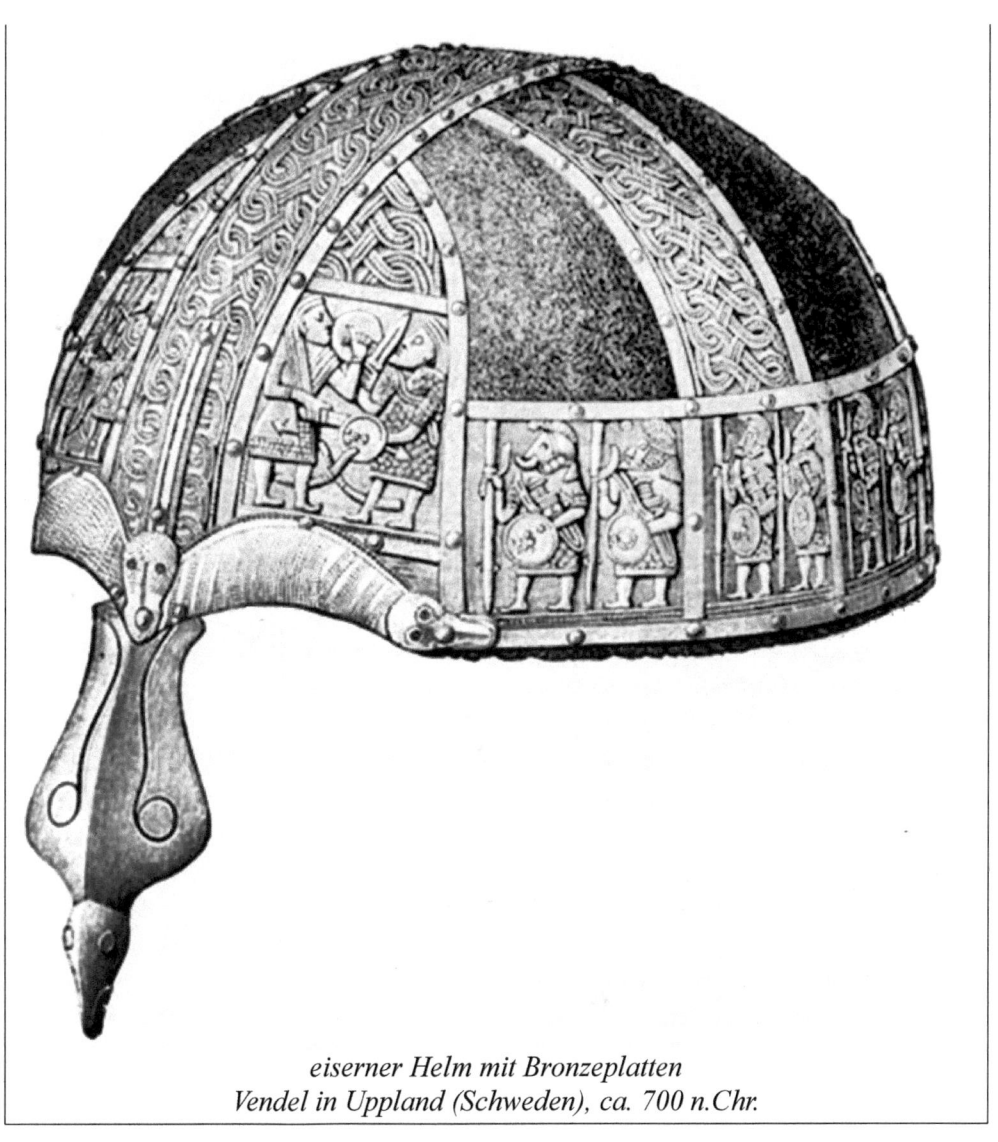

*eiserner Helm mit Bronzeplatten*
*Vendel in Uppland (Schweden), ca. 700 n.Chr.*

Der Leib der Schlange ist stark stilisiert. Sie reicht vom Scheitel aus bis zum „Dritten Auge" zwischen den Augenbrauen. Eine zweite, kurze Schlange kriecht weiter bis auf die Nase des Helmträgers – diese Schlange bewegt sich in die entgegengesetzte Richtung wie die auf dem Helm von Sutton Hoo. Zwei weitere kurze Schlangen befinden sich über den Augenbrauen. Die Bronzeplatten über den Brauen zeigen wieder den „Sieger"; die Bronzeplatten am übrigen Helmrand stellen vermutlich das

Heer dieses Siegers dar.

Es hat somit den Anschein, daß der Maskenhelm allgemein auch ein Schlangen- oder Drachenhelm ist.


## I 3. d)   Ein Maskenhelm aus der Vendelzeit

Auf diesem Helm findet sich wieder der Drache, der über den Scheitel nach vorne zum Dritten Auge gekrochen kommt („Kundalini") und die beiden Augenbrauen-Schlangen sowie über den Augenbrauen die hier etwas vereinfachte „Sieger-Bildplatte". Die „Nasen-Schlange" fehlt hier.

*Schlangen/Drachen-Helm aus den Vendelzeit*

## I 3. e)   Ein zweiter Maskenhelm aus der Vendelzeit

Auch bei diesem Helm findet sich die Kundalini-Schlange auf dem Scheitel sowie die beiden Augenbrauen-Schlangen, deren Köpfe hier nur außen an den Brauen angedeutet worden sind. Die „Nasen-Schlange" fehlt auch hier.

*Schlangen/Drachen-Helm aus den Vendelzeit*

## I 3. f)  Ein Drachenhelm aus der Vendelzeit

Dieser Helm ist eine einfache Version des Schlangen-Helmes, auf dem sich nur die Kundalini-Schlange befindet.

*Schlangen/Drachen-Helm aus der Vendelzeit*

Man kann zumindestens vermuten, daß die „Große Scheitel-Schlange" Tyr ist. Die beiden „Augenbrauen-Schlangen" wären dann seine beiden Alcis-Söhne, die damals den Heerführer-Kriegerpaaren und den Königen gleichgesetzt worden sind. Die „Nasen-Schlange", die nicht bei allen Helmen dargestellt worden ist, wäre dann der König, der von Tyr bzw. von Tyr und seinen beiden Alcis-Söhnen Hilfe erhält: das Kundalini-Feuer und somit die Kampf-Ekstase und letztlich den Sieg in der Schlacht.

## I 3. g)  Beowulf-Epos

Die folgende Klage bezieht sich auf einen Helm wie den von Sutton Hoo – der Helm von Sutton Hoo und das Beowulf-Epos sind zur selben Zeit in derselben Gegend von England von den Angelsachsen erschaffen worden.

*Und der harte Helm,  /  der Gold-Stolze,*
*wird seine Platten verlieren –  /  die Goldschmiede schlafen,*
*die die Schlachten-Maske  /  wieder polieren und glänzen lassen könnten.*

## I 3. h)  Heidarviga-Saga

In dieser Saga gibt es eine Szene, in der ein Mann eine Gesichtsmaske trägt, was für alle anwesenden Männer ganz normal zu sein scheint. Da diese Maske „Grimm" genannt wird, könnte es sich um einen Maskenhelm handeln – aber sicher ist dies nicht, zumal die Maskenhelme zu der Zeit der Niederschrift dieser Saga schon vor 350 Jahren aus der Mode gekommen waren.

*Da sagte Bardi: „Laßt uns unsere Masken herunterlassen und zu ihrer Schar reiten, aber nie mehr als einer gleichzeitig – dann werden sie nichts bemerken, weil es dunkel ist."*
*Da ritt Bardi zu Snorri dem Priester und trug dabei eine Maske (grimu) über seinem Gesicht und sprach mit ihm während sie die Furt überquerten.*

## I 3. i)  Die Geschichte über Thordr den Schrecklichen

In dieser Textstelle wird etwas deutlicher gesagt, daß man manchmal eine Maske über dem Helm trug, um unerkannt zu bleiben. Leider wird nicht gesagt, um welch eine Art von Maske es sich handelt.

Da die Maske „über dem Helm" getragen wird, scheint sie nicht Teil eines Maskenhelmes zu sein, sondern eher eine Maske aus Stoff, die man über den Helm zog – aber auch diese Deutung ist nicht ganz sicher.

*Thordr trug eine Maske über seinem Helm und verbarg sich auf diese Weise.*


## I 3. j)  Die Saga über Fridthjof den Kühnen

Auch bei Fridthjof wird über eine Maske berichtet – die ziemlich sicher kein Maskenhelm ist, da Fridthjof sich als armer, alter Mann verkleidet hat. Man muß bei der Betrachtung der Maskenhelme in der schriftlichen Überlieferung also auch mit anderen Arten von Masken rechnen.

*Bevor Fridthjof hierher kam, zog er sich einen langen Kapuzen-Umhang über seine Kleider an, die ganz schäbig war. Er hatte zwei Stäbe* (als Krücken) *in den Händen, eine Maske über seinem Gesicht und bemühte sich, so alt wie möglich auszusehen.*


## I 3. k)  Völsungen-Saga

In dieser Saga werden Maskenhelme beschrieben, die klar als solche erkennbar sind:

*Nun hatten Signy und der König zwei Kinder in zartem Alter, die mit goldenen Dingen auf dem Fußboden spielten und sie die Halle entlang rollen ließen und nebenher rannten.*
*Da rollte ein goldener Ring von ihnen fort zu dem Platz, an dem Sigmund und Sinfiötli verborgen saßen und das kleinere Kind lief hinterher, um es zu suchen und sah dort zwei Männer sitzen, groß und fürchterlich anzusehen mit tief herabreichenden Helmen und mit glänzenden weißen Brustpanzern.*
*Da rannte das Kind durch die Halle zu seinem Vater und erzählte ihm, was es gesehen hatte. Da argwöhnte der König, daß irgendeine List gegen ihn gerichtet war.*

## I 3. l)   Die Geschichte über Helgi Thorisson

In dieser Erzählung treten zwei „Grime" auf, die die Boten des Godmund sind. Da „Godmund" einer der Beinamen des ehemaligen Göttervaters Tyr ist, werden seine beiden Boten seine beiden Pferde-Söhne („Alcis") sein. Sie bringen König Olaf zwei Trinkhörner. Ein solches Paar von Trinkhörnern findet sich u.a. auch als die beiden Goldhörner von Gallehus, die um 400 n.Chr. angefertigt worden sind.

Die Auffassung der beiden Tyr-Söhne als zwei einen Maskenhelm tragende Boten, die je ein Trinkhorn tragen, scheint daher schon alt zu sein. Die Verwandlung dieser beiden Tyr-Söhne in zwei Schimmel wird vermutlich durch diese Helme bewirkt.

Da die beiden Alcis auch Hörnerhelme getragen haben, scheinen die Maskenhelme und die Hörnerhelme eine ähnliche Symbolik gehabt haben (siehe Kapitel „I 2.").

Auch Helgi selber, der Held dieser Geschichte, ist ursprünglich Tyr gewesen – Tyr tritt in dieser Geschichte also gleich zweimal auf, was in Mythen-Umdeutungen des öfteren vorkommt.

In der Helgi-Geschichte wird die Auseinandersetzung zwischen dem Christentum (König Olaf) und der germanischen Religion (Tyr-Godmund) beschrieben. Im Folgenden wird nur der Teil der Helgi-Geschichte angeführt, in der die beiden Grime auftreten.


*Helgi hatte einen Drachenkopf für den Steven ihres Schiffes machen und oberhalb der Wasserlinie gut ausstatten lassen. Dazu verwendete er das Geld, das Ingibjörg, die Tochter Gudmunds, ihm gegeben hatte, aber einiges davon schloß er im Drachenhals ein.*

*Plötzlich hörten sie ein großes Krachen. Da ritten zwei Männer zu ihnen und nahmen Helgi mit sich fort. Thorstein wußte nicht, was aus ihm wurde. Danach ließ das Unwetter schnell nach. Thorstein kam nach Hause und erzählte seinem Vater von dem Geschehen und der meinte, das sei eine wichtige Neuigkeit.*

*Er begab sich sofort zu einem Treffen mit König Olaf, sagte ihm, was geschehen war und bat ihn herauszufinden, was aus seinem Sohn geworden war. Der König sagte, er werde das tun, worum er bitte, aber er sei nicht sicher, ob er Thorirs Verwandtem irgendwie helfen könne.*

*Dann ging Thorir nach Hause. Die Zeit verging bis Weihnachten im Jahr darauf; König Olaf hielt sich da während des Winters auf Alreksstatt auf.*

*Am achten Tag der Weihnachtszeit kamen am Abend drei Männer in die Halle und traten vor König Olaf, als der gerade am Tisch saß. Sie grüßten ihn höflich. Der König erwidert ihren Gruß. Einer von den dreien war Helgi, aber die anderen beiden kannte niemand.*

*Der König frug sie nach ihrem Namen und beide sagten, sie hießen Grim. „Wir wurden von Gudmund von Gläsisvellir* (Tyr im Jenseits) *zu Euch geschickt. Er läßt*

*Euch seine Grüße überbringen und außerdem diese beiden Hörner."*

*Der König nahm sie an und sie waren mit Gold verziert. Das waren prächtige Kostbarkeiten. König Olaf besaß zwei Hörner, die „die Gehörnten" genannt wurden, aber obwohl diese sehr gut waren, waren doch diejenigen besser, die Gudmund ihm geschickt hatte.*

*„König Gudmund bittet Euch um Eure Freundschaft. Ihm lag sehr viel an Eurem Wohlwollen, mehr als an dem aller anderen Könige."*

*Der König antwortete darauf nicht, aber ließ ihnen Plätze bei seinen Leuten zuweisen. Der König ließ die Hörner, die ebenfalls Grim genannt wurden, mit gutem Trank füllen und sie vom Bischof segnen und daraufhin den Grimen bringen, damit sie als erste daraus tränken.*

Da die beiden Trinkhörner nach den beiden Grimen (die Alcis-Söhne des Tyr) benannt worden sind, werden diese beiden Hörner vermutlich im Kult der beiden Alcis benutzt worden sein – wobei anzunehmen ist, daß die Maskenhelm-Symbolik („Grimr") in diesem Zusammenhang eine wichtige Rolle gespielt hat.

Da die beiden Alcis das Vorbild für die Krieger-Paare gewesen sind, die die germanischen Stämme angeführt haben, werden die Maskenhelme als Helme der beiden Alcis auch so etwas wie „Anführer-Abzeichen" gewesen sein.

Dazu paßt auch, daß die beiden Trinkhörner bei der Krönung eines Fürsten benutzt wurden und daß diese Krönung im Wesentlichen eine Jenseitsreise zu dem damaligen Göttervater Tyr gewesen ist. Durch diese Jenseitsreise wurden die Fürsten wie die beiden Alcis zu „Söhnen des Tyr".

*Dann sprach der König diese Strophe:*

*„Die Gäste sollen die Hörner entgegennehmen,*
*während wir diesen Mann Gudmunds* (Helgi) *ausruhen lassen,*
*und sie sollen von ihren Namensvettern* (aus den Hörnern) *trinken;*
*so soll den Grimen gutes Bier gegeben werden."*

*Da nahmen die Grime die Hörner und meinten nun zu wissen, was der Bischof über das Getränk gesprochen hatte.*

*Da sagten sie: „Jetzt geschieht es nicht viel anders, als wie es Gudmund, unser König, vorausgesehen hat. Dieser König ist betrügerisch und kann Gutes schlecht belohnen, obwohl sich unser König ihm gegenüber ehrenhaft verhalten hat. Stehen wir jetzt alle auf und verschwinden von hier."*

*Das machten sie. Da gab es einen großen Tumult in dem Raum. Sie schütteten das Getränk aus den Hörnern und löschten damit das Feuer. Dann hörten die Leute ein großes Krachen. Der König bat Gott um Schutz und bat seine Männer, aufzustehen* und diesen Tumult zu beenden. Schließlich gelangten die Grime und Helgi mit ihnen nach draußen. Dann wurde Licht in der Unterkunft des Königs angezündet. Die Leute drinnen sahen, daß drei von ihnen erschlagen worden waren und die Grim-Hörner auf dem Fußboden bei den Toten lagen.

„Das ist etwas sehr Seltsames," sagte der König, „und es wäre besser, wenn so etwas nur selten geschähe. Ich habe über Gudmund auf Gläsisvellir sagen hören, daß er sehr zauberkundig sei und es ist schlecht, mit ihm zu tun zu haben. Und es würde den Leuten schlecht gehen, die unter seiner Herrschaft stehen, wenn wir etwas in dieser Sache ausrichten könnten."

Der König ließ die Hörner der Grime aufbewahren und daraus trinken, und sie eigneten sich gut dazu. Die Stelle oberhalb von Alreksstad, wo die Grime nach Osten gegangen waren, heißt jetzt Grimpaß, und seither hat kein Mensch diesen Weg benutzt.


## I 3. m)   Der Männername „Grim"

Der Name „Grim" oder „Grimr" ist sehr beliebt gewesen und erscheint in vielen Sagas.

Zu den Trägern dieses Namens zählen u.a.:

- Odin (Grimnir-Lied),
- Grimr Struppig-Wange (gleichnamige Saga) und
- die beiden Boten des Tyr-Godmund (Geschichte über Helgi Thorson).

Auch Trinkhörner konnten „Grim" genannt werden:

- das Trinkhorn des Tyr-Godmund, auf dem sich ein sprechendes Männergesicht befindet (Saga über Thorstein Viking-Sohn) und
- die beiden Trinkhörner des Godmund (Geschichte über Helgi Thorson).

An diesen berühmten „Grimen" ist auffällig, daß sie entweder der neue Göttervater (Odin), eine Sagen-Variante des ehemaligen nordgermanischen Göttervaters Tyr (Grim Struppig-Wange) oder die beiden Söhne des Göttervaters Tyr (Alcis-Grime) sind. Der Göttervater bzw. seine beiden Söhne können wiederum als sprechendes Trinkhorn bzw. als ein Paar von Trinkhörnern erscheinen.

Der „grimr" wurde offenbar eng mit dem ehemaligen Göttervater Tyr (und auch mit dem neuen Göttervater Odin) sowie dessen beiden Söhnen assoziiert. Das entspricht der altnordischen Bezeichnung der Könige und Fürsten (und des Schwertes) als „grimr", denn die Könige stehen unter dem Schutz des Götterkönigs – von dem sie in den Königs-Genealogien abstammen. Das Schwert wird den Namen „grim" entweder allgemein als „Feind" erhalten haben oder als Schwert des Schwertgott-Göttervaters Tyr. Dieser Name des Tyr-Schwertes hat sich als der Name „Gram" des Schwertes des Sigurd erhalten können.

Der Maskenhelm erscheint auch hier wieder als Königs-Symbol – sozusagen als die altnordische „Krone".

## I 3. n)  Der Odin-Name „Grimnir"

Der Name „Grimnir" bedeutet „Maskenhelm" (Grimnir-Lied). Es ist gut denkbar, daß der Schamanengott Odin diesen Namen als Jenseitsreisender getragen hat.

Der Ursprung dieses Odinsnamen wird jedoch die Bezeichnung des ehemaligen Göttervaters Tyr als „Grimnir" sein, wenn er seinen Maskenhelm trug.

## I 3. o)  Die Riesin Grima

„Grima" ist die weibliche Form zu „Grimnir" und bedeutet „Helm, Maske". Die beiden Namen bezeichnen einen Riesen und eine Riesin (Nafna-Thulur).

Auch die alte Frau oder Riesin, die unfreiwillig zur Pflegemutter der Walküre Aslaug Sigurd-Tochter geworden ist, trug den Namen „Grima". Sie ist vermutlich eine Saga-Variante der Hel (Saga über Ragnar Lodbrök).

## I 3. p)  Der Riese Grimr

Dieser Riese tritt in der Thorstein-Saga auf. Vermutlich ist er mit den beiden Riesen „Grimling" und „Grimnir" aus den Nafna-Thulur identisch. Grimr, Grimling und Grimnir werden Tyr im Jenseits sein.

## I 3. q)  Kenningar und Heitis

Bei den poetischen Umschreibungen der Skalden ist nicht viel zu dem Maskenhelm zu finden, aber es findet sich immerhin ein klarer und ein unsicherer Hinweis auf die Symbolik dieser Helme:

| Helm | Maske(n-Helm) | „grimr" | Snorri Sturluson | Thulur |
|------|---------------|---------|------------------|--------|
| **Schlange** | *Grimnir* | vermutlich Tyr als Sonnendrache im Jenseits | Thorgrimnir | (Skaldskaparmal) |
| **Ziegenbock** | *Maskierter* | | Snorri Sturluson | Thulur |
| **Ziegenbock** | *Masken-Betrüger* | Übersetzung unsicher | Snorri Sturluson | Thulur |

Man konnte Schlangen mit „Grimnir", also mit „Maskenträger" oder genauer mit „der zum Maskenhelm Gehörende" umschreiben. Dieser Name wird durch die Schlangen-Drachen auf den Maskenhelmen entstanden sein, die anscheinend ein wichtiges Detail an diesen Helmen gewesen sind – was sie auch sein sollten, falls es sich bei diesen Schlangen tatsächlich um die Kundalini handelt, durch deren Erwecken die Kampf-Ekstase hervorgerufen wird. Die Verbindung zwischen „Schlange" und „Maskenhelm" könnte auch dadurch entstanden sein, daß der einen Maskenhelm tragende Sonnengott-Göttervater Tyr im Jenseits zu einer Schlange bzw. zu dem Sonnendrachen wurde.

Weniger klar ist die Assoziation zwischen dem Ziegenbock und dem Maskenhelm. Am naheliegendsten ist die Vermutung, daß der Ziegenbock die Symbolik des Ebers teilt, der sich als Statuette oben auf den Prunk-Maskenhelmen befindet.


## I 3. r)  Personennamen

Wie nicht anders zu erwarten, spielt der Maskenhelm in den Männernamen eine große Rolle und tritt fast nie in Frauennamen auf – der Maskenhelm wurde (soweit ersichtlich) schließlich nur von Männern getragen.

| mit „Helm" gebildete Namen | | |
|---|---|---|
| **Namen** | | **Bedeutung** |
| *Männer* | *Frauen* | |
| - 1. Gruppe:   Kampf-Helm - | | |
| Grimnir, Grimr, Grim | Grima | Maskenhelm |
| Hjalgrim, Hjalmgrimur | | Helm-Maskenhelm |
| Hildigrimr, Hildegrim | | Kampf-Maskenhelm |
| Viggrimur, Vigrimir | | Kampf-Maskenhelm (neu?) |
| Grimulf | | Maskenhelm-Wolf |
| Hergrimr | | Heer-Maskenhelm |
| Jallgrimur | | Jarl-Maskenhelm (faröisch) (neu?) |
| Sigurgrimur | | Sieg-Helm |
| | Grimhild | Maskenhelm-Kampf |
| - 2. Gruppe:   Götter-Helm - | | |
| Asgrimr | | Asen-Maskenhelm |
| Thorgrim, Torgrim, Thorgrimur | | Thor-Maskenhelm |
| Alfgrimr | | Alfen-Maskenhelm |
| Arngrim | | Adler-Maskenhelm |
| Vigrimr | | Priester-Maskenhelm |
| - 3. Gruppe:   magische Helm - | | |
| Bjarngrimur | | Bären-Maskenhelm (Berserker-Fell) |
| Eldgrim | | Feuer-Maskenhelm |
| Ellidagrimnir | | Schnellsegler-Maskenhelm |

| mit „Helm" gebildete Namen | | |
|---|---|---|
| **Namen** | | **Bedeutung** |
| *Männer* | *Frauen* | |
| - 4. Gruppe: Fürsten-Helm - | | |
| Adalgrimr | | Edel-Maskenhelm |
| Audgrimr, Audgrim, Augrim, Outgrim, Ougrim, Ödhgrim | | Reichtums-Maskenhelm |
| Eydgrimur | | Besitz-Maskenhelm |
| | Grimheidur | Maskenhelm-Licht (neu?) |
| - 5. Gruppe: Wikinger-Helm - | | |
| Hafgrimnir, Havgrimur, Hafgrimr, Hafgrimr, Hafgrimnir | | Meeres-Maskenhelm |
| Sägrimr | | See-Maskenhelm |
| Oygrimur | | Insel-Maskenhelm |
| - 6. Gruppe: Tier-Helm - | | |
| Jogrimr | | Pferde-Maskenhelm (Alcis?) |
| - 7. Gruppe: sonstige-Helme - | | |
| Hallgrim, Halgrim | | Hallen-Maskenhelm |
| Grimmundr | | Maskenhelm-Hand (Tyr) |
| Grimkell | | Maskenhelm-Kessel |
| Eygrimr | | Lebens-Maskenhelm |
| Kolgrim | | Kohlen-Maskenhelm (Tyr) |
| Skallagrim | | Kahlkopf-Maskenhelm |
| Steingrim | | Stein-Maskenhelm |

In der ersten Gruppe dieser Namen finden sich die Männernamen „Maskenhelm", „Helm-Maskenhelm", „Kampf-Maskenhelm", „Maskenhelm-Wolf", „Heer-Maskenhelm", „Jarl-Maskenhelm" (neuer Name?) und „Sieg-Helm" sowie der Frauenname „Maskenhelm-Kampf".

Diese Namen ergeben sich aus dem Tragen solcher Helme im Kampf.

Der Frauenname „Grimhild" klingt wie ein Walkürenname (siehe „Grimhild" in Band 31).

In der zweiten Gruppe dieser Namen finden sich die Männernamen „Asen-Maskenhelm", „Thor-Maskenhelm", „Alfen-Maskenhelm", „Adler-Maskenhelm" und „Priester-Maskenhelm".

Die Maskenhelme wurden anscheinend auch mit den Göttern assoziiert, was der engen Verbindung des Maskenhelmes mit dem Göttervater und seinen beiden Pferde-Söhnen („Alcis") entspricht. Der Adler war der Seelenvogel des Göttervaters.

Der Name „Priester-Maskenhelm" könnte durch eine kultische Bedeutung dieser Helme entstanden sein – aber diese Vermutung braucht zu ihrer Bestätigung noch weitere Hinweise.

Der Name „Thor-Maskenhelm" ist vermutlich recht jung und wird aus der Zeit stammen, in der fast alle traditionellen Namensbestandteile auch mit „Thor" kombiniert worden sind.

In der dritten Gruppe dieser Namen finden sich die Männernamen „Bären-Maskenhelm", „Feuer-Maskenhelm" und „Schnellsegler-Maskenhelm".

Der Name „Bären-Maskenhelm" könnte das Berserker-Bärenfell bezeichnen.

Der zweite Name „Feuer-Maskenhelm" könnte ein Hinweis auf die „Feuer-Festigkeit" der Berserker sein – aber das ist unsicher.

Der dritte Name „Ellidagrimnir", der „Schnellsegler-Maskenhelm" bedeutet, bezieht sich auf das sprechende Schiff „Ellida" dessen Name sich von der Schiffsart „ledja" herleitet, der wiederum eine Bildung zu „ledja" für „Holzbrett" ist – dieser Schiffs-Name stimmt folglich dem des Schiffes „Skidbladnir" des Freyr überein. Dem Männername „Ellidagrimnir" könnte das Motiv der Schiffs-Fahrt des ehemaligen Sonnengott-Göttervater Tyr über den Himmel zugrundeliegen (siehe „Drachenschiff" in Band 55).

In der vierten Gruppe dieser Namen finden sich die Männernamen „Edel-Maskenhelm", „Reichtums-Maskenhelm", „Besitz-Maskenhelm" sowie der möglicherweise noch recht junge Frauenname „Maskenhelm-Licht".

Die ersten drei Namen beziehen sich entweder auf den kostbaren Maskenhelm selber oder auf den Schutz des Besitzes durch einen Maskenhelm-Mann.

Der Name „Edel-Maskenhelm" könnte sich auch auf einen Adligen, also auf einen König o.ä. beziehen.

Der Name „Maskenhelm-Licht" könnte sowohl durch den metallischen Glanz des Helmes als auch durch eine Assoziation zu dem Sonnengott Tyr entstanden sein. Es könnte auch die Kombination von Helm und Schwert („Licht") gemeint sein.

In der fünften Gruppe dieser Namen finden sich die Männernamen „Meeres-Maskenhelm", „See-Maskenhelm" und „Insel-Maskenhelm".

Als Ursprung dieser Namen ist sowohl die Jenseitsinsel im Meer als auch das Bild der Wikinger auf ihren Drachenschiffen denkbar. Die „Insel" paßt jedoch besser zu der ersten dieser beiden Deutungen, die auch zu dem Namen „Ellidagrimnir" („Jenseitsschiff-Maskenhelm") passen würde.

Die sechste Gruppe dieser Namen besteht nur aus dem Männernamen „Pferde-Maskenhelm". Der Helm wurde also nicht nur mit dem Eber und dem Ziegenbock, sondern auch noch mit dem Pferd assoziiert, was ein deutlicher Hinweis darauf ist, daß der Helm eng mit den (männlichen) Herdentieren verbunden gewesen ist.

Mit „Pferde-Maskenhelm" könnten auch die beiden Alcis gemeint sein, die die Maskenhelme trugen und die die Gestalt von zwei Schimmeln annehmen konnten – auch wenn man dann eher „Maskenhelm-Pferde" statt „Pferde-Maskenhelm" erwarten sollte.

In der siebten Gruppe dieser Namen finden sich die Männernamen „Hallen-Maskenhelm", „Maskenhelm-Hand", „Maskenhelm-Kessel", „Kohlen-Maskenhelm", „Stein-Maskenhelm", „Lebens-Maskenhelm", „Kahlkopf-Maskenhelm".

Ein „Hallen-Maskenhelm" ist vermutlich einfach ein Krieger, der einen Maskenhelm besitzt, in seinem Heim.

Die „Hand" in dem Namen „Maskenhelm-Hand" ist evtl. eine Assoziation zu Hand des ehemaligen Göttervaters Tyr, da dieser auch „Godmund", d.h. „Gotteshand" genannt wurde (Tyr wurde seine Hand von Fenrir abgebissen).

Der Name „Maskenhelm-Kessel" könnte eine lose Assoziation zwischen diesen beiden „Kultgeräten" sein – allerdings wurde das Wort „Kessel" an ziemlich viele verschiedene Worte angehangen, um Männernamen zu bilden. Die Verbindung „Maskenhelm-Kessel" ist folglich in Bezug auf die Deutung der Maskenhelme nicht besonders tragfähig.

Der Name „Kolgrimnir", der „Kohlen-Maskenhelm" bedeutet, bezieht sich recht sicher auf den Beinamen „Kol", d.h. „Schwarzer" des Tyr in der nächtlichen bzw. winterlichen Unterwelt (siehe „Kol" in Band 39). Wahrscheinlich hat es auch eine Assoziation zu der Bezeichnung der nächtlichen Sonne und somit auch des Sonnengott-Göttervaters Tyr im Jenseits als „schwarze Sonne" gegeben.

Der Name „Stein-Maskenhelm" könnte sich auf einen Opferstein beziehen und über diesen auf das Stieropfer an Tyr – aber das ist jetzt nur ein vage Arbeitshypothese.

Der Name „Lebens-Maskenhelm" läßt sich leicht als „im Kampf das Leben erhaltender Helm" oder als „Helm, dessen Träger der Göttervater Leben schenkt" deuten, aber ob dies so zutrifft, ist auch wieder unsicher.

Der Name „Kahlkopf-Maskenhelm" ist schließlich recht unklar. Es gibt vage Hinweise darauf, daß die germanischen Priester einst wie viele ihrer Kollegen (nicht nur) bei den anderen indogermanischen Völkern kahlköpfig gewesen sein könnten – aber das ist, wie gesagt, eine ausgesprochen unsichere Erklärung.

Aus den Personennamen ergeben sich somit folgende Hinweise auf die Symbolik der Maskenhelme:

| Die Symbolik des „grimr" in den Personennamen | | |
|---|---|---|
| *Anzahl der Hinweise* | *Symbolik* | *durch anderes bestätigt* |
| 10 | sie wurden im Kampf getragen und gaben Schutz | ja |
| 2 | Sonne (nur einer der Hinweise ist sicher) | Sonnengott-Göttervater Tyr |
| 1 | Adler | Seelenvogel des Tyr/Odin |
| 1 | Jenseitsbarke | Verbindung zu Tyr |
| 3 | Wasserunterwelt, Jenseitsinsel | nächtlicher/winterlicher Aufenthalt des Tyr |
| 1 | Assoziation mit König, Jarl | ja |
| 1 | Asen | Tyr ist ein Ase |
| 1 | Thor | - |
| 1 | Alfen | die Alfen leben in Tyrs Jenseits-Halle |
| 4 | Priester, Kult (nur einer der Hinweise ist sicher) | - |
| 2 | Berserker | ja |
| 4 | kostbarer Helm; Schutz des Besitzes | ja |
| 1 | Pferde-Helm | Alcis |
| 1 | Kol-Grimnir | Kol ist eine Saga-Variante des Tyr |

Der Maskenhelm wurde mit dem Schutz im Kampf, mit dem Göttervater Tyr (Odin), mit den beiden Alcis-Söhnen des Tyr, mit der Jenseitsreise (Sonne/Tyr in der Unterwelt) und mit der Kampfekstase der Berserker assoziiert.

### I 3. s)   Bronzeplatte aus den Vendelzeit

Auf dieser Platte, die zwischen 550 n.Chr. und 800 n.Chr. in Schweden hergestellt worden ist, ist Odin auf Sleipnir mit seinen beiden Raben und seinem Speer Gungnir sowie seinem Goldhelm dargestellt worden.

Der Helm zeigt ein sonst unbekanntes Detail: er wird von einem Adlerkopf gekrönt, was ein Hinweis auf den gut bekannten Adler-Seelenvogel des Göttervaters Tyr/Odin ist.

Diese Art von Helm ist das Vorbild für Namen wie „Arnhelm" („Adler-Helm") gewesen.

Es ist nicht ganz auszuschließen, daß der Adler auf dem Helm vielleicht kein Adler, sondern eine Schlange wie auf den Maskenhelmen ist. Es ist verwunderlich, daß die beiden Raben verschiedene Schnäbel haben und daß der Adler oder die Schlange auf dem Helm denselben „Schnabel" wie der vordere Rabe hat. Eigentlich sollte man bei beiden Raben denselben Schnabel erwarten und außerdem bei dem „Helmtier" entweder einen normalen Schnabel wie bei den Raben (nach Raubvogelart leicht gebogen) – oder bei dem vorderen Raben kein Schlangenmaul (falls das Helmtier eine Schlange ist).

Hat hier der Schmied bei der Herstellung der Platte nicht aufgepaßt, was er macht? Oder gibt es hier eine unbekannte Symbolik?

Das Maul des „Helmtiers" stimmt zudem auch nicht mit dem Maul der Schlange vor dem Reiter überein, was man erwarten sollte, wenn das „Helmtier" eine Schlange wäre.

Sollte die Form des Maules des vorderen Raben und des „Helmtiers" eine Krächzen und Schreien darstellen? Dann wäre eigentlich ein einfaches, offenes Maul wie bei der Schlange vor dem Reiter naheliegend gewesen.

## I 3. t)  Gisli-Saga

Diese Saga wurde um ca. 1150 n.Chr. verfaßt.

*Über dem, der Thors grimme Maske trug,*
*schmolz Schicht für Schicht der tiefe Schnee.*

Das Schmelzen des Schnees auf dem Hügelgrab wird an dieser Stelle als Geschenk des Donnergottes für seinen ehemaligen Priester, der in diesem Grab liegt, aufgefaßt.
Was mit „Thors grimmiger Maske" gemeint ist, ist nicht ganz sicher – vermutlich ein Maskenhelm, den man im Kampf oder bei Ritualen trug.

## I 3. u)  Nafna-Thulur

In den beiden Namenslisten für „Helm"-Umschreibungen in der Prosa-Edda gibt es nur eine mit „grim" gebildete Umschreibung für „Helm".

*Heitis für „Helm":*

*Die Skalden benutzten*
*folgende Heitis:*
*Helm, Goldglanz,*
*Leiche, Toten-Raureif,*
*Hallen-Raureif, Erschrecker,*
*und Schützer,*
*Lebensretter, Helfer,*
*und gieriger Heidebewohner,*
*Kampf-Eber, Verberger,*
*Heerzeichen und Wärmender,*
*Maskenhelm, Schrecken,*
*Glänzender, Schutz-Steven.*

- „Goldglanz": Tyrs Helm war aus Gold; nach dem Sturz des Tyr trug Odin diesen

Goldhelm.

- „Leiche": Dieser Name ist merkwürdig, da der Helm seinen Träger vor dem Tod beschützen soll. Evtl. ist mit „Leiche" Tyr im Jenseits gemeint.

- „Toten-Raureif": Dieser Name, der eine Umschreibung für „Blut" ist, gleicht der Helm-Heiti „Leiche".

- „Hallen-Rauhreif": Diese „Halle" könnte die Grabkammer sein. Dieser Helm glänzt möglicherweise silbern wie Rauhreif und liegt entweder in einer Fürstenhalle oder in einer Grabkammer.

- „gieriger Heide-Bewohner": Fafnir (Tyr) hat sich auf der Gnitaheide („Geizheide") in einen Drachen verwandelt, in dem er sich den Ögishelm („Schreckenshelm") aufgesetzt hat. Daraus ist später des Motiv des Drachens auf der Heide (Jenseits) geworden, der den Grabschatz in seinem Hügelgrab bewacht.

- „Schild": Diese Heiti ist wohl als „Schutz" zu verstehen.

- „Kampf-Eber": Dies ist eine Entsprechung zu Freyas „Hildisvini" („Kampfschwein"). Auf den Helmen wurde manchmal ein Eber-Modell angebracht, was letztlich wieder den Helm mit der Herdentier-„Maske" bei der Bestattung gleichsetzt.

- „Maskenhelm": Dies ist der Name des Kampf- und Ritualhelmes der Fürsten.

- „Schrecken": Die Heiti „ögir" ist eine Kurzform für „Ögis-Helm", also den magischen Helm, mit dem sich Fafnir in einen Drachen, d.h. in einen schlangengestalteten Totengeist verwandelt hat.

- „Glänzender": Dies ist wohl wieder eine Anspielung auf den Goldhelm (Sonnen-Symbol) des Tyr bzw. später des Odin.

- „Schutz-Steven": Der Helm wird dem Bug eines Schiffes verglichen, der die Wellen genauso zur Seite hin abprallen läßt wie der Helm die Schwerthiebe. Vielleicht ist auch der Drachenkopf auf dem Steven gemeint.

Von diesen Helm-Umschreibungen sind vor allem „Leiche", „Toten-Rauhreif", „Hallen-Rauhreif" und „gieriger Heide-Bewohner" interessant, da auf Tyr als Sonnendrache in seinem nächtlichen bzw. winterlichen Hügelgrab zurückgehen könnten.

# I 3. v)  Zusammenfassung:  Maskenhelm

Der Maskenhelm besteht aus dem einfachen Helm, der den oberen Kopf bedeckt, zwei manchmal beweglichen Wangenteilen („Wangenberge"), mehreren länglichen und meist beweglichen Nackenteilen sowie einer „Gesichtsmaske" mit Augen- und Mundöffnungen vor dem Gesicht.

Die Maskenhelme sind oft prunkvoll gearbeitet. Sie wurden mit mehreren Merkmalen versehen:

- obenauf mit Eber-Statuetten (Eber = Königsgott Freyr, Wiedergeburt),
- mit einer Schlange bzw. einem Drachen (Kundalini), die sich von hinten über den Scheitel nach vorne zum „Dritten Auge" bewegt (Tyr),
- mit zwei weiteren Schlangen, die sich vom „Dritten Auge" die Brauen entlang nach außen bewegen (Alcis)
- mit sowie einer vierten Schlange, die sich von der Nasenspitze aus nach oben zum „Dritten Auge" oder von oben nach unten bewegt (der Träger des Helmes),
- vorwiegend vorne über den Brauen und auf den Wangenbergen mit Bronzeplättchen mit „Siegern" (der Helm-Besitzer),
- ringsum mit Bronzeplättchen mit „Kriegern" (das Heer des Helm-Besitzers), und
- ringsum mit Bronzeplättchen mit „Vogel-Hornhelm-Kriegern" (vermutlich die beiden Alcis).

Die Entwicklung des Wortes „grimr" von der vor-indogermanischen Zeit bis ins Altnordische zeigt, daß der Ursprung des altnordischen Wortes „grimr" in der Kampfekstase liegt. Das bedeutet, daß der Maskenhelm (grimr) wahrscheinlich an die Wolfs- und Bärenfelle der Kampfekstase-Krieger („Ulfhedinn", „Berserker") anknüpft. Das Hervorrufen der Kampfekstase ist eng mit der Erweckung der Kundalini verbunden, die auf den Helmen genau wie im Yoga als von hinten her über den Scheitel hinweg zu der Stelle zwischen den Brauen aufsteigende Schlange dargestellt wird. Der Maskenhelm ist somit auch ein Schlangen- bzw. Drachenhelm. Aufgrund dieser Symbolik konnte auch die Schlange selber „Grimnir" genannt werden.

Im Altnordischen wird mit „grimr" auch der König und sein Schwert bezeichnet, was für einen Zusammenhang mit dem Götterkönig und Schwertgott Tyr spricht.

Der Göttervater Odin und vor ihm vermutlich auch der Göttervater Tyr wurden „Grimnir" genannt, was man mit „Maskierter" oder mit „Maskenhelm-Träger" übersetzen kann. Auch die beiden Pferde-Söhne des Tyr („Alcis") wurden Grim" genannt. Der Maskenhelm war folglich sehr eng mit dem ehemaligen Sonnengott-Göttervater Tyr und seinen beiden Alcis-Söhnen verbunden.

60

Die Krieger-Paare, die die germanischen Heere anführten, faßten sich einst selber als „Söhne des Tyr", d.h. als seine beiden Alcis auf und trugen als ihre Abzeichen einen Maskenhelm.

Weiterhin hieß das Trinkhorn des Tyr-Godmund, auf dem sich ein sprechendes Männergesicht befand „Grim" und ebenso die beiden Trinkhörner der beiden Boten des Tyr-Godmund. Wie die Bilder auf den beiden Goldhörnern von Gallehus (400 n.Chr.) zeigen, war das Trinkhörner-Paar eng mit der Jenseitsreise des Fürsten bei seiner Krönung verbunden.

Der Maskenhelm scheint daher zumindestens in der Vendelzeit (550-700 n.Chr.) auch eine Art „Krone" der altnordischen Könige und Fürsten gewesen zu sein.

In der schriftlichen Überlieferung der Nordgermanen findet sich lediglich in der recht alten Völsungen-Sage die Beschreibung eines Maskenhelmes, was dafür spricht, daß die Maskenhelm-Symbolik zur der Zeit, in der die schriftliche Überlieferung bei den Germanen begann, bereits weitgehend in Vergessenheit geraten war.

Neben dem Eber wurde auch der Ziegenbock und das Pferd mit dem Maskenhelm assoziiert: Ein Ziegenbock konnte „Grimnir" genannt werden, oben auf dem Maskenhelm befand sich oft ein Eber und es gab den Männernamen „Jogrimnir" („Pferde-Maskenhelm"), mit dem evtl. die beiden Alcis-Söhne des Tyr gemeint waren, die auch die Gestalt von zwei Pferden annehmen konnten.

Den Männernamen zufolge wurde der Maskenhelm mit verschiedenen Themen assoziiert:

- mit dem Schutz im Kampf,
- mit dem Göttervater und seinem Adler-Seelenvogel,
- mit den Asen und Ahnen (Alfen) allgemein,
- mit der Jenseitsreise (Krönung), und
- mit dem Kult.

- - -

Der Ursprung des Maskenhelmes ist vermutlich der ehemalige Sonnengott-Göttervater Tyr als Kriegsgott und oberster Wolfskrieger gewesen, der im Kampf einen Maskenhelm trug, der sowohl die Kundalini und den Sonnendrachen als auch den Wolf dargestellt hat. Diesen Helm haben die germanischen Fürsten, die symbolisch gesehen die „Söhne des Tyr" waren, dann als „nordische Krone" getragen.

# I 4.   der Ögishelm

## I 4. a)   Der Name „Ögishelm"

Der Name „Ögishjalmr" bedeutet „Schreckenshelm". Er ist zumindestens seinem Namen nach kein Maskenhelm, da er ein „hjalmr" und kein „grimr" ist.

Das altnordische Wort „ögir" und seine Varianten bedeuten „schrecklich, furchtbar, als schrecklich darstellen, übertreiben, drohen, ängstigen, Erschrecker, Helm, Krieger, Schwert".

Dieses Wort leitet sich von dem germanischen Verb „ogjan" für „erschrecken, bedrohen" sowie dem germanischen Adjektiv „ogi(z)" für „schrecklich, furchterregend" her.

Die Wurzel des germanischen „ogjan" ist wiederum das indogermanische „ag, hegh" für „seelisch bedrückt sein, ängstlich sein, sich fürchten".

Es gibt einige wenige Zusammensetzungen und Redewendungen mit „ögis":

- *ögis-hjalmr*                              = Schreckenshelm
- *bera ögis-hjalmr yfir einnhverr*          = „den Schreckenhelm über jemandem tragen", d.h. jemanden in Angst unterdrücken
- *bera ögis-hjalmr i augum*                 = „den Schreckenshelm in den Augen tragen", d.h. einen furchterregenden Blick haben
- *ögis-heimr*                               = „Schreckens-Ort", d.h. „Diesseits" (eine eher christliche Vorstellung)

Der Schreckenshelm wurde auch „hulids-hjalmr" bzw. „hulins-hjalmr" genannt, womit ein unsichtbar-machender Helm gemeint ist. Das Wort „hulids, hulin" leitet sich von der Bezeichnung „Hel" für die Unterwelt ab. „Hel" bedeutet wörtlich „Höhle", womit ursprünglich die Grabkammer im Hügelgrab gemeint gewesen ist.

Der unsichtbar machende „Hel-Helm" ist also ein Helm, den ein König, Fürst oder Held (denn nur für diese wurden Hügelgräber errichtet) in seinem Grab oder auf seiner (Jenseits-)Reise dorthin trug.

Dazu paßt, daß mit dem Maskenhelm das männliche Herdentier (Eber, Ziegenbock, Pferd) assoziiert worden ist, das bei der Bestattung für den Toten geopfert wurde und dessen Zeugungskraft dann magisch auf den Toten übertragen wurde, damit sich dieser im Jenseits, d.h. in der Grabkammer seines Hügelgrabes erfolgreich mit der Jenseitsgöttin wiederzeugen konnte. Es wird somit der Schädel an dem Fell dieses für den Toten geopferten Herdentieres sein, der die Maske des in das Fell des Opfertieres gewickelten Jenseitsreisenden gewesen ist.

Die Bezeichnung „Schreckenshelm" ist durch die Angst vor dem Tod hervorgerufen worden und der Name „Hel-Helm", der die Bedeutung „Unsichtbarkeits-Helm" erhielt, ist dadurch entstanden, daß der Tote in der Hel ist und daß seine Seele bzw. sein Astralkörper eben unsichtbar ist.

Das altnordische Substantiv „hel", von dem sich der Göttinnennamen „Hel" ableitet, stammt von dem germanischen Substantiv „haljo" für „Höhle, Halle" ab.

Von diesem Wort leiten sich auch die altnordischen Substantive „hall, höll" für „Halle", „häli" für „Versteck", „hjalmr" für „Helm" und „hylja" für „verhüllen, bekleiden" ab. Ein Helm ist also wörtlich ein „Ausgehöhlter" bzw. ein „Umhüller".

Die indogermanische Wortwurzel dieser ganzen Begriffe ist das Verb „kel" für „bergen, verhüllen". Ein Höhle ist also ein Ort, an dem man sich verbirgt – oder an dem sich ein Tier verbirgt.

Auch zu dem „Hel-Helm" gibt es eine Redewendung:

- *bregda hulids-hjalmr yfir einnhverr* = „den Hel-Helm über etwas schwingen", d.h. unsichtbar werden oder unsichtbar machen

Schließlich gibt es noch eine Verbindung des Schreckens-Helmes und des Hel-Helmes zu den Schlangen bzw. Drachen, da die Totengeister im Jenseits als Schlangen und Drachen aufgefaßt wurden.

Siehe zu dem „Unsichtbarkeits-Helm" auch das Kapitel über die Unsichtbarkeit in Band 64, in dem die Identität dieses Helmes mit dem Unsichtbarkeits-Umhang, der meistens nicht ganz zutreffend als „Tarnkappe" statt „Tarn-Cape" bezeichnet wird, deutlich wird.

Der „Ögis-Helm" ist möglicherweise auch ein „Ägir-Helm" gewesen. Allerdings stammt der Name Meeresgottes „Ägir", also des Tyr in der Wasserunterwelt, von urgermanisch „ahwo" für „Wasser" ab (lateinisch: „aqua") und nicht wie „ögir" von „Schrecken". Andererseits ist das Meer durchaus auch als das „Schreckliche" aufgefaßt worden.

Im Altnordischen erscheint zudem anstelle von „Ägir" manchmal auch „Ögir" wie z.B. in dem Lied-Titel „Ögisdrecka" („Ägirs Trinkfest"). „Ögis" ist der Genitiv zu „Ögir".

Es wäre somit denkbar, daß es eine Assoziation zwischen „Ägir" und „Ögir" und somit zwischen Tyr und dem Schreckenshelm gegeben hat.

## I 4. b)  Magnusdrapa

Dieses Lied ist von Arnorr Jarl-Skalde um 1046 n.Chr. für König Magnus den Guten von Norwegen gedichtet worden.

In diesem Lied befindet sich der Schreckenshelm auf dem Kopf eines Königs und er versetzt die Feinde des Königs in Angst und Schrecken.

Sein Schreckenshelm wird „der Höchste" genannt, was vermutlich „der Schrecklichste" bedeutet.

*Feder-Röter der Seemöwen des Yggr,*
*Du kamst vom Osten in die Orte in Tröndelag*
*mit dem höchsten aller Schreckenshelme*
*und sie sagen, daß Deine Gegner verzagten.*
*Fütterer des dunklen Geiers der Wunden-Brandung,*
*Deine Feinde wußten, daß sich ihre Untaten vermehrt hatten;*
*Deine Widersacher wurden gezwungen,*
*voller Angst ihr Leben zu retten.*

Yggr = Odin; seine Seemöwen = Raben; rot = Blut; Röter der Federn der Raben = Krieger, der seine Feinde tötet, die dann von den Raben gefressen werden

Wunden-Brandung = Blut; Blut-Geier = Rabe; Raben-Fütterer = Krieger (er füttert die Raben mit Leichen)

## I 4. c)  Hakonarflokkr

In einer Strophe dieses Liedes, daß der Skalde Sturla Thordarson um 1264 n.Chr. gedichtet hat, spricht er von einem „Schlangenhelm des Königs Hakon". Für das Wort „Helm" wird an der betreffenden Stelle das Substantiv „hjalmr" benutzt.

*Bedeckt mit dem Helm des Finnwals der Insel*
*drang der Schatz-großzügige*
*Herrscher der Hördar voran*
*und strafte die Rebellen wieder für ihre Untaten.*
*Die Feinde des Herrn fielen nieder,*
*er gab den schwarzen Raben das blutige Opfer*
*und bald flohen einige*
*vor dem Sieg-Verstärker.*

Insel = Jenseitsinsel des Tyr; Finnwal der Insel = Schlange/Drache; Schlangen/Drachen-Helm = Schreckenshelm; Tyr in der Wasserunterwelt wurde auch als Wal angesehen – möglicherweise ist diese Assoziation beabsichtigt.

Hördar = Volk in Norwegen; ihr Herrscher = König von Norwegen

blutiges Opfer = Leichen auf dem Schlachtfeld

Sieg-Verstärker = König

Der Schreckens-Helm bzw. Drachen-Helm des Königs Hakon von Norwegen ist um 1264 n.Chr. sicherlich schon symbolisch gemeint gewesen und wird kein mit Schlangen versehener Maskenhelm mehr gewesen sein. Der Schrecken, den dieser Helm verbreitet, ist der Schrecken der Feinde vor dem König. Diesen Aspekt wird der Maskenhelm sicherlich auch schon in der Vendelzeit (550-700 n.Chr.) gehabt haben, in der diese Art von Helm hergestellt und getragen worden ist.

## I 4. d)  Skaldskaparmal

Der berühmteste Schreckenshelm ist der des Hreidmar. Dieser Helm wurde ihm von seinem Sohn, nachdem er seinen Vater ermordet hatte, geraubt und mit seiner Hilfe hat er sich in einen Drachen verwandelt. Nachdem Sigurd den Drachen Fafnir getötet hatte, trug er diesen Helm.

*Fafnir hatte das Schwert Hrotti und den Helm, den Hreidmar besessen hatte, genommen und den auf sein Haupt gesetzt. Dieser Helm hieß Ögishelm und war allen Lebendigen ein Schrecken zu schauen. Regin hatte das Schwert, das Refil hieß: damit entfloh er; Fafnir fuhr auf die Gnitaheide, machte sich da ein Bett, nahm Schlangengestalt an und lag auf dem Gold.*

Der Name des Schwertes *„Hrotti"* des Fafnir bedeutet „Ruhm".

Das Schwert *„Refil"* hat wie etliche andere berühmte Schwerter der Germanen einen ironischen Namen, denn „Refil" bedeutet „Sparren" (langes, schmales Brett).

Der Name des Helmes *„Ögis"* des Fafnir bedeutet „Schrecklicher". Man kann zumindestens vermuten, daß dieser Helm die Gestalt eines Schlangen- oder Drachenkopfes hatte oder das sich auf ihm in irgendeiner Weise ein solcher Kopf befand, da sich Fafnir sich in eine Schlange bzw. in einen Drachen verwandelte, nachdem er sich diesen Helm aufgesetzt hatte.

Der Schreckenshelm des Hreidmar und seines Sohnes Fafnir ist daher mit recht großer Wahrscheinlichkeit ein Maskenhelm von der Art wie der von Sutton Hoo, auf dem eine Schlange von hinten über den Scheitel zum „Dritten Auge" zwischen den

Augenbrauen kriecht.

Der Schreckenshelm ist deshalb für alles Lebendige ein Schrecken, weil er mit dem Tod verbunden ist (er hieß auch „Hel-Helm").

Der Name *„Gnitaheide"* für das Lager des Fafnir als Drache ist ein weiterer leicht ironischer Name, denn er bedeutet „Geiz-Heide". „Fafnir" („Habgier") und „Gnita" („Geiz") haben fast dieselben Bedeutung.

Fafnir verwandelte sich in einen Drachen, d.h. in eine Schlange. Vermutlich verwandelte er sich in dieses Tier, indem er sich den Ögishelm aufsetzte – wobei dies eine Übertragung eines ursprünglich magisch-mythologischen Motives in den technischen Bereich wäre (was häufig vorkommt).

Die „Gnitaheide" („Heide des Geizes (des Drachen)") ist ein Name für den Ort gewesen, an dem Hügelgräber errichtet worden waren. Vermutlich liegt Fafnir mit seinem Ögishelm und seinem Schwert „Hrotti" auf oder in einem Hügelgrab.

Diese Deutung würde bedeuten, daß Fafnir bereits tot sein muß, denn sonst könnte er kein Totengeist-Drachen sein … Vermutlich ist aber die Drachenverwandlung in der Fafnir-Erzählung bereits aus dem Mythen-Bereich in den Sagen-Bereich übertragen worden: In den Sagen erleben die Helden im Diesseits die Dinge, die vorher die Toten und die Götter im Jenseits erlebten – einschließlich der Verwandlung in einen Drachen.

Hreidmar ist der „alte Tyr" im Jenseits; Fafnir, Regin und Otar sind seine drei Söhne, die die drei Stände repräsentieren – einer der drei Söhne ist der „junge Tyr", der am Morgen bzw. im Frühjahr wiedergeboren wird. Tyr wurde im Diesseits als Mann und im Jenseits als Drache dargestellt (siehe den Band 41 über die Schlangen und Drachen). Der Ögishelm ist daher wahrscheinlich mit dem Maskenhelm, auf deren Scheitel sich eine Schlange befindet, identisch – beide Helme stehen eng mit Tyr in Verbindung.

## I 4. e)   Das andere Lied über Sigurd Fafnir-Töter

*Sigurd blieb nun beständig bei Regin und da sagte er dem Sigurd, daß Fafnir auf der Gnitaheide läge in Wurmgestalt. Er hatte den Ögishelm, vor dem alles Lebende sich entsetzte.*

## I 4. f)  Fafnir-Lied

Fafnir:

*„Der Schreckenshelm schützte mich lange,*
*Da ich über Kleinode* (Grabschatz) *kroch;*
*Allein daucht ich mich stärker als alle*
*Und fand selten meinen Mann. "*

Sigurd:

*„Nur wenige werden den Sieg*
*durch diesen Schreckenshelm erlangen,*
*denn wer unter vielen weilt, wird eines Tages herausfinden,*
*daß kein Mann der Mächtigste von allen ist. "*

Fafnir:

*„Gift blies ich, da ich auf dem Golde lag,*
*Dem vielen, meines Vaters. "*

Sigurd:

*„Wohl warst Du furchtbar, Du funkelnder Wurm;*
*Ein hartes Herz erhieltest Du.*
*Der Mut schwillt mächtig den Menschensöhnen,*
*Die solchen Helm haben. "*

Sigurd ist von Odin in der Kampfkunst unterrichtet worden und weiß, daß es heikel ist, sich im Kampf völlig auf eine Waffe zu verlassen oder auf den Schrecken, den ein Helm verbreitet. Und er weiß auch, daß niemand immer der Stärkste ist, und auch, daß sich so mancher viel auf seinen Schätze und auf seinen Schreckenshelm eingebildet hat.

Die Formulierung „der Mut schwillt mächtig den Menschensöhnen, die einen solchen Helm haben" könnte aber auch eine Umschreibung der Kampfekstase statt der Selbstüberschätzung sein.

## I 4. g)  Völsungen-Saga

*Und wiederum sprach Fafnir: „Ich trug vor allem Volk den Schreckenshelm,*
*nachdem ich mich auf dem Erbe meines Bruders niedergelassen hatte, und nach allen*
*Seiten hin spie ich Gift, sodaß sich niemand mir nahe zu kommen getraute. Ich*

*fürchtete mich vor keiner Waffe und niemals hatte ich so viele Männer vor mir, daß ich mich nicht stärker als sie fühlte, denn alle Männer hatten schreckliche Angst vor mir. "*

*Sigurd antwortete und sprach: „Nur wenige werden den Sieg durch diesen Schrekkens-Helm erlangen, denn die, die unter viele gehen, werden eines Tages herausfinden, daß niemand für immer der Mächtigste von allen ist. "*

## I 4. h)  Fafnir-Lied

*Sigurd ritt auf Fafnirs Spur nach dessen Haus und fand es offen und die Türen von Eisen und aufgeklemmt. Von Eisen war auch alles Zimmerwerk am Haus, und das Gold war unten in die Erde gegraben. Da fand Sigurd großmächtiges Gut und füllte damit zwei Kisten. Da nahm er den Ögishelm und die Goldbrünne und das Schwert Hrotti und viele Kostbarkeiten und belud Grani damit.*

## I 4. i)  Völsungen-Saga

*Sigurd ritt lange Wege, bis er hinauf nach Hindarfiall kam und wandte sich südwärts gen Frankenland. Auf dem Berge sah er ein großes Licht gleich als brenne ein Feuer, das zum es zum Himmel emporloderte. Aber als er hinzukam, siehe, da stand da eine mit Schilden behangene Burg vor ihm, und oben auf stand ein Banner. Sigurd ging in die Burg hinein und sah, daß dort jemand lag und in voller Rüstung schlief. Dem zog er ihm zuerst den Helm vom Haupt: da sah er, daß es kein Mann, sondern ein Weib war. Sie war so eng in ihre Brünne gekleidet, als ob die Brünne auf ihrem Fleisch gewachsen wäre. Da ritzte er mit Gram die Brünne durch vom Haupt herab und danach auch an beiden Armen. Da schnitt er ihr die Brünne auf und dann die Ärmel, und stets schnitt das Schwert als wenn es Stoff wäre.*

*Da sprach Sigurd, daß sie überlang geschlafen hätte, sie aber sprach: „Welches Ding mit solch großer Macht ist es gewesen, daß meine Brünne zerschnitten und mich aus dem Schlaf geweckt hat? "*

*So wie es in dem Lied heißt:*
*„ Was biß die Brünne,*
*was bricht meinen Schlaf,*
*wer hat das bleiche Leid*
*von mir gewendet? "*

*Die Frau sprach: „Ah, ist es nun geschehen, daß Sigurd Sigmund-Sohn gekommen ist und Fafnirs Helm auf seinem Haupt trägt und Fafnirs Schicksal in seiner Hand?"*

*Da antwortete Sigurd:*
*„Sigmunds Sohn*
*mit Sigurds Schwert*
*hat die Mauer des Raben*
*niedergerissen."*

Die „Mauer des Raben" ist hier die Brünne der Sigdrifa-Brünhild. Diese Kenning ist stark verkürzt worden und müßte eigentlich „Mauer des Feuers des Fütterers des Raben" o.ä. heißen: „Fütterer des Raben (mit Leichen)" = Krieger; dessen Flamme = Schwert; die Mauer dagegen = Brünne.

## I 4. j)   Die Saga über Hedin und Högni

Der „Schreckens-Helm in den Augen" erinnert geradezu an den „bösen Blick", nur das er noch mächtiger ist. Der Beiname „Schlange in den Augen" des Sigurd in der „Saga über Ragnar Lodenhose" wird eine Variante dieses Motivs sein, da der Schreckenshelm auch ein Schlangen-Helm gewesen ist.

Auch über Thor und über Sigurd/Siegfried wird berichtet, daß sie einen Blick hatten, den kaum jemand ertragen konnte.

In der Saga über Hedin und Högni führen die beiden ehemaligen Freunde mit ihren Heeren einen schon 143 Jahre dauernden, von Odin verhängten Kampf, bis König Olaf kam, um ihn zu beenden. In der folgenden Szene gibt Hedin König Olaf Anweisungen, wie er den Kampf beenden kann.

*Da freute sich Hedin und sagte: „Du mußt darauf achten, daß Du Hedin nicht von Angesicht zu Angesicht gegenübertrittst und auch mich nicht tötest, bevor er nicht gestorben, denn es gibt keinen Menschen mehr, der Högni gegenübertreten und ihn töten kann, wenn ich schon gestorben bin, denn er hat einen Schreckenshelm in seinen Augen, vor dem sich niemand schützen kann. Deshalb ist das einzige, was man tun kann, daß ich ihm gegenübertrete und mit ihm kämpfe und Du hinter ihn gehst und ihm seinen Todesstoß versetzt, denn Du wirst wenig Mühe haben, mich zu töten, selbst wenn ich der einzige von uns allen bin, der übrig ist."*

Hier ist der „Schreckenshelm in den Augen" eigentlich die „Kundalini-Schlange im dritten Auge".

## I 4. k)   Skaldskaparmal

*So sang Einarr:*

*„Der Land-Verteidiger trägt in mutiger Gesinnung*
*seinen Mut-Helm auf seinem kühnen Haar-Hügel.*
*Der Skalde berichtet vor den Männern*
*den Ruhm des Königs des Hörda-Landes."*

Land-Verteidiger = Fürst
Mut-Helm = Schreckenshelm
Haar-Hügel = Kopf
Hörda-Land = Teil von Norwegen


## I 4. l)   Die Saga über Halfdan Eysteinn-Sohn

*Unter dem Wasserfall war eine große Höhle, in die Val und seine beiden Söhne tauchten und in der sie sich auf das Gold legten und geflügelte Drachen wurden. Sie trugen Helme auf ihren Häuptern und Schwerter unter ihren Flossen. Dort lagen sie, bis Gold-Thorir den Wasserfall in seine Macht brachte.*

Val und seine beiden Söhne sind Tyr und seine beiden Alcis-Söhne.
Die Helme der Drachen werden Drachenhelme, d.h. Ögis-Helme sein.


## I 4. m)   Die Drachenköpfe der Langschiffe

Die geschnitzten Köpfe am Bugsteven der Drachenschiffe werden zwar nirgendwo als „Schreckenshelm" bezeichnet, aber da sie Schrecken verbreiten sollten, „Grimr", („Maskenhelm") genannt wurden, und die Form von Schlangen- oder Drachenköpfen haben, besteht zumindestens eine sehr enge Verwandtschaft der Langschiff-Drachen-köpfe mit den Maskenhelmen und den Schreckenshelmen.

# I 4. n)  Kenningar und Heitis

Die Kenningar und Heitis zu dem Schreckenshelm sind ausgesprochen interessant, wenn man sie mit einigen weiteren Helm-Umschreibungen kombiniert:

| Helm | Maske(n-Helm) | „Grimnir" | Snorri Sturluson | Thulur |
|---|---|---|---|---|
| **Helm** | *Schrecklicher* | Schreckenshelm | Snorri Sturluson | Thulur |
| **Helm** | *Erschrecker* | Schreckenshelm | Snorri Sturluson | Thulur |
| **Schlange** | *Grimnir* | Verwandlung mit einem „Masken-Helm" / „Schreckenshelm" in einen Drachen | Thorgrimnir | (Skaldskaparmal) |
| **Helm** | *gieriger Heidebewohner* | Heide= Jenseits = Hügelgrab; Heidebewohner = Drache = Drachenhelm | Snorri Sturluson | Thulur |
| **Schreckenshelm** | *Helm des Gold-Fisches der Erde* | Gold-Fisch = Schlange (Wächter auf dem Grabschatz); Erd-Schlange = Jörmungandr | Snorri Sturluson | Hattatal |
| **Helm** | *Toten-Eber* | Eber auf dem Helm | Snorri Sturluson | Thulur |

Aus diesen Heitis und Kenningarn ergibt sich das Bild eines schrecklichen Maskenhelmes, auf dem sich eine Schlange oder ein Eber befinden – was genau den „magischen Helmen" entspricht.


# I 4. o)  Personennamen

Es gibt zwar keine mit „Ögishjalmr" gebildeten Personennamen, aber man kann immerhin die mit „hjalmr" gebildeten Namen untersuchen und mit einigen in der folgenden Liste *kursiv gedruckten* „grimr"-Namen vergleichen. Es ist auffallend, wieviel mehr Personennamen mit „grimr" gebildet worden sind als mit „hjalmr" – offenbar war der „grimr" wesentlich beeindruckender und erstrebenswerter als der einfache „hjalmr".

| mit „Helm" gebildete Namen | | |
|---|---|---|
| **Namen** | | **Bedeutung** |
| *Männernamen* | *Frauennamen* | |
| Anselm | Anselma | Asen-Helm (althochdeutsch) |
| *Asgrimr* | | *Asen-Maskenhelm* |
| Hjalmtyr | | Helm-Tyr (neu?) |
| Vihialmr | | Heiliger Helm, Priester-Helm |
| *Vigrimr* | | *Heiliger Maskenhelm, Priester-Maskenhelm* |
| Hilamvidr | | Helm-Grenzwald |
| Vilhjalmar, Viljormur (Wilhelm) | Vilbma | Wille-Helm (althochdeutsch) |

Am interessantesten ist der „Helm-Tyr", da vermutlich bereits der ehemalige Göttervater Tyr einen Schreckenshelm besessen hat.

Die Assoziation des Maskenhelmes mit den Asen und dem Kult wird durch die beiden Namen „Asen-Helm" und „Heiliger Helm" bestätigt.

Der „Willens-Helm" könnte der „Schreckens-Helm" aus der Perspektive seines Trägers sein – er versetzt seine Feinde durch seinen Willen in Angst und Schrecken.

Ein Helm bzw. Maskenhelm, der heilig ist oder zu einem Priester gehört, sollte der Helm eines Gottes sein – vermutlich des Tyr.


## I 4. p)  Galdrabok
(Island, ca. 1600 n.Chr.)

In diesem Grimoire (Zauberbuch) finden sich drei Zeichen, die des öfteren verwendet werden und die auf wichtige altgermanische Symbole zurückgehen:

| magische Zeichen | | | |
|:---:|:---:|:---:|:---:|
| 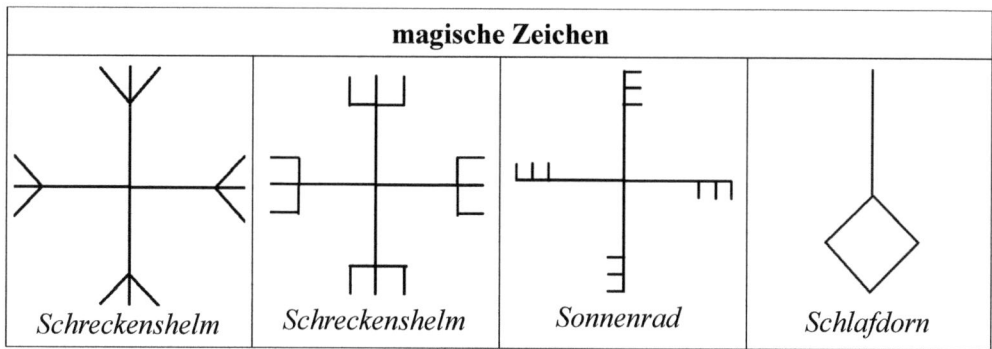 | | | |
| *Schreckenshelm* | *Schreckenshelm* | *Sonnenrad* | *Schlafdorn* |

Das Schreckenshelm-Zeichen besteht entweder aus vier Man-Runen oder aus vier Yr-Runen. Das Sonnenrad-Zeichen ist dem Schreckenshelm sehr ähnlich: alle vier Zeichen bestehen aus einen Kreuz mit je drei „Zweigen" an allen vier Enden. Dieses gleichschenklige Kreuz erinnert zudem an das Sonnensymbol aus den skandinavischen Felsritzungen (Kreuz im Kreis).

Dieser enge Bezug der beiden Schreckenshelm-Symbole zu dem Sonnen-Symbol bestätigt die Annahme, daß der Schreckenshelm bzw. Maskenhelm ursprünglich dem ehemaligen Sonnengott-Göttervater Tyr gehört hat.

## I 4. q)  Die Lachstal-Saga

*Gudrun sprach: „Ich habe diesen Winter viele Träume geträumt, doch vier von diesen Träumen beunruhigen meinen Geist sehr und niemand hat sie bisher so deuten können, wie es mir gefallen würde und dennoch bitte ich nicht um eine günstige Auslegung dieser Träume."*

*Gest sagte: „Erzähle mir Deine Träume – vielleicht kann ich etwas von ihnen verstehen."*

*Gudrun sprach: „Mir schien, daß ich draußen an einem bestimmten Bach gestanden hätte und daß ich eine krumme Haube auf meinem Kopf getragen hätte, von der ich fand, daß sie mit nicht passen würde, und ich wollte diese Haube ändern, doch viel Leute rieten mir, dies nicht zu tun, aber ich hörte nicht auf sie und riß mir die Haube von meinem Kopf und warf sie in den Bach – und das war das Ende des Traumes."*

*Dann sprach Gudrun weiter: „Dies ist der nächste Traum: Mir schien, daß ich in der Nähe eines Wassers stehen würde und einen silbernen Ring an meinem Arm tragen würde. Ich dachte, daß es mein eigener sei, und er paßte mir außerordentlich gut. Er schien mir ein sehr wertvolles Ding zu sein und ich wünschte mir, daß ich ihn* lange behalten würde. Doch als ich am wenigsten damit gerechnet hatte, rutschte der Ring von meinem Arm und fiel ins Wasser und ich habe danach nie mehr etwas von ihm gesehen. Ich spürte den Verlust heftiger als mir schien, daß ich jemals den Verlust von einem bloßen Teil meines Besitzes spüren könnte. Dann erwachte ich."

Gest sagte dazu nur: „Dieser Traum ist nicht unbedeutender als der erste."

Gudrun sprach weiter: „Dies ist der dritte Traum: Mit schien, daß ich einen Goldring an meiner Hand trug, von dem ich dachte, daß er mir gehören würde und daß nun mein Verlust wieder ausgeglichen worden sei. Und in meinem Geist entstand das Bild, daß ich diesen Ring länger als den ersten behalten würde. Doch mir schien nicht, daß dieser Ring mir im selben Maße besser passen würde, wie Gold wertvoller als Silber ist. Dann sah ich, wie ich fiel und mich mit meiner Hand abfangen wollte, doch dabei schlug der Goldring gegen einen Stein und brach entzwei und die beiden Teile bluteten. Das, was ich danach fühle, fühlte sich mehr nach Trauer an als nach dem Bedauern eines Verlustes. Und mir schien nun, daß der Ring einen Makel gehabt haben müsse, und als ich die Teile betrachtete, sah ich noch mehr Fehler an ihnen. Doch ich hatte das Gefühl, daß er, wenn ich besser auf ihn geachtet hätte, noch hätte heil sein können. Weiter ging dieser Traum nicht."

Gest sagte: „Deine Träume werden nicht bedeutungsloser."

Dann sprach Gudrun: Dies ist mein vierter Traum: Mir schien, daß ich einen Gold-Helm auf meinem Kopf tragen würde, der mit vielen Edelsteinen besetzt war. Und mir deuchte, daß dieses wertvolle Ding mir gehören würde, doch was mich am meisten störte, war, daß er zu schwer war und ich ihn kaum tragen konnte, sodaß mein Kopf sich zur Seite neigte. Doch ich tadelte nicht den Helm dafür und ich hatte auch nicht vor, mich von ihm zu trennen. Doch der Helm fiel von meinem Kopf und stürzte in den Hvamm-Fjord – und danach erwachte ich. Nun habe ich Dir meine ganzen Träume erzählt."

Gest antwortete: „Ich sehe deutlich, was sie bedeuten, doch Du wirst finden, daß meine Deutung alle sehr ähnlich schmecken, denn ich muß sie alle in fast derselben Weise deuten. Du wirst vier Ehemänner haben und ich zweifle daran, daß es beim ersten mal, wenn Du heiratest, eine Liebes-Beziehung sein wird. Daß Dir schien, daß Du eine große Haube auf Deinem Kopf tragen würdest und daß sie Dir nicht zu passen schien, zeigt, daß Du ihn nur wenig liebst. Und daß Du sie von Deinem Kopf nimmst und in den Bach wirfst, zeigt, daß Du ihn verlassen wirst. Denn die Leute sagen, daß 'etwas ins Meer geworfen wird', wenn man etwas verliert und nichts dafür als Entschädigung erhält."

Und Gest sprach weiter: „Dein zweiter Traum war, daß Dir schien, daß Du einen Silberring an Deinem Arm getragen hast. Das zeigt, daß Du einen Edelmann geheiratet hast, den Du sehr lieben wirst, aber den Du Du nur für eine kurze Zeit genießen können wirst – und ich würde mich nicht wundern, wenn Du ihn durch Ertrinken verlieren wirst. Das ist alles, was ich zu diesem Traum zu sagen habe."

„Und in dem dritten Traum schien Dir, daß Du einen Goldring an Deiner Hand getragen hast. Das zeigt, daß Du einen dritten Ehemann haben wirst und er wird den zweiten nicht in dem Maße übertreffen wie Dir Gold wertvoller als Silber zu sein scheint. Und mein Geist sagt mir vorher, daß zu der Zeit eine Änderung des Glaubens kommen wird (Christentum) und daß Dein Ehemann den Glauben, von dem wir denken, daß es der höhere sei, annehmen wird. Und Deine Vorstellung, daß der Ring durch eine Unachtsamkeit von Dir entzweibricht und daß Blut aus den beiden Teilen kommt, zeigt, daß dieser Deiner Ehemänner getötet werden wird und daß Du dann denken wirst, daß Du erst dann das erste Mal alle seine Fehler siehst.“

Und Gest sprach noch weiter: „Dein vierter Traum war, daß Dir schien, daß Du einen Helm auf Deinem Kopf getragen hast und daß er aus Gold und mit Edelsteinen besetzt war und daß er Dir zu schwer zu tragen war. Dies zeigt, daß Du einen vierten Ehemann haben wirst und daß dieser der größte Edelmann der vier sein wird und daß er gewissermaßen einen Schreckenshelm über Dich stülpen wird. Und daß Dir schien, daß er in den Hvamm-Fjord gefallen ist, zeigt, daß dieser an seinem letzten Tag auf seinem Weg sein wird. Mehr sage ich nicht zu diesem Traum.“

Gudrun saß mit blutroten Wangen da, während die Träume gedeutet wurden, aber sie sagte nichts bis Gest zu dem Ende seiner Rede gekommen war.

Dann sprach Gudrun: „Du hast mir genauere Vorhersagen gegeben, als ich es gewollt habe, als ich sie in Deine Hände gelegt habe, doch nimm dennoch meinen Dank für das Deuten der Träume entgegen. Aber es ist eine schreckliche Sache, daran zu denken, daß alle diese Dinge geschehen könnten.“

## I 4. r)  Jacob Grimm:  Deutsche Mythologie

In dem folgenden Text erscheint „Ägir“ stets in der Schreibweise „Ögir“ – Jakob Grimm hat diese beiden Worte nicht unterschieden.

In irgend einem näheren verhältnis scheint Bragi mit Oegir gestanden zu haben, und ließe sich analogie zwischen beiden behaupten, der es aber noch an weiteren gründen gebricht, so würde sich neben jenem briga, brag die wurzel braga, brôg darbieten, und das angelsächsisch brôga (terror) althochdeutsch pruoko, bruogo verwandt sein.

Beziehung des Bragi zu Oegir erhellt daraus, daß in dem gedicht Oegisdrecka Bragi besonders vortritt, und dem Oegir zunächst saß; weshalb er auch in vertraulichem gespräche mit ihm göttersagen vorträgt, die davon Bragaræður (reden des Bragi) heißen. sehr schicklich, ohne zweifel, wurden diese erzählungen, wobei ihn Oegir oft mit fragen unterbricht, wie im ersten theil der edda Gángleri den vortragenden Hâr, dem vorstand der poesie in den mund gelegt.

Oegir nun ein älterer, nicht in die reihe der Asen tretender, aber friedlich mit ihnen verkehrender riesischer gott führt den namen des grausenden, schauerlichen. aus der wurzel altgermanisch ôg sind genug ableitungen in unsrer ältesten sprache entsprossen, gothisch agis φόβος, ög φοβέομαι, althochdeutsch akiso, egiso, angelsächsich egesa horror, althochdeutsch akî, ekî, angelsächsich ege (oder êge?) terror, altnordisch œgja terrori esse, man darf hier nur 'oe', nicht 'ae' schreiben.

Dem eigennamen Oegir entspräche ein gothisches Ôgeis, angelsächsisches Êge, althochdeutsch Uogi, wofür ich nur die schwache form Uogo, Oago nachweisen kann.

Oegir bezeichnet aber auch das meer selbst, sôl gengr î œginn, die sonne sinkt ins meer, geht unter; œgisior pelagus gleicht dem gothischen marisáivs, das angelsächsische eagor und êgor (mare) verhalten sich zu êge wie sigor zu sige.

Wichtig ist die einstimmung des griechischen ωκεανός, Ὠκεανός und Ὠγήν, woher das lateinische oceanus, Oceanus entlehnt wurde, unverwandt scheint lateinisch aequor (mare placidum), das nicht zu aqua (gothisch ahva) sondern aequus gehört.

Das rauschende element erregte schauer und den gedanken an eines gottes unmittelbare nähe; wie Vôden auch Vôma hieß, Oðinn Omi und Yggr, so werden von angelsächsischen dichtern die ausdrücke vôma, svêg, brôga und egesa beinahe gleichbedeutend für geisterhafte, göttliche erscheinungen verwendet. Oegir war also ein höchst passender name und berührt sich mit den begriffen der furcht und des grauns.

Diese deutung bestätigen andere mythische vorstellungen überraschend.

In der edda ist von einem grausenerweckenden helm die rede, welcher Oegishialmr heißt: er öll qvikvendi brædast at siâ, einen solchen trug Hreiðmar, dann Fafnir, während er auf dem golde lag, und erschien allen, die ihn erblickten, desto fürchterlicher:

- vera undir Oegishialmi („unter dem Schreckenshelm sein" und
- bera Oegishialm yfir einum („den Schreckenshelm über jemandem tragen") bedeutet furcht, ehrfurcht einflößen (Lachstal-Saga);
- ek bar Oegishialm yfir alla folki („Ich trage den Schreckenshelm über alle Menschen.") (Fornaldur-Saga);
- hafa Oegishialm î augum („den Schreckenshelm in den Augen haben") (Fornaldur-Saga) bezeichnet jenen fürchterlichen, scharfen blick der augen, den andere nicht aushalten;
- der bekannte schlangenblick, ormr î auga („Schlange im Auge") war etwas ähnliches.

Deutliche spur dieses nordischen helms finde ich nun in dem althochdeutschen mannsnamen Egihelm d. h. Agihelm, identisch mit der ablautenden form Uogihelm, die ich nicht aufweisen kann. aber in dem Eckenliede selbst wird Eckens kostbarer

76

*und zauberkräftiger helm, ja anderwärts Ortnits und Dietrichs helm genannt.*

*Hildegrîm, Hildegrîn, und grîma altnordisch larve, helm (name der nacht) hat sich jetzt auch in der fuldischen glosse dargeboten, scenici crîmûn setzt einen singular krîmâ larva, persona, galea voraus, so verstehen wir Krîmhilt den namen einer mit dem schreckenshelm gerüsteten Walkürie, und warum in einer andern glosse daemon durch egisgrîmolt verdeutscht wird.*

*Nicht anders bedeutet das angelsächische egesgrîme larve und durch sein eberbild erschreckende helm wird grîmhelm genannt. ich darf mutmaßen daß auch dem wolf in der alten thierfabel solch ein furchtbarer helm und davon selbst der name Isangrîm* („Isegrim" = „eiserner Maskenhelm" = Wolf = Ulfhedin) *beigelegt wurde.*

*Damit sind vielfach in einander greifende vorstellungen noch nicht erschöpft: wie der helm des gottes oder helden schrecken erregte, muste es auch sein schild und schwert, und es scheint bedeutend, daß ein von zwergen geschmiedetes grauenvolles schwert, wieder nach beiden formen:*

> - *in der Vilkinasaga Eckisax* („Ägirs Schwert", „Schreckens-Schwert"),
> - *in Veldeks Eneit Uokesahs* („Ägirs Schwert", „Schreckens-Schwert")
>  *(man darf nichts ändern) heißt,*
> - *in dem Eckenlied Ecken sahs* („Ägirs Schwert", „Schreckens-Schwert"),
> - *wie Hildegrîn Ecken helm, Eckes helm* („Ägirs Helm", „Schreckens-Helm").

*In der griechisch αγίς suche ich keine wörtliche verwandtschaft, aber dieser schild des Zeus αγίοχος, den zuweilen Athene und Apollo schütteln, verbreitet grausen, wie Oegishialmr, Hildegrîm und Eckisahs; auch an des Pluto unsichtbarmachenden helm darf gedacht werden. Jener alte meergott, Oceanus und Oegir, in dessen halle gold leuchtete, wird vor allen den leuchtenden helm getragen haben, der von ihm den namen führt.*

*Sein althochdeutscher name muß, nach allen diesen ausführungen Aki oder Uoki lauten, und es gehört keine kühnheit mehr zu der annahme, daß in dem völlig riesenhaft gehaltnen Ecke unsrer heldensage ein niederschlag des heidnischen gottes erscheine. Eckes mythisches wesen wird durch das seiner brüder Fasolt und Abentrôt, auf die ich später zu sprechen kommen werde, bestätigt.*

*Wie dem griechischen Okeanos flüsse als söhne und töchter beigelegt werden, zeugt der nordische Oegir mit Rân neun töchter, deren namen die edda auf gewässer und wellen anwendet. es ist zu erwarten, daß auch in unserm alterthum den strömen und flüssen, die meist weiblich gedacht waren, ähnliche bezüge auf den meergott zustanden.*

*Gerade in einem solchen örtlichen namen ist er deutlich zu erkennen. die Eider, ein fluß welcher die Sachsen von den Normannen scheidet, hieß im achten neunten*

77

*jahrhundert bei den fränkischen annalisten Egidora, Agadora, Aegidora; Helmold schreibt Egdora.*

*Die altnordischen denkmäler setzen deutlicher Oegisdyr d. h. thüre des meers (Delta eines Flusses), ausgang in das meer, ostium, vielleicht auch hier mit dem nebenbegriff des schreckhaften. ein zweiter ort des namens Oegisdyr wird Land-namabok in Island genannt, woselbst sich auch ein Oegissîda (latus oceani) („Seite des Meeres = „Küste") findet.*

*Es ergibt sich weiter, daß unter der angelsächsichen benennung Fîfeldor und unter Wieglesdor bei Dietmar von Merseburg wiederum die Eider, also jenes Oegisdyr zu verstehen ist, eine variante bei Dietmar und der annalen Saxo geben Heggedor = Eggedor, Egidor.*

*Da nun anderwärts in angelsächsischen gedichten Fifelstreám und Fifelvæg den ocean bezeichnen, Fifelcynnes eard das land der meergeister, so könnte in Fîfel und dem daraus entstellten Wiegel eine andere veraltete benennung des Oegir gemutmaßt werden.*

## I 4. s)  Ägir

Der folgende Text ist eine kurze Schilderung des Meeresgottes Ägir:

Der Riese bzw. Gott Ägir ist das Meer bzw. der Herr des Meeres. Sein Name bedeutet „Meer", aber er wird auch als „Schrecklicher" aufgefaßt – eine häufige Assoziation zu dem Meer. Ägir wird auch „Hler" und „Gymir" genannt.

Ägirs Frau ist Ran, die von den seefahrenden Wikingern gefürchtete Göttin der Wasserunterwelt.

Die neun Töchter des Ägir und der Ran sind die Wogen des Meeres, die den Seefahrern feindlich gesonnen sind.

Eine Flußmündung oder einen Hafen nannte man „Ägir-Tor" („Tor zum Meer") und den Strand „Ägir-Seite" („Meeresrand").

Ägir ist der ehemalige Sonnengott-Göttervater Tyr in der nächtlichen Wasserunter-welt.

Er hat zwei Diener: Fimafeng („Fünffinger") und Eldir („Feuer"). Sie sind ursprünglich die beiden „Alcis" („Elche/Hirsche") genannten Söhne des Tyr gewesen, die als zwei Jünglinge und als die beiden weißen Rosse, die den Sonnenstreitwagen des Tyr ziehen, erscheinen konnten.

Ägir hatte zusammen mit Ran neun Töchter, die meistens „Rans Töchter" genannt werden. Sie stellten die Wogen des Meeres dar. Da die „9" als ein Adjektiv mit der

Bedeutung „zum Jenseits gehörend" benutzt wurde, sind diese „neun Töchter" eigentlich die Jenseitsgöttin und werden mit Ran identisch sein. Ran ist ursprünglich die Jenseitsgöttin gewesen, die sich am Abend mit der Sonne vereint und sie am Morgen wiedergebiert – und die Sonne ist mit Tyr-Ägir identisch.

Der Sohn der neun Töchter des Ägir und der Ran ist der Ase Heimdall, der ebenfalls mit Tyr identisch ist. Dies ist das ursprüngliche Motiv: Die Meeresgöttin ist die Mutter des Sonnengott-Göttervaters Tyr-Heimdall.

Die neun Schwestern, die als Rans und Ägirs Töchter erscheinen, sind dieselben wie die „neun Mädchen der Freya-Menglöd". Menglöds Mädchen sind eine Vervielfältigung der Menglöd selber, deren Name eine Bezeichnung der Freya ist. Ihr Geliebter Svipdag zeigt durch seinen Namen, der „Tagesanbruch" bedeutet, daß auch er eine Form des Sonnengott-Göttervaters Tyr ist.


Ägir erleuchtet seine Halle mit Gold, d.h. mit seinem goldenem Sonnen-Schwert und mit seinem goldenen Sonnen-Schild.

Ägir besitzt ein Schwert und kann auch selber als Name für ein Schwert verwendet werden – das bezieht sich auf das Sonnen-Schwert des Tyr. Mit diesem Schwert, das Odin dem Tyr um 500 n.Chr. nach der Absetzung des Tyr abgenommen hat, erleuchtet Odin nun seinen Saal Walhall.

Dieses Sonnen-Schwert wird auch in der Schilderung des Tyr-Surtur beschrieben. Das Schwert des Tyr ist auch nach Ägir benannt worden: „Eckisax", „Uokesahs" („Ägir-Kurzschwert").

In späteren Sagen erscheint Ägir als der Riese „Ecke" (=„Ägir"), der ein berühmtes Schwert (das Tyr-Schwert) besitzt.

Das leuchtende Gold in der Halle des Ägir, das Sonnen-Schwert und der Sonnen-Schild des Tyr-Ägir sowie die Sonne selber werden „Feuer des Ägir" genannt.

Ägir besaß einen nach ihm benannten Helm. Er wurde „Oegishialm" („Ägir-Helm"), „Oegisgrim" („Ägir-Maskenhelm") und „Eckenhialm" („Ägir-Helm") genannt. Dies wird Tyrs goldener Sonnenhelm sein, den ihm um 500 n.Chr. Odin geraubt hat und den der neue Göttervater gelegentlich trägt.

Dieser „Oegishelm" verwandelt seinen Träger in einen Drachen, wie u.a. in der Völsungen-Saga über Fafnir berichtet wird. Der ehemalige Sonnengott-Göttervater hatte tags im Diesseits die Gestalt eines Mannes und nachts im Jenseits die Gestalt eines Drachen.

In manchen Texten wird der Name des Ögishelmes auch als „Schreckenshelm" aufgefaßt, da „Ägir" im Sinne von „Meer" aus als „Schreckliches" aufgefaßt wurde. Beide Deutungen beziehen sich auf das Jenseits: die nächtliche Sonne in der Wasserunterwelt.

Ägir hat von Thor den Braukessel erhalten, den der Donnergott diesem Riesen geraubt hat. Hymir ist der alte Tyr als Riese in der Unterwelt, der in den neuen Mythen, die nach der Absetzung des Tyr erschaffen wurden, von Thor getötet wird. Tyr-Ägir erhält den Kessel des Tyr-Hymir und muß nun darin für die Götter beim Herbstfest Met brauen.

Das Herbstfest der Asen bei Ägir findet drei Monate (Dauer des Sommers) nach dem Frühlingsfest bei den Asen, bei dem Ägir eingeladen war, statt. Im Frühling besiegte der Sommergott Tyr in den alten Mythen den Wintergott Loki und im Herbst besiegte dann Loki den Tyr. Auch noch in den neuen Mythen verbrennt Loki bei dem Herbstfest die Halle des Ägir und tötet Fimafeng, einen der beiden Diener des Tyr-Ägir.

Ägirs Halle hatte einen sehr heiligen Frieden, d.h. sie war ein Tempel. Ägir muß folglich ein Gott gewesen sein: der ehemalige Sonnengott-Göttervater Tyr in der Wasserunterwelt.

Das Bier in Ägirs Halle trug sich selber auf. Ägirs Halle muß daher ein ganz besonderer Ort sein – eben die Wasserunterwelt.

Ägir empfängt (als ehemaliger Göttervater) den König Magnus den Blinden im Jenseits.


## I 4. t)  Zusammenfassung:  Schreckens-Helm

Das Bild, das sich aus der germanischen Überlieferung über den Schreckenshelm ergibt, ist recht komplex.

Zunächst einmal ist der Helm bzw. dessen Träger ein „Schrecken für alles Lebendige" – vermutlich weil der Helm mit dem Jenseits und dem Tod assoziiert wurde und weil er den Feinden genauso Schrecken einjagen sollte wie Tyrs Schwert Angervadill („Angstwedel").

Der Träger eines Schreckens-Helmes verwandelt sich in eine Schlange bzw. in einen Drachen, d.h. in einen Toten oder einen Jenseitsreisenden. Dieser Helm wird daher auch Schlangen-Helm genannt.

Der Schreckens-Helm ist ein Hel-Helm, also ein „Helm der Grabkammer des Hügelgrabes". Sein Träger ist somit ein Toter oder ein Jenseitsreisender, der als Seele bzw. Astralkörper unsichtbar ist. Daher macht der Schreckenshelm seinen Träger unsichtbar.

Der Schreckenshelm wird vor allem von Königen getragen, was die Vermutung nahelegt, daß die Schlange ein Hinweis auf die Jenseitsreise des Königs bei seiner Krönung ist, durch die er eine Verbindung zu dem Göttervater selber erhält – was den Schrecken, den dieser König dann anschließend verbreiten kann, hinreichend erklärt.

Der Schreckenshelm ist daher letztlich ein Besitz des Tyr, der in der Völsungen-Saga „Hreidmar" genannt wird. Auch der Männername „Tyr-Helm" wird aus diesem Motiv heraus entstanden sein.

Was aus der Sicht der Feinde des Helm-Trägers ein großer Schrecken ist (der Anblick des Helmes gleicht dem Anblick des Göttervaters), ist aus der Sicht des Helm-Trägers selber ein großer Wille und eine große Durchsetzungskraft („Will-Helm"). Dem Helm-Träger „schwillt der Mut", d.h. er gerät in Kampf-Ekstase – wofür die Schlange bzw. der Drache ein Symbol sein wird. Die Schlange hat die doppelte Symbolik von „Totengeist" und „Kundalini" (siehe „Kundalini" in Band 64). Der Träger des Schreckenshelmes erhält durch seine Verbindung mit dem Göttervater Tyr, der im Jenseits zum Sonnendrachen wird, Macht und Autorität und dessen Schutz ...

Der Schreckenshelm ist das äußere Zeichen für den inneren Schreckenshelm bzw. die innere Schlange, die wahrscheinlich sowohl die Kundalini als auch die Verbindung zu dem Göttervater sind. Dieser innere Schreckenshelm zeigt sich dann sowohl als äußerer „Schreckenshelm" und als auch als „Schlange in den Augen" – diesen Anblick können nur wenige ertragen.

Der Schreckenshelm ist ein Maskenhelm. Er wurde mit den männlichen Herden-tieren (Eber, Ziegenbock, Pferd) assoziiert. Diese Tiere wurden bei der Bestattung für den Toten geopfert und dessen Zeugungskraft dann magisch auf den Toten über-tragen, damit sich dieser im Jenseits, d.h. in der Grabkammer seines Hügelgrabes er-folgreich mit der Jenseitsgöttin wiederzeugen konnte. Der Schreckens-Maskenhelm wird daher wohl auch mit dem Schädel an dem Fell dieses für den Toten geopferten Herdentieres assoziiert worden sein.

Wahrscheinlich werden die Drachenköpfe am Bugsteven der Langschiffe als eng mit den Schreckenshelmen verwandt empfunden worden sein.

Der Schreckenshelm ist somit ein Maskenhelm, auf dem eine Schlange und ein Herdentier abgebildet sind und der das Zeichen der Könige und Helden ist, die in das Jenseits zu dem Göttervater Tyr gereist sind und nun an dessen Macht und Autorität teilhaben, weshalb sie nun Schrecken verbreiten und ihr Blick kaum zu ertragen ist.

Diese Verbindung zu dem Göttervater wird auch als erwachte, d.h. aufgestiegene Kundalini-Schlange aufgefaßt.

Ursprünglich ist der Schreckenshelm der Maskenhelm („grimr") des Tyr gewesen.

81

# I 5.   Der Goldhelm

In den Liedern, Mythen und Sagas wird an vielen Stellen über einen Goldhelm berichtet.

## I 5. a)   Beowulf-Epos

Das Gold wurde oft „rot" genannt, was möglicherweise auf einen Kupferanteil hinweist, oder auch „weiß", womit dann der Glanz gemeint ist.

*Auch der weiße Helm, / der das Haupt umwölbte,*
*Sollte mit hinab / zu des Moores Grund,*
*Ins Wogengewühl: / gewundene Reifen*
*Umgaben ihn rings, / den in grauer Vorzeit*
*Ein Waffenschmied schuf, / der mit Wildschweinköpfen*
*Ihn kunstvoll besetzte, / daß künftig niemals*
*Geschwungene Schwerter / ihm schaden konnten.*

## I 5. b)   Beowulf-Epos

*Von seinem Nacken nahm er / die Kette aus Gold,*
*der kühne König, / seinem Lehnsmann gab er sie*
*zusammen mit dem Gold-glänzenden Helm, / der Brünne und dem Ring.*

## I 5. c)   Beowulf-Epos

Der Goldhelm ist ein Maskenhelm wie der Gold-geschmückte Helm von Sutton Hoo:

*Und der harte Helm, / der Gold-Stolze,*
*wird seine Platten verlieren – / die Goldschmiede schlafen,*
*die die Schlachten-Maske / wieder polieren und glänzen lassen könnten.*

### I 5. d)   Gylfis Vision

Der Goldhelm ist ein Zeichen des Göttervaters:

*Zuvorderst reitet Odin mit dem Goldhelm, dem schönen Harnisch und dem Spieß, der Gungnir heißt.*


### I 5. e)   Skaldskaparmal

*Odin ritt auf Sleipnir gen Jötunheim und kam zu dem Riesen, der Hrungnir hieß.*
*Da frug Hrungnir, welchen Mann er da sehe mit dem Goldhelm, der durch Luft und über Wasser reite?*


### I 5. f)   Saga über Kampf-Glum

Auch in einem Lied des Kampf-Glum wird Odins Goldhelm mit den Worten „*Helm des Hängenden Gottes*" erwähnt.

*Wegen des Helms des Hängenden Gottes*
*stockten die Heere auf ihrem Vormarsch*
*am Ufer; nicht löblich*
*waren die Tapfersten bei dieser Unternehmung.*

Der Helm wird hier nicht von Odin, sondern von einem Anführer der Feinde des Heeres am Ufer getragen. Auch hier scheint dieser Helm Schrecken unter den Feinden zu verbreiten, deren Angriff („Vormarsch") daher gestockt hat.


### I 5. g)   Sigdrifa-Lied

Im folgenden Text wird Odin als Erfinder der Runen, der mit Schwert und Helm auf einem Berg steht und mit Mimirs Haupt spricht, beschrieben.

*Die* (Runen) *ersann und sprach, die schnitt zuerst*
*Odin, der sie auserdacht*
*Aus der Flut, die geflossen war*
*Aus dem Hirn Heiddraupnirs;*
*Aus dem Horn Hoddraupnirs.*

*Auf dem Berge stand er mit blankem Schwert,*
*Den Helm auf dem Haupte.*
*Da hub Mimirs Haupt an weise das erste Wort*
*Und sagte wahre Stäbe* (Runen).

Diese Szene ist aus mehreren Gründen recht sicher die Umdeutung einer älteren Szene, in der Tyr die Hauptrolle gespielt hat:

- Zur Zeit der Erfindung der Runen um ca. 100 n.Chr. ist Tyr und nicht Odin der Göttervater gewesen.

- Mimir, der mit Heiddraupnir und Hoddraupnir identisch ist, ist ein Tyr-Riese und von ihm hat Odin seine Weisheit erlangt.

- Der Schwertgott ist Tyr und nicht Odin. Odin erscheint nur noch ein einziges weiteres Mal als Schwertgott, als er in der Völsungen-Saga seinem Ururenkel Sigmund (Sigurds Vater) ein Schwert gab. Die Völsungen-Saga ist eine Umdeutung der alten Tyr-Mythen.

- Der (Gold-)Helm des Odin stammt von Tyr.

- Das Stehen <u>auf</u> einem Berg (Hügelgrab) ist für Odin eher untypisch – er steht eher <u>vor</u> einem Hügelgrab. Dieses Motiv könnte jedoch eine Sonnenaufgangs-Szene sein und würde dann gut zu dem Sonnengott-Göttervater Tyr passen.

- Mimir ist ein Tyr-Riese. Sein Haupt wurde ihm von den Wanen abgeschlagen. Odin mumifizierte es und benutzte es dann, um mit Tyr-Mimir zu sprechen und so von Tyr-Mimir dessen gesamtes Wissen zu erhalten.


### I 5. h)   König Ortnits Meerfahrt und Tod

In diesem Lied erhält König Ortnit von dem Zwergenkönig Elberich (Tyr) einen goldenen Helm.

*Lauter wie ein Brunnen, / licht wie ein Spiegelglas*
*Schüttet' er die Ringe / vor ihn auf das Gras.*
*Zu dem Halsberge / einen festen Helm so licht,*
*So stark und so gehärtet, / ein Schwert verschnitt' ihn nicht.*

*Sich freute der Lamparter / der schönen Ringe sein;*
*Kaum mocht er sie beschauen, / so licht war ihr Schein.*
*Er sprach: „Es ist ein Wunder / allhier vor mir geschehn:*
*Ich kann vor lichtem Glanze / diese Ringe nicht besehn."*

*Als er sie recht beschaute, / sie waren nicht von Strahl,*
*Von dickem, starkem Golde, / wohl fingersgroß zumal.*
*Er hatte sie betrachtet, / nun legt' er sie sich an:*
*Gerecht war ihm der Harnisch: / Des freute sich der Mann.*

*Er war von rechtem Maße, / zu kurz noch zu lang,*
*Zu weit noch zu enge, / dass er drin fröhlich sprang.*
*Am Helme das Gespänge / gab lichten goldnen Schein;*
*An jeglichem Ende / lag ein Karfunkelstein,*

*Aber mitten inne / stand ein Adamant* (Diamant)*;*
*Die Kette war von Golde. / Den Helm er überband.*
*„Gott lohne Dir die Gabe," / hub der König an.*
*„Sind Dir gerecht* (passend) *die Ringe?", / so frug der kleine Mann.*

## I 5. i)  Laurin-Lied

In dem Lied über den Zwergenkönig Laurin (Tyr) trägt dieser einen leuchtenden Helm, der dem goldenen Sonnen-Helm des Tyr entspricht. In diesem Lied ist es ein Stein auf dem Helm, der das Leuchten verursacht – auch auf dem Elberich-Helm waren zwei Karfunkel und ein Diamant, die einen „lichten Schein" von sich gaben. Ein leuchtender Helm ist offenbar der Sonnenhelm des Tyr – passend zu seinem Sonnenschwert und seinem Sonnenschild.

*Die Nacht war nie ganz dunkel:*
*es leuchtete wie der Tag*
*von dem Stein,*
*der auf dem Helm war.*

*Auf ihm war eine goldene Krone*
*die gab einen wonnigen Schein,*
*durch sein Edelsteine und auch sein Gold,*
*so wie man es sich nur wünschen kann.*

*Krone und Helm gaben einen lichten Schein*
*und auf ihnen sangen Vögelein,*
*Nachtigall, Lerche und Zeisig,*
*in anmutiger Weise,*

*so lieblich, als ob sie lebten*
*und in dem Walde schwebten*
*– mir Listen war es erdacht*
*und mit Zauber vollbracht.*

## I 5. j)  Haraldsdrapa

In diesem von Arnorr Jarl-Skalde um 1136 für König Harald von Norwegen verfaßten Lied trägt der König einen Goldhelm.

*Der weitberühmte König,*
*der nirgends den Speer-Lärm floh,*
*säuberte voller Freude unter seinem gold-roten Helm,*
*die Kriegsschiffe der Dänen.*
*Der Schildwall brach*
*und Schwerter erklangen über den Leichen;*
*der Hort-zerstörende Herrscher*
*warf Speerspitzen durch die Brünnen der Krieger.*

Speer-Lärm = Kampf
Schildwall = Reihen von Schild-tragenden Kriegern = Heer
säubern = alle Feinde töten
Hort = Gold; Hort-zerstörend = freigiebig; freigiebiger Herrscher = König Harald

## I 5. k)  Skaldskaparmal

Auch Gylfi war ein König mit Goldhelm:

*So sang Eyvindr:*
*„Er spielte mit dem Land-Volk,*
*das sich hätten verteidigen sollen;*
*Gylfi der Glückliche*
*stand unter seinem Goldhelm."*

spielen = seine Gegner waren wehrlos gegen ihn

## I 5. l)  Hakonarmal

Anscheinend wurde nicht genau zwischen Goldhelm und Bronzehelm unterschieden, da in diesem Lied derselbe Helm einmal „golden" und einmal „bronzen" genannt wurde – es kam anscheinend nur auf die gelblich-glänzende Sonnen-Farbe an.

*Er rief die Halogaland-Helden  /  und die Hartaland-Schwertkämpfer herbei,*
*der Volkswächter der Nordmänner,  /  ehe er zur Schlacht zog:*
*er hatte ein gutes Heer  /  von Gefolgsleuten aus Norwegen –*
*der Dänen-Schrecken  /  setzte sich seinen Bronze-Helm auf.*

*Er warf seine Kriegs-Kräuter ab,  /  ließ seine Brünne fallen,*
*der großherzige Herr,  /  ehe er mit der Schlacht begann –*
*er lachte mit seinen Lehnsleuten;  /  er schützte nun sein Land,*
*der Freude-erfüllte Held,  /  der unter seinem Goldhelm stand.*

Volkswächter der Nordmänner = norwegischer König
Dänen-Schrecken = der norwegische König Hakon
Kräuter = Nesseln = Nessel-Stoff; Kriegs-Stoff = Kampf-Gewand = Kettenhemd
Held = König Hakon

Das Fortwerfen der Brünne und des Kettenhemdes ist eine der Vorbereitungen zu der Kampfekstase, für die eine größere Beweglichkeit förderlich war.

Das Lachen und die Freude sind die Kampfekstase und die Kampfesfreude – sozusagen der Kampfes-Rausch.

Die Worte „Bronzehelm" und „Goldhelm" stehen jeweils am Ende der beiden aufeinander folgenden Strophen und sollen vermutlich auch die Steigerung des Ruhmes und des Glanzes des Hakon suggerieren.

## I 5. m)   Heimskringla

Der folgende Bericht bezieht sich auf dieselbe Schlacht und auf denselben Goldhelm wie das Loblied „Hakonarmal".

*Hakon konnte leichter als andere Männer erkannt werden, denn sein Helm glänzte, wenn die Sonne auf ihn schien. Er war stets mitten im Kampf-Getümmel.*
*Da warf Hakons Skalde Eyvind Finnson einen Kapuze über ihn.*
*Daraufhin rief Eyvind der Elende* (einer der Feinde): *„ Versteckt sich der König der Norweger jetzt oder ist er geflohen – oder warum kann ich seinen goldenen Helm nicht mehr sehen?"*
*Der König rief: „Komm her, wenn Du den König von Norwegen finden willst!",*
*und in dem folgenden Zweikampf spaltete er seinen Schädel mit seinem Schwert.*

## I 5. n)   Die Saga über König Olaf den Ruhmreichen Tryggva-Sohn

Manchmal bestehen die Königs-Goldhelme auch nur aus Bronze, die jedoch ebenfalls Gold-farben ist und in diesem Fall dieselbe Symbolik wie das Gold haben wird.

*Das Wetter war hell und warm und er trug keinen Umhang, sondern nur sein engmaschig geknüpftes Kettenhemd, seinen Bronzehelm, auf dem ein geflügelter Drache saß, und seinen polierten Schild.*

Dieser Goldhelm steht anscheinend in der Tradition des goldenen Maskenhelmes von Sutton Hoo – die Schlange auf dem angelsächsischen Königshelm ist zu einem Flügeldrachen auf dem norwegischen Königshelm geworden.

## I 5. o)  Gisli-Saga

Von den Königen haben die Jarle den Goldhelm als Würden-Zeichen, also gewissermaßen als Krone übernommen.

In der Gisli-Saga tritt ein Jarl mit dem Namen „Thorkel Goldhelm" auf. Leider wird nichts näheres über den Ursprung seines Namens gesagt.

Immerhin hat Thorkel Goldhelm wie Tyr drei Söhne und einer von ihnen ist der Held dieser Saga – vermutlich eine Saga-Variante des „jungen, wiedergeborenen Tyr".

*Am Ende der Tage des Harald Haarschön lebte in Norwegen ein mächtiger Fürst, dessen Name war Thorkel Goldhelm und er lebte in Surnadale in Nord-Mören.*

*Er war mit einer Frau verheiratet und hatte von ihr drei Söhne. Der Name des ältesten war Ari, der zweite wurde Gisli genannt und der dritte Thorbjörn. Sie waren allesamt vielversprechende junge Männer.*

## I 5. p)  Völsungen-Sage

Manchmal tragen auch Helden einen goldenen Helm („wie Glas strahlen" = glänzend = golden).

*Der Bruder von König Hodbrod, der Herr über ein Land, das „Swarins Hügelgrab" (= „Tyrs Hügelgrab") genannt wurde, rief zu ihnen hinüber und frug, wer der Anführer dieses mächtigen Heeres sei.*

*Da erhob sich Sinfiötli, der einen Helm auf seinem Haupt trug, der wie Glas strahlte und eine Brünne trug, die weiß wie Schnee war, und mit einem Speer in seiner Hand, an dem ein ruhmvolles Banner hing, und mit einem goldumrandeten Schild, das er vor sich hängen hatte.*

## I 5. q)  Faröische Heldenlieder – Brünhild

Auch in diesem Lied wird über einen Goldhelm berichtet – leider wird nur gesagt, daß er einem Feind des Sigurd gehört.

*Brinhild sitzt in der Waberlohe, mitten in ihres Vaters Land.*

*Sie setzt sich zurück in dem Goldstuhl und lächelt unterm Linnen:*
*„Wer reitet in die Waberloh, der soll sein der Meine!“*
*Brinhild sitzt im goldenen Stuhl, dieses schöne Weib:*
*Sie zieht Sjurd aus andern Landen sich zur Sorgenzeit.*

*Sjurdur wacht auf früh morgens, erzählt von seinem Traum:*
*So stark war er im Kampfe, wie das Wasser rinnt im Strom.*
*„Es träumte mir, dass Grani in roter Lohe stund:*
*Vor ihm auf grünem Felde, da rann so großes Blut.*

*Mir träumte, ich saß auf Granis Rücken, nicht spart' ich ihn zu spornen:*
*Vor ihm auf grünem Felde rann so großes Männerblut,*
*Mir träumte, es barst mein Schild, das Gold sammt geschmücktem Gürtel:*
*Mir träumte mein gutes Schwert erklang am goldenen Helme.“*


## I 5. r)  Völsungen-Saga

Sigurds Goldhelm war ein Drachenhelm:

*Nun ritt Sigurd fort. Sein Schild hat viele Ecken, hatte Rotgold als Grundfarbe und darauf war das Bild eines Drachen gemalt, dessen Oberseite dunkelbraun und dessen Unterseite von einem hellen rotbraun war. Mit demselben Bild waren auch sein Helm, sein Sattel und der Umhang über seiner Rüstung bemalt. Er trug eine goldene Brünne und auch alle seine Waffen waren goldgeschmückt.*


## I 5. s)  Nials-Saga

Auch „normale Wikinger“ konnten einen Goldhelm tragen:

*Auf dem Schiff aber, welches voranfuhr, stand ein Mann am Mast mit langem, prächtigen Haar; er trug ein seidenes Koller, auf dem Haupte einen goldenen Helm und in der Hand einen goldbeschlagenen Speer.*

## I 5. t)   Egil-Saga

*Und nun konnte man vom Thing aus sehen, daß ein Trupp Männer mit glänzenden Schilden den Kluft-Fluß herabgeritten kamen. Und als sie auf den Thingplatz ritten, ritt ihnen ein Mann in einem blauen Umhang voraus. Auf seinem Kopf trug er einen vergoldeten Helm, an seiner Seite hing ein Gold-bedeckter Schild, in seiner Hand hielt er einen Speer mit Widerhaken, dessen Speerspitzen-Befestigungshülse mit Gold eingelegt war und an dessen Seite ein Schwert hing.*

*Egil Skallagrim-Sohn war mit achtzig Männern dorthin gekommen, alle wohl-bewaffnet, wie für eine Schlacht ausgestattet.*

## I 5. u)   Die Saga über Halfdan Eysteinsson

Dieser Wikinger-Helm hat noch einen Teil der alten Symbolik des Schutzes durch den Göttervater bewahrt: Er bewahrt seinen Träger gegen Verletzungen durch Schwerthiebe.

*Val besaß einen goldenen Helm und als das Schwert auf ihn niederkrachte, zer-brach sein Griff.*

## I 5. v)   Lachstal-Saga

*Olaf ging nach vorne zum Bug und war folgendermaßen gekleidet: Er trug ein Kettenhemd und einen Gold-roten Helm auf seinem Haupt; er war mit einem Schwert gegürtet, dessen Griff mit Gold-Einlegearbeiten verziert war; und in seiner Hand hielt er einen Speer, der schön geschnitzt und ziseliert worden war. Vor ihm hing ein roter Schild, auf den ein goldener Löwe gemalt worden war.*

## I 5. w)   Die Saga über Yngvar den Fern-Fahrenden

*Yngvar nahm seines Vaters Helm, den besten, den er besaß – er war vergoldet und mit Edelsteinen besetzt – und ein mit Gold verziertes Schwert und er hatte noch viele andere Schätze bei sich.*

Dieser Helm gleicht dem des Zwergenkönigs Elberich und dem des Zwergenkönigs Laurin – auch deren Helme waren mit einem bzw. mit mehreren Edelsteinen besetzt.

## I 5. x)  Lachstal-Saga

*Kjartan tat wie ihn sein Vater geheißen hatte. Er nahm das scharlachroten Gewand, daß ihm König Olaf bei ihrem Abschied geschenkt hatte, und kleidete sich farbenfroh. Er gürtete sein Schwert, das Geschenk des Königs; und er trug einen vergoldeten Helm auf seinem Haupt und an seiner Seite trug er einen roten Schild, auf den in Gold das Heilige Kreuz gemalt worden war; in seiner Hand hielt er einen Speer, dessen Speerspitzen-Befestigungshülse mit Gold eingelegt worden war.*

## I 5. y)   Joms-Wikinger-Saga

*Zu dieser Zeit herrschte über Seeland ein Jarl, der Haraldr hieß und Strut-Haraldr genannt wurde. Er wurde deshalb so genannt, weil er einen Hut hatte, in den Gold im Gewicht von zehn Mark eingearbeitet war.*

Ein „strut" ist eine hohe Spitze auf einem Hut bzw. ein hoher, spitzer Hut so wie ihn z.B. alle bekannten Freyr-Statuetten tragen. Er ist etwa ein Drittel so hoch wie ein mittelalterlicher „Hennin", also ein „Zaubererhut".
Der „Hut voll Gold" ist vermutlich eine Sagen-Variante des Goldhelms.

## I 5. z)  Kenningar und Heitis

In den Umschreibungen für „Helm" sowie in einigen Kenningar, die das Wort „Helm" benutzten, finden sich einige Anspielungen auf die Goldhelme:

| Helm | *Goldbesetzter* | oder: Goldglanz | Snorri Sturluson | Thulur |
|------|-----------------|-----------------|------------------|--------|
| **Helm** | *Glänzender* | | Snorri Sturluson | Thulur |
| **Gold** | *Leuchtfeuer des Hutes* | Anspielung auf den Goldhelm des Tyr/Odin | anonym | Vitnisvisur af Mariu |
| **Himmel** | *Helm der Sonne* | | Gamli Kanon | Harmsol |
| **Himmel** | *Helm des Sonnen-Rades* | | Gamli Kanon | Harmsol |

Die drei ersten Umschreibungen bezeichnen einen goldenen Helm.

Die beiden letzten Umschreibungen sind eigentlich der blaue Himmel, aber die beiden benutzten Worte „Sonne" und „Himmel" könnten durchaus eine Assoziation zu dem Goldhelm hervorgerufen haben.

## I 5. aa) Personennamen

Es gibt zwar keine „Goldhelm-Namen", aber einige Kombinationen von Worten in den Personennamen, die evtl. durch die Goldhelme inspiriert worden sein könnten: Der Reichtum, das Edle, das Feuer und das Licht könnten sich auf das Gold des Goldhelmes beziehen und Tyr bzw. verallgemeinert ein Ase könnte der Träger dieses Helmes sein.

| mit „Helm" gebildete Namen | | |
|---|---|---|
| **Namen** | | **Bedeutung** |
| *Männernamen* | *Frauennamen* | |
| Audgrimr, Audgrim, Augrim, Outgrim, Ougrim, Ödhgrim | | Reichtums-Maskenhelm |
| Adalgrimr | | Edel-Maskenhelm |
| Eldgrim | | Feuer-Maskenhelm |
| Grimheidur | | Maskenhelm-Licht (neu?) |
| Hjalmtyr | | Helm-Tyr (neu?) |
| Anselm | Anselma | Asen-Helm (althochdeutsch) |

93

# I 5. ab)  Der goldene Kronen-Helm

Es sind einige Goldhelme bzw. vergoldete Helme bei den Germanen gefunden worden, die die Funktion einer Krone gehabt zu haben scheinen. Zu ihnen zählen der vergoldete Helm des um ca. 500 n.Chr. gestorbenen Franken-Fürsten Arpvar aus einem Grab in Krefeld-Gellep, der um ca. 400 v.Chr. hergestellte keltische Goldhelm aus Amfreville in Frankreich, ein aus dem Jahr 320 n.Chr. stammender römischer vergoldeter Helm sowie ein skythischer Goldhelm.

Es ist recht sicher, daß diese Goldhelme mit dem Gold-Maskenhelm des Sonnengott-Göttervaters Tyr assoziiert worden sind, da Tyr bis 500 n.Chr. der Schutzgott der indogermanischen Könige gewesen ist.

*Goldhelm des Frankenkönigs Arpvar*

*Goldhelm des Frankenkönigs Arpvar*

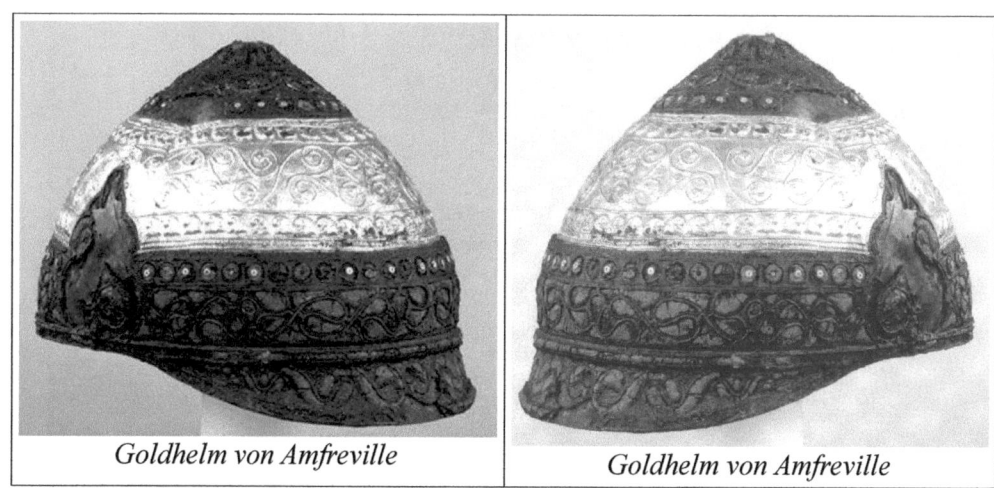

*Goldhelm von Amfreville*     *Goldhelm von Amfreville*

## I 5. ac)  Gylfis Vision

Ein ähnliches goldenes Symbol wie der Goldhelm findet sich bei Heimdall, dessen Name ursprünglich ein Beiname des Tyr gewesen ist:

*Heimdall heißt auch Gullintanni, weil seine Zähne von Gold sind.*

Das Gold wäre dann ein Symbol für die Sonne.

# I 5. ad)   Zusammenfassung:   Goldhelm

Die Goldhelme sind vor allem Abzeichen („Kronen") des Göttervaters (Tyr, später dann Odin) und der Könige, aber sie wurden in späterer Zeit auch von „normalen Wikingern" getragen.

In der Überlieferung finden sich die folgenden Goldhelme:

| | | |
|---|---|---|
| Göttervater: 9 | Tyr: 5 | Tyr (unsicher; Männername): 1 |
| | | Tyr-Helm (vermutet; Odin auf Berg) 1 |
| | | Tyr-Zwerg Elberich: 1 |
| | | Tyr-Zwerg Laurin (leuchtender Goldhelm): 1 |
| | | Sagen-König Gylfi von Skandinavien (= Tyr?): 1 |
| | Odin: 4 | Odin: 4 |
| Könige: 11 | England: 3 | Beowulf-Epos (Zeit der Maskenhelme): 3 |
| | Deutschland: 1 | König Ortnit (erhält ihn von dem Tyr-Zwerg Elberich): 1 |
| | Frankenreich: 2 | König Arpvar und der Fürst von Amfreville 2 |
| | Norwegen: 4 | König Harald von Norwegen: 1 |
| | | König Hakon von Norwegen (Bronzehelm/Goldhelm): 2 |
| | | König Olaf der Ruhmreiche Tryggvason von Norwegen (Bronzehelm mit geflügeltem Drachen obenauf): 1 |
| Jarl u.ä.: 1 | | Thorkell Goldhelm, ein norwegischer Anführer 1 |
| Helden (Nachkommen des Odin): 3 | | Sinfiötli (Urururenkel des Odin): 1 |
| | | Sigurd: (Urururenkel des Odin): 1 |
| | | Sigurd: (Goldhelm mit Drache): 1 |
| Wikinger: 7 | | 6 |
| | | „Goldhut": 1 |
| Frau: 1 | | (trägt im Traum einen Goldhelm): 1 |
| Kenningar und Heitis: 3 | | 3 |
| Personennamen: ? | | unsicher |

Von den insgesamt 34 Goldhelmen finden sich 20 je ungefähr zur Hälfte bei dem Göttervater und bei den Königen. Das ist ein deutlicher Hinweis darauf ist, daß der

Goldhelm seinen Ursprung bei dem Göttervater hat und von ihnen den Königen „verliehen" wurde. Der Goldhelm wird wahrscheinlich erst in späterer Zeit zu einem allgemeineren Symbol unter den Wikingern geworden sein.

5 Goldhelme gehören zu dem ehemaligen Göttervater Tyr und zu den Tyr-Zwergen, d.h. dem Gott Tyr im Jenseits. Von ihm wird Odin (viermal mit Goldhelm) diesen Helm übernommen haben. Die Goldzähne des Heimdall und das Gold im Mund des Riesen Tyr-Thiazi werden diesem Goldhelm entsprechen. Dieser Helm wird aufgrund seiner goldenen Farbe recht sicher mit der Sonne assoziiert worden sein – zumal er ursprünglich dem Sonnengott-Göttervater Tyr gehört hat (siehe „Gold" in Band 55).

Der Goldhelm findet sich im gesamten Bereich der Germanen als Königs-Symbol.

Da die beiden Helden Sigurd-Siegfried und sein Halbbruder Sinfiötli direkte Nachkommen des Odin sind und die Völsungen-Saga, die ihre Geschichte erzählt, eine Umformung der alten Tyr-Mythen ist, teilen diese beiden Helden die Symbolik des Göttervater-Goldhelms.

# I 6.   Sonstige besondere Helme

## I 6. a)   Nials-Saga

Bei Kämpfen war es notwendig, Freund von Feind unterschieden zu können. Eine Möglichkeit dazu war es, sich „Schlachtfeld-Zeichen" auf den Helm zu setzen. Es wäre naheliegend, dafür ein „glückbringendes Zeichen" zu benutzen, das z.B. auf den Göttervater oder auf Thor hinwies. Leider ist das konkrete Feldzeichen, das hier benutzt wurde, nicht bekannt.

*Als der Tag erschien, wo das Gericht stattfinden sollte, bewaffneten sich beide Teile und setzten Feldzeichen auf ihre Helme, damit sie sich auf jeder Seite erkennen konnten, falls es zum Kampfe kommen würde.*

## I 6. b)   Die Saga über Thorstein Wiking-Sohn

*Im Herbst gingen sie auf einer Insel an Land, die von einem Freibauern beherrscht wurde, dessen Name Grim war. Er lud sie ein, den Winter über bei ihm zu bleiben, und sie nahmen sein Angebot an.*

*Grim war verheiratet und hatte eine einzige Tochter, die den Namen Thora trug – ein hochgewachsenes und schönes Mädchen. Thorer verliebte sich in sie und sagte seinem Bruder Thorstein, daß er sie heiraten wolle.*

*Thorstein sprach mit dem Freibauern Grim über diese Angelegenheit, aber er verweigerte geradeheraus sein Zustimmung.*

*Da antwortete Thorstein: „Dann fordere ich Dich zu einem Holmgang heraus – und der, der gewinnt, soll der Herr Deiner Tochter sein."*

*Grim sagte, daß er für den Holmgang bereit sei.*

*Am nächsten Tag nahmen sie ein großes Tuch, daß sie unter ihre Füße legten, und kämpften dann den ganzen Tag über sehr tapfer, aber am Abend trennten sie sich und keiner von beiden hatte eine Wunde erhalten.*

*Sie kämpften einen zweiten und einen dritten Tag, aber die Ergebnisse waren dieselben wie am ersten Tag.*

*Eines Tages frug Thorer die Tochter des Freibauern, wie es käme, daß Grim nicht besiegt werden konnte. Sie sagte, daß in dem vorderen Teil seines Helmes ein Stein ist, der ihn unbesiegbar machte, solange er ihm nicht fortgenommen wurde.*

*Dies erzählte Thorer dem Thorstein und am vierten Tag warf Thorstein sein*

*Schwert fort, ergriff den Helm seines Gegners mit beiden Händen mit so großer Kraft, daß die Kinnschnüre des Helmes rissen. Kurz danach griff Grim an und nun zeigte sich Thorsteins größere Kraft. Er warf Grim nieder, aber gab ihm Pardon.*

*Da frug Grim, wer ihm geraten hatte, ihm den Helm zu nehmen. Thorstein sagte, daß Thora es dem Thorer erzählt hatte.*

*„Dann will sie ihn heiraten," antwortete Grim, „und so soll es sein."*

*So wurde beschlossen, daß Thorer Thora heiraten sollte.*

In dieser Geschichte gibt es einige interessante Details:

1. Der Name „Grim" ist nicht selten, aber er könnte trotzdem ein Hinweis auf den ehemaligen Göttervater Tyr sein.

2. Tyr im Jenseits erscheint in den Sagas oft als weiser Riese auf einer (Jenseits-) Insel – das würde den Anfangsverdacht, daß Grim eine Sagen-Variante des ehemaligen Göttervaters Tyr ist, bestätigen.

3. Der Streit zwischen dem Göttervater (in diesem Fall Heimdall) und Loki findet manchmal auf einer Insel statt. Vermutlich stammt sogar die Bezeichnung „Holmgang" („Insel-Gang") selber von diesem Zweikampf zwischen Tyr und Loki auf einer Insel, die die Jenseitsinsel sein wird.

4. Bei diesem Zweikampf zwischen Tyr und Loki, der die Jahreszeiten bewirkt, wird nicht nur um die Herrschaft, sondern auch um Freyas goldenen Halsreif Brisingamen und vermutlich auch um Freya selber gestritten. Der Wiedergeburt des Tyr im Frühjahr und der Wiedergeburt des Loki im Herbst ging die Wiederzeugung des betreffenden Gottes mit der Jenseitsgöttin, d.h. mit Freya-Skadi-Hel voraus.

5. Tyr ist als Göttervater fast unbesiegbar – es ist ein „Trick" notwendig, um ihn zu besiegen. Dazu zählen in den Sagas der Raub des Siegsteines, das Erschlagen mit einer Keule (wenn der Gegner nicht durch ein Schwert verletzt werden kann) oder, als drastischste aller Maßnahme, der Biß in die Kehle des Gegners.

6. Der Siegstein in dem Helm des Grim könnte dem leuchtenden Stein auf dem Kronen-Helm der beiden Tyr-Zwerge Laurin und Elberich entsprechen. Dieser Stein könnte die Sonne selber sein.

7. „Thora" ist auch in anderen Geschichten die Saga-Variante der Göttin Freya als Wiederzeugungs-Geliebte und Wiedergeburts-Mutter.

Es handelt sich bei Grim offenbar um den ehemaligen Göttervater Tyr. Sein Helm macht ihn unbesiegbar, da er einen „Siegstein" enthält (siehe „Siegstein" in Band 67). Vermutlich sind auch die Steine in den Helmen des Laurin und des Elberich solche Siegsteine – auch wenn sie leuchten, was zudem auf eine Sonnen-Symbolik schließen läßt.

## I 6. c)  Der „Dornen-Helm"

Das altnordische „thyrni-hjalmr" bedeutet wörtlich „Dornen-Helm". Dieser „Dornen-Helm" konnte auch mit „thyrni-korona" oder „thyrni-kruna" bezeichnet werden. Dies sind Namen für Christi Dornenkrone.

Der Begriff „thyrni-hjalmr" bestätigt somit, daß der (Masken-)Helm als eine Krone, d.h. als ein Zeichen des Göttervaters und der Könige aufgefaßt worden ist.


## I 6. d)  Zusammenfassung:  der besondere Helm

Beim Kampf setzte man Feldzeichen auf die Helme des Heeres, um sie von den Feinden unterscheiden zu können. Dies könnten ursprünglich Stammes-Zeichen oder Symbole des Göttervater-Kriegsgottes Tyr gewesen sein.

Der Helm des Tyr-Grim enthielt einen Siegstein, der ihn unbesiegbar machte, solange er diesen Stein besaß. Dieser Helm wird den leuchtenden (Sonnen-)Steinen in den Helmen des Zwergenkönigs Laurin und Elberich (Tyr in der Unterwelt) entsprechen.

Die Kombination von Schlange und leuchtendem Siegstein auf dem Helm des Tyr erinnert an die chinesischen Drachen, die stets der Wunschperle folgen. Da sowohl das germanische als auch das chinesische Motiv von dem Erlebnis der Kundalini abstammen, wird die Schlange und der Drache die Kundalini sein und der leuchtende Siegstein und die Wunschperle das Dritte Auge. In der indische Überlieferung leitet das Dritte Auge die Kraft der Kundalini – was auch für die Wunschperle zutrifft und somit vermutlich auch für den Siegstein.

Christi Dornenkrone wurde auch „Dornen-Helm" genannt, was deutlich zeigt, daß man den (Masken-)Helm als ein Symbol des Göttervaters und der Könige aufgefaßt hat.

# I 7.   Der Himmelshelm

Die Auffassung des Himmels als eines Helmes ist bei den Germanen weit verbreitet gewesen. Dieses Motiv lag nahe, da der Himmel bereits als der Schädel des Urriesen Ymir angesehen wurde. Zudem hat es damals nur wenige Dinge gegen, die die Form einer halben Hohlkugel gehabt haben und daher mit dem Himmel verglichen werden konnten.


## I 7. a)   Das andere Lied über Helgi Hunding-Töter

In der folgenden Wiederzeugungs-Szene des Tyr-Helgi mit der Walküre Sigrun wird der Gott Heimdall „Windhelm" genannt, da er auf der Regenbogenbrücke im Wind steht.

Da „Heimdall" einst ein Beiname des Tyr gewesen ist, könnte sich „Windhelm" sowohl auf den Himmel als auch auf den Helm des Heimdall beziehen. Dieser zweifache Bezug entspricht der Auffassung des Himmels als Helm der Erde, wie sie aus den Kenningarn bekannt ist.

*Sigrun ging in den Hügel zu Helgi und sprach:*

*„Nun bin ich so froh Dich wieder zu finden,*
*Wie die aasgierigen Habichte Odins,*
*Wenn sie Leichen wittern und warmes Blut,*
*Oder tautriefend den Tag schimmern sehn.*

*Nun will ich küssen den entseelten König*
*Eh Du die blutige Brünne noch abwirfst.*
*Das Haar ist Dir, Helgi, in Angstschweiß gehüllt,*
*Ganz mit Grabes-Tau übergossen der König;*
*Die Hände sind urkalt dem Eidam Högnis:*
*Was bringt mir, Gebieter, die Buße dafür?"*

Helgi = Saga-Variante des Tyr
Sigrun = Walküre, Helgis Frau = Freya als die Wiederzeugungs-Geliebte des Tyr
entseelt = tot
Angstschweiß = Blut
Grabestau = Blut
urkalt = eiskalt

*Helgi:*
*„Du Sigrun bist schuld von Sewafiöll,*
*Daß Helgi trieft von tauendem Harm,*
*Du vergießest, goldziere, grimme Zähren,*
*Sonnige, Südliche, eh Du schlafen gehst,*
*Jede fiel blutig auf die Brust dem Helden,*
*Grub sich eiskalt in die angstbeklommene.*

*Wohl sollen wir trinken köstlichen Trank,*
*Verloren wir Lust und Lande gleich.*
*Stimme niemand ein Sterbelied an,*
*Schaut er durchbohrt die Brust mir auch.*
*Nun sind Bräute verborgen im Hügel,*
*Königstochter, bei mir dem Toten!"*

Hügel = Helgis Hügelgrab (er spricht hier als sein Geist)
Bräute = Wiederzeugungs-Geliebte
  Sonnige, Südliche = Sigrun als die Wiederzeugungs-Geliebte und Wiedergeburts-
Mutter des ehemaligen Sonnengott-Göttervaters Tyr-Helgi

*Sigrun bereitete ein Bett im Hügel und sprach:*

*„Hier hab ich ein Bette Dir, Helgi, bereitet,*
*Ein sorgenloses, Sohn der Ülfinge.*
*Ich will Dir im Arme, Edling, schlafen,*
*So wie ich bei dem lebenden König lag."*

*Helgi:*
*„Nun darf uns nichts unmöglich dünken*
*Früh noch spät zu Sewafiöll,*
*Da Du dem Entseelten im Arme schläfst*
*Im Hügel, holde Högnistochter,*
*Und bist lebendig, Du Königsgeborne!*

*Zeit ist's, zu reiten gerötete Wege,*
*Den Flugsteg das fahle Roß zu führen.*
*Westlich muß ich stehn vor Windhelms Brücke*
*Eh Salgofnir krähend das Siegervolk weckt."*

Sewafiöll = vermutlich „See-Hügelgrab" (Heimat der Sigrun)

gerötete Wege = Weg zu Hel (gerötet = Blut der im Kampf gefallenen Toten)
Flugsteg = Regenbogenbrücke, die hinauf nach Asgard führt
Windhelms Brücke = Regenbogenbrücke des Heimdall
Salgofnir = Hahn in Asgard
Siegervolk = die gefallennen Krieger („Einherier") in Walhall


## I 7. b)   Kenningar und Heitis

Der Himmelshelm ist ein beliebtes Motiv gewesen:

| | | | | |
|---|---|---|---|---|
| **Himmel** | *Helm des Himmels* | | anonym | Liknarbraut |
| | | | anonym | Leidarvisan |
| **Himmel** | *Helm der Erde* | | anonym | Liknarbraut |
| | | | anonym | Placitusdrapa |
| | | | Snorri Sturluson | Skaldskaparmal |
| **Himmel** | *sich drehender Helm des Landes* | Drehen des Himmels um die Erdachse | Gamli Kanon | Harmsol |
| **Himmel** | *Helm der Insel* | Insel = Midgard | anonym | Liknarbraut |
| **Himmel** | *Helm der Lüfte* | | Snorri Sturluson | Skaldskaparmal |
| **Heimdall** | *Wind-Helm* | | anonym | 2. Helgi-Lied |
| **Himmel** | *Helm der Sonne* | | Gamli Kanon | Harmsol |
| | | | Snorri Sturluson | Skaldskaparmal |
| **Himmel** | *Helm des Sonnen-Rades* | | Gamli Kanon | Harmsol |

103

## I 7. c)  Zusammenfassung:  Himmels-Helm

Der Himmel wurde als Helm angesehen – was nahelag, da die Germanen den Himmel als den Schädel des Urriesen Ymir aufgefaßt haben.

Als „Helm der Sonne" könnte der Himmel mit dem goldenen Maskenhelm des Sonnengott-Göttervater Tyr assoziiert worden sein.

Auch die Bezeichnung des Göttervaters Heimdall als „Wind-Helm" könnte auf eine Assoziation zwischen dem Himmels-Helm und dem Goldhelm des Tyr hinweisen.

Auch zwischen dem Schädel des Ymir und dem Helm des Tyr gab es eine Verbindung, da beide mehrfach gleichgesetzt worden sind.

# I 8.   Sonstiges

## I 8. a)   Die Saga über Bosi und Herraud

*Als sie ihre Vorbereitungen beendet hatten, segelten sie los. Smidur hatten stets guten Wind, wenn er steuerte, und so ging ihre Fahrt viel schneller voran, als irgendjemand gedacht hätte und sie kamen schon bald zu der Glasir-Ebene im Osten und gingen vor einem abgelegenen Wald vor Anker.*
*Smidur warf einen Helm über das Schiff, sodaß es unsichtbar wurde.*

Zu der Redewendung „einen Helm über etwas werfen" für einen Unsichtbarkeitszauber siehe das Kapitel „Unsichtbarkeit" in Band 64. Das üblichere Motiv ist der Unsichtbarkeits-Umhang.

## I 8. b)   Zusammenfassung:  Sonstiges

> Das Wort „Helm" ist in Redewendungen auch benutzt worden, um etwas zu beschreiben, was etwas anderes bedeckt und unsichtbar macht.

# I 9.  Zusammenfassung:  Die Symbolik des Helmes

Der Helm, der in der germanischen Mythologie eine Rolle gespielt hat, hat eine ganze Reihe von Merkmalen:

- Er ist primär das Zeichen des Tyr (bis 500 n.Chr.) und später des Odin (ab 500 n.Chr.) sowie sekundär der Könige, die durch diesen Helm die Kraft und den Schutz des Göttervaters erhalten (500 -700 n.Chr. bei Angelsachsen und Dänen).
- Er ist ein Maskenhelm mit Gesichtsmaske, Wangenbergen und Nacken-schutz.
- Obenauf befindet sich eine Eber-Statuette (Königsgott Freyr, Wiederge-burt; 500-700 n.Chr. bei Merowingern, Angelsachsen, Dänen). Der Eber-Helm war seit spätestens 500 n.Chr. bis mindestens 700 n.Chr. ein Symbol der Könige der Merowinger, der Dänen und Angelsachsen sowie vermutlich noch einiger anderer germanischer Stämme und Völker.
- Vorne über den Brauen und auf den Wangenbergen wird ein „Sieger" (der Helmbesitzer) dargestellt.
- Rings um den Helm wird das Heer des Helm-Trägers abgebildet.
- Rings um den Helm finden sich Darstellungen von „Vogel-Hornhelm-Kriegern" (immer zwei gleich dargestellte Krieger in einem „tänzerischem Hockschritt" mit einem Schwert, zwei Speeren und mit einem Helm mit zwei langen Hörnern (Stier?), deren Spitzen in je einem Vogel enden). Sie sind vermutlich die beiden Alcis-Söhne des Tyr.
- Der Helm ist ein Schlangen-Helm bzw. ein Drachenhelm und wird auch so genannt. Durch das Tragen eines solchen Helmes verwandelt man sich in einen Drachen, was ursprünglich ein Bild für die Erweckung der Kundalini und somit der Kampfekstase gewesen ist.

Die Schlange/Drache (Kundalini) bewegt sich von hinten über den Schei-tel nach vorne zum „Dritten Auge" (wie im Kundalini-Yoga) – dies wird Tyr sein.

Zwei weitere Schlangen kriechen von dort aus die Augenbrauen entlang nach außen – die beiden Alcis.

Eine weitere Schlange steigt von der Nasenspitze aus nach oben zu der Stelle zwischen den Brauen („Drittes Auge") empor – dies könnte der Träger des Helmes sein, der nach dem Kontakt mit Tyr sucht.

Manchmal befand sich auf dem Helm auch ein geflügelter Drache als Aufsatz.

- In dem Helm befand sich ein leuchtender Siegstein, der den Helm-Träger unbesiegbar machte, solange er den Stein besaß. Dieser Stein entspricht dem „Dritten Auge" und der Wunschperle, der die chinesischen Drachen folgen. Das „Dritte Auge" lenkt die Kraft der Kundalini. Dieser Stein ist, da er leuchtet, vermutlich auch die Sonne.

- Die ursprüngliche Symbolik des Maskenhelmes, der „grimr" genannt wurde, war der „Grimm" im Sinne der Kampfekstase der Berserker und der Ulfhedinn.

- Der Göttervater Odin und vor ihm vermutlich auch der Göttervater Tyr wurden „Grimnir" genannt, was man mit „Maskierter" oder mit „Masken-helm-Träger" übersetzen kann.

- Auch die beiden Pferde-Söhne des Tyr („Alcis") wurden Grim" genannt. Der Maskenhelm war folglich sehr eng mit dem Göttervater verbunden.

- Weiterhin hieß das Trinkhorn des Tyr-Godmund, auf dem sich ein sprechendes Männergesicht befand, „Grim" und ebenso die beiden Trinkhörner der beiden Boten des Tyr-Godmund. Wie die Bilder auf den beiden Goldhörnern von Gallehus (400 n.Chr.) zeigen, war das Trinkhörner-Paar eng mit der Jenseitsreise des Fürsten bei seiner Krönung verbunden.

- Der Maskenhelm war in der Vendelzeit (550-700 n.Chr.) und z.T. auch noch danach die „Krone" der altnordischen Könige und Fürsten.

- Neben dem Eber wurden auch der Ziegenbock und das Pferd mit dem Maskenhelm assoziiert: Sie waren das männliche Herdentier, das man opferte und dessen Zeugungskraft man auf den Jenseitsreisenden (Toter, König bei der Krönung) übertrug, damit sich dieser erfolgreich zusammen mit der Jenseitsgöttin Freya-Skadi-Hel wiederzeugen konnte. Diese „Helm-Pferde" werden auch die beiden Alcis sein, die die Gestalt von zwei Schimmeln annehmen können.

- Mit dem Maskenhelm wurde der Adler-Seelenvogel des Göttervaters sowie die Jenseitsreise assoziiert.

- Der Masken-Helm ist ein Schreckenshelm, da er seinen Träger, d.h. den König mit dem Göttervater verbindet und ihm einen Teil von dessen Kraft gibt, wodurch u.a. der intensive Blick des Schreckenshelm-Trägers für andere kaum noch zu ertragen ist. Dieser Blick wurde „Schlange im Auge" genannt und könnte u.a. ein Bild für die Kundalini sein, die das Dritte Auge erreicht hat und in ihm ruht (wie im Kundalini-Yoga).

- Diese Verbindung des Königs mit dem Göttervater wird als Drachenverwandlung dargestellt. Dies ist ein mythologisches Bild sowohl für die Verwandlung des Jenseitsreisenden in eine Schlange (Totengeist) als auch für die Erweckung der Kundalini-Schlange. Wie die Bildsteine aus der Zeit von ca. 400-600 n.Chr. zeigen, verwandelt sich Tyr bei seinem Tod in einen

Sonnendrachen.

- Der Helm des Tyr und des Odin sowie der Helden und Könige, die als die Nachkommen des Göttervaters aufgefaßt wurden, ist golden und wurde vermutlich mit der Sonne assoziiert. Dieser Goldhelm entspricht den goldenen Zähnen des Heimdall sowie dem Gold im Mund des Tyr-Thiazi.

- Da dieser magische Helm mit der Jenseitsreise des Königs bei seiner Krönung verbunden war und die Seele (Astralkörper), die diese Reise unternimmt, unsichtbar ist, entstand das Motiv des Unsichtbarkeits-Helmes. Er ist mit der Tarnkappe, die eigentlich ein Tarn-Cape, d.h. ein Tarn-Umhang ist, identisch.

- Der Himmel wurde als Helm angesehen – was nahelag, da die Germanen den Himmel als den Schädel des Urriesen Ymir aufgefaßt haben.

- Auch die Bezeichnung des Göttervaters Heimdall als „Wind-Helm" könnte auf eine Assoziation zwischen dem Himmels-Helm und dem Goldhelm des Tyr hinweisen. „Heimdall" ist ursprünglich ein Beiname des Tyr gewesen.

- Auch zwischen dem Schädel des Ymir und dem Helm des Tyr gab es eine Verbindung, da beide mehrfach gleichgesetzt worden sind.

Diese lange Liste läßt sich noch etwas „kondensieren":

Seit mindestens 300 v.Chr., also seit der Differenzierung der gemeinsamen germanischen Ursprache in verschiedene germanische Einzelsprachen, gibt es den Zusammenhang zwischen der Maske und der Kampf-Ekstase, wobei diese Maske das Fell und der Schädel eines Wolfes (Ulfhedinn) oder Bären (Berserker) gewesen sein wird. Der damalige Sonnengott-Göttervater und Kriegsgott Tyr war auch der Gott der Wolfskrieger und daher der „Große Wolf", d.h. Fenrir.

Der ehemalige Göttervater Tyr besaß einen goldenen Maskenhelm, der durch die Macht des Tyr schrecklich anzusehen gewesen ist. Er wurde als die Sonne oder zumindestens als Sonnen-ähnlich angesehen. Auf ihm befand sich ein Drache als Symbol der Kundalini, deren Erweckung die Kampfekstase bewirkte, und der Jenseitsreise.

Als der schreckliche Kampfekstase-Helm hat der goldene Helm des Tyr dieselbe Symbolik wie das Wolfsfell und das Bärenfell.

Als Odin um 500 n.Chr. Tyr als Göttervater absetzte, wurde der goldene Drachen-Masken-Schreckenshelm für 200 Jahre zu der „Krone" der dänischen und der angelsächsischen Könige und anschließend bis um ca. 1000 n.Chr. auch die „Krone" der norwegischen Könige.

Diesem Kronen-Helm wurde in der Zeit von 500-700 n.Chr. ein Eber als Aufsatz beigefügt, der ein Symbol des Opfertieres bei der Jenseitsreise und über diese auch ein Symbol der Verbindung des Helm-Trägers mit dem Göttervater gewesen ist. Der Eber ist ein Symbol für die Wiederzeugung des Freyr, des Tyr und der Könige im Jenseits zusammen mit der Göttin Freya-Skadi-Hel.

Durch das Tragen dieses Helmes verband sich der König mit dem Göttervater (Tyr, Odin) und geriet dadurch in die Kampfekstase und wurde „schrecklich": Durch das Aufsetzen des Schreckenshelmes wurde er zum Drachen, d.h. in ihm erwachte die Kundalini-Schlange und stieg in ihm auf und dann „kroch" dann über seinen Scheitel nach vorne zu seinem Dritten Auge zwischen seinen Brauen, das durch den leuchtenden Sonnen-Siegstein dargestellt wurde.

Die beiden Pferde-Söhne des Göttervaters übernahmen von ihm die Maskenhelm-Symbolik und wurden ebenfalls „grimr" genannt.

Auch die beiden bei der Krönungs-Jenseitsreise benutzten Trinkhörner wurden „grimr" genannt.

Aufgrund der Jenseitsreise-Symbolik machte der Maskenhelm in den Sagas seinen Träger bisweilen unsichtbar (die Seele ist unsichtbar).

Der Maskenhelm des Tyr enthielt einen Siegstein, der der Sonne gleichgesetzt worden zu sein scheint.

Ganz kurz gefaßt läßt sich diese Entwicklung wie folgt beschreiben:

Der ehemalige germanische Sonnengott-Göttervater Tyr besaß einen goldenen Sonnen-Helm.

Zwischen 300 v.Chr. und 500 n.Chr. aber eher früh in dieser Zeit, ist der Helm des Tyr mit der Wolfs- bzw. Bären-Maske der Berserker und der Ulfhedinn gleichgesetzt worden, wodurch der Helm des Tyr zu einem Schreckenshelm wurde.

Spätestens um 500 n.Chr., als Tyr durch Odin abgesetzt wurde, wurde der goldene Tyr-Helm für 200 Jahre bei den Angelsachsen und Dänen zu einer Königs-Krone. Ihm wurden als Symbole der Krönungs-Jenseitsreise der Drache (Schlange) und der Eber beigefügt. Der Helm war das Symbol der Verbindung der Könige zu dem Göttervater. Später findet sich der Goldhelm bis ca. 1000 n.Chr. auch als Krone der norwegischen Könige.

# II  Der Helm in der indogermanischen Überlieferung

## II 1.  Der Helm bei den West-Indogermanen

### II 1. a)  Kelten

Die Kelten schmückten offenbar manchmal auch Pferde mit Hörnerhelmen, die dadurch symbolisch zu Ziegen wurden – wie man an der Form der betreffenden Hörner sieht.

Da diese Hörner in Vogelköpfen enden, ist offensichtlich, daß es sich hier um einen Kulthelm handelt, bei dem die beiden Vogelköpfe Seelenvögel darstellen. Diese Helme entsprechen den Vogelkopf-Hörnerhelmen der Germanen.

*Pony-Helm mit Ziegenhörnern mit Vögeln (keltisch)*
*Torr (Schottland), ca. 200 v.Chr.*

In der Artus-Saga trägt Artus Vater Uther den Beinamen „Pendragon", der vermutlich „Haupt des Drachen" bedeutet. Es wäre daher gut denkbar, daß er einen Drachenhelm getragen hat.

# II 2.  Der Helm bei den Ost-Indogermanen

## II 2. a)  Inder

Im Rig-Veda werden zweimal die „schönen Helme" der Götter und einmal die „Goldhelme" der Marut-Windgötter genannt. Die Maruts ähneln oft sehr den beiden Ashvins (Germanen: Alcis), die den Sonnenwagen ziehen.

Rig-Veda 7, 37:
(an Vishvadevas, d.h. an alle Götter)
*Trinke, schön-behelmter, das mächtige Soma, das dreifach gemischte, bei unseren*
  *Trankopfern, um Dich daran zu erfreuen!*

Rig-Veda 7, 24:
*Schön-behelmter, der die Mächtigen überwindet, verleihe die Kraft der Stiere,*
  *o Indra!*

Rig-Veda 2, 34:
*Ihr Maruts mit den goldenen Helmen, ihr, die ihr alle Dinge erschüttert, kommt mit*
  *euren gefleckten Hirschen, einig, zu unserer Speise.*

Hier haben die Maruts wie die Ashvins Hirsche als Reittiere und zudem Goldhelme wie die Sonne. Die Speise ist die Opfergabe an die Maruts. Auch die germanischen Alcis sind mit den Hirschen verbunden, da ihr Name „Elche, Hirsche" bedeutet.

## II 2. b)  Perser

Zend-Avesta, Gos Yast:
  *„Gewähre mir diese Gunst, o guter, allersegensreicher Drvaspa, damit ich den Asta-aurvant, den Sohn des Vispa-thaurvo-asti, den allbedrängenden mit dem Bronze-Helm, mit der Bronze-Rüstung ... vertreiben kann!"*

In diesem Text geht es um die Vertreibung eines Dämons.

Zend-Avesta, Ram Yast:

*„Ich will den Wassern opfern und ihm, der sie teilt. Ich will dem Frieden opfern, dessen Atem friedlich ist, und dem Wohlergehen – allen beiden.*

*... ... ...*

*Ihm gab der Schöpfer Ahura Mazda im Airyana Vaegah ein Opfer: auf einem goldenen Thron, unter goldenen Stangen und einem goldenen Baldachin, mit Bündeln von Baresma-Zweigen und Opfertränken von ganz kochender Milch.*

*... ... ...*

*Ich will die Wasser opfern – ihm, der sie teilt ... ... ... Diesem Vayu opfern wir, diesen Vayu rufen wir an ... ... ...*

*Ihm hat Thraetaona, der Erbe des starken Athwya-Clans, ein Opfer in dem viereckigen Varena (Ur-Stadt) dargebracht: auf einem goldenen Thron, unter goldenen Stangen und einem goldenen Baldachin, mit Bündeln von Baresma-Zweigen und Opfertränken von ganz kochender Milch.*

*Er bat ihn um eine Gunst und sprach: „Gewähre mir dies, o Vayu!, der Du in der Höhe wirkst: daß ich den Azi Dahaka überwinde, den dreimundigen, den dreiköpfigen, den sechsäugigen, der tausend Sinne hat, der allermächtigsten, feindlichen Geist, den Dämon, der der Welt Verderben bringt, den stärksten Dämon, den Angra Mainyu als Feind der irdischen Welt erschaffen hat um das Wesen des Guten zu vernichten; und daß ich seine beiden Frauen, Savanghavak und Erenavak, die die schönsten Leiber unter allen Frauen haben und die wundervollsten Geschöpfe in der Welt sind, befreie.*

*... ... ...*

*Wir opfern Dir, o großer Vayu! Wir opfern Dir, o starker Vayu!*
*Wir opfern dem Vayu, dem Größten der Großen.*
*Wir opfern dem Vayu, dem Stärksten der Starken.*
*Wir opfern dem Vayu mit dem goldenen Helm.*
*Wir opfern dem Vayu mit der goldenen Krone.*
*Wir opfern dem Vayu mit der goldenen Halskette.*
*Wir opfern dem Vayu mit dem goldenen Streitwagen.*
*Wir opfern dem Vayu mit dem goldenen Rad.*
*Wir opfern dem Vayu mit den goldenen Waffen.*
*Wir opfern dem Vayu mit der goldenen Kleidung.*
*Wir opfern dem Vayu mit den goldenen Schuhen.*
*Wir opfern dem Vayu mit dem goldenen Gürtel.*
*Wir opfern dem heiligen Vayu.*
*Wir opfern dem Vayu, der in der Höhe wirkt.*

Vayu ist der Windgott der Perser. Im der dem Persischen nah verwandten indischen Sprache hat „vaju" die Bedeutung „Luft". Offensichtlich ist dieser Luft- und Windgott wie viele andere Luft- und Himmelsgötter aich zu einem Sonnengott geworden.

Die goldenen Waffen des Vayu sind vermutlich vor allem das goldene Sonnen-schwert des indogermanischen Sonnengott-Göttervaters Dhyaus. Vaju trägt auch einen goldenen Helm.

### II 2. c)  Griechen

<u>Homerische Hymnen – an Ares:</u>

*Ares, überragend Starker, Streitwagen-Fahrer, Gold-Behelmter, Starkherziger, Schild-Träger, Erretter der Städte, Bronze-Gerüsteter, Unverzagter, der mit dem Speer Mächtige, O Verteidiger des Olymps, Vater des Sieges im Krieg ...*

Auch Athene trägt einen Goldhelm. Da sie dem Haupt des Zeus entsprungen ist, könnte dieser Helm auf eine ehemalige Sonnenhelm-Symbolik des Zeus zurückgehen – was allerdings nicht sicher ist.

## II 3.  Der Helm bei den Indogermanen

Es ist zwar bei den Kelten eine Pferde-Hörnerhelm und bei den Persern, Indern und Griechen ein Goldhelm zu finden, aber von einer allgemeinen Helm-Symbolik bei den Indogermanen kann nicht die Rede sein.

Lediglich der Goldhelm des persischen Vaju und der des griechischen Ares ent-sprechen recht sicher dem Goldhelm des germanischen Sonnengott-Göttervaters Tyr.

Es ist jedoch fraglich, ob es einst einen Goldhelm des indogermanischen Sonnen-gott-Göttervaters gegeben hat oder ob dies naheliegende Parallelbildungen sind, die auf der Assoziation zwischen der Sonne, dem Gold und dem Sonnengott-Göttervater beruhen.

# III  Der Helm bei den Nicht-Indogermanen

## III 1.  Europa

### III 1. a)  Die Goldhüte der Megalith-Kultur

Die sogenannten „Goldhüte" scheinen nicht nur von den Germanen, sondern auch von den umliegenden Völkern in der Zeit von 1350-900 v.Chr. benutzt worden zu sein. Vermutlich sind sie von Sonnenpriestern getragen worden.

Ihre Deutung als Königskronen ist zwar denkbar, da sich Könige oft als „Sohn der Sonne" angesehen haben – aber es hat damals in dem Bereich, in dem diese Goldhüte benutzt worden sind, nur Stammesführer und keine Könige gegeben.


#### Das Fürstengrab von Kivik

In Kivik in Südostschweden wurde in einem Hügelgrab ein Fürstengrab entdeckt, daß aus der Zeit von ca. 1.000 v.Chr. stammt. Der dort bestattete Fürst ist demnach ein Germane gewesen.

Die Priester, die auf den Steinen in diesem Hügelgrab abgebildet worden sind, tragen alle etwas Langes, Schmales auf dem Kopf. Diese Kopfbedeckungen wirken wie ein Mischung aus spitzen Kapuzen und hohen Kronen – möglicherweise entsprechen sie den Goldhüten, die zu derselben Zeit von den nicht-indogermanischen Priestern in Mittel- und Westeuropa getragen worden sind. Dies würde in symbolischer Hinsicht gut passen, da die Goldhüte Sonnensymbole sind und der damalige germanische Göttervater Tyr eine ausgeprägte Sonnensymbolik gehabt hat.

Auch die Achtzahl der germanischen Priestern wiest auf die Sonne hin, da diese mit der „8" assoziiert worden ist, die damals die Vollkommenheit dargestellt hat. Diese Symbolik findet sich auch bei den achtspeichigen Sonnen-Rädern auf den skandinavischen Felsritzungen und auf den Goldhüten.

*acht Priester mit hohen Hüten*

*acht Priester mit hohen Hüten*

Auf der linken Steinplatte sind unten zwei Jenseitstore mit je vier Menschen zu sehen – vier Menschenopfer bei der Bestattung?

Über ihnen stehen acht Priester mit spitzen Hüten um einen Kübel oder Kessel, der vermutlich den Ritual-Met enthält.

Links oben ist ein großes Gefäß o.ä. mit zwei Menschen und dem Hantel-ähnlichen Jenseitsweg-Symbol zu sehen (siehe „Hantel-Symbol" in Band 55).

Rechts neben ihnen steht ein Mann, der den Männern in dem Gefäß „hilft", dann ein Mann mit Hammer (?), ein Mann mit Lure (Blasinstrument) und schließlich ganz rechts ein Mann, der singt oder spricht (Hand am Mund).

Auf der rechten der beiden Steinplatten ist oben rechts ein Streitwagen zu sehen, auf dem entweder der verstorbene Fürst oder der Gott Tyr steht. Die Räder des Streitwagens sehen genauso aus wie das Sonnensymbol.

Unter dem Wagen sind vermutlich zwei Wölfe dargestellt, während links ein großer Fisch und ein kleiner Vierbeiner zu sehen sind. Die beiden Wölfe sind wohl die Helfer auf dem Weg in das Jenseits, aus denen dann gut 2.000 Jahre später die beiden Wölfe Geri und Freki des Odin wurden. Hier sind sie vermutlich noch die Begleiter des Tyr, also die beiden Alcis als Wolfskrieger. Vielleicht ist auch der kleine Vierbeiner links ein solcher Jenseitsführer. Der große Fisch über ihm könnte ein Hinweis auf die Vorstellung einer Wasserunterwelt sein – Tyr wurde auch als Wal angesehen.

Ganz unten sind wieder die acht Priester zu sehen, die hinter einer Gestalt mit erhobenen Armen hergehen. Der Haltung dieser Gestalt nach zu urteilen scheint sie eher zu jubeln als zu weinen. Vielleicht ist sie der Tote, der im Jenseits angekommen ist. Das würde auch erklären, daß die acht Priester auf diese Person konzentriert sind.

Der wichtigste Gott dieser Priester wird recht sicher Tyr gewesen sein, der zu dieser Zeit wie bei allen anderen Indogermanen noch der Göttervater gewesen sein wird.

Die langen Gewänder der Priester, die hier zu sehen sind, finden sich auch noch 2.000 Jahre später auf dem Runenstein von Lärbrø bei Bunge auf Gotland.

## Der Goldhut von Schifferstadt

Dieser Goldhut wurde in Schifferstadt gefunden, das in der Nähe der Mündung des Nekars in den Rhein liegt. Er ist ca. 350 gr. schwer, 30cm hoch, hat unten eine Öffnung von 18cm und eine Krempe von 4,5cm Breite. Der Goldhut ist mit Ringen, Doppelringen, Rringen mit Punkt in der Mitte und stilisierten Augen verziert und weist wie die Sonnenscheiben eine Kombination aus „Sonnen-Zahlen" und „Mond-Zahlen" auf und scheint daher entweder eine Art von Kalender oder eine Darstellung der Sonnen- und Mond-Zyklen gewesen zu sein.

Die Goldhüte sind aufgrund ihres Materials und ihrer Verzierung als Sonnensymbole erkennbar. Die plausibelste Verwendung dieser Goldhüte ist die als einer Art „Krone" der Priester und Priesterinnen im Kult, die durch diese Goldhüte mit der Sonne in Kontakt traten – im Falle der Germanen mit dem Sonnengott-Göttervater Tyr.

Schifferstadt war damals um ca. 1350 v.Chr., als dieser Goldhut hergestellt worden ist, kein germanisches, sondern ein vorindogermanisches Siedlungsgebiet. Da derartige Goldhüte jedoch einige Jahrhunderte später auch bei den Germanen üblich waren, gehören sie offenbar zu einem Komplex von Sonnensymbolik, der von mehreren Völkern, zu denen auch die Germanen gehörten, geteilt wurde.

*Goldhut von Schifferstadt, 1350 v.Chr.*

### Der Goldhut von Avanton

Dieser Goldhut, der in der Nähe von Poitier in Nordwestfrankreich gefunden und um ca. 1000 v.Chr. hergestellt worden ist, gehört noch zu der vorkeltischen Megalith-kultur. Dieser Goldhut ist 285g schwer, 55cm hoch und hat unten einen Öffnung von nur 11cm im Durchmesser. Es ist unklar, ob er einst eine Krempe gehabt hat. Er ist wie die anderen Goldhüte mit Punkten und Ringen verziert.

*Goldhut von Avanton, 1000 v.Chr.*

*Goldhut von Avanton, 1000 v.Chr.*

# Der Goldhut von Ezelsdort-Buch

Dieser Goldhut, der in Mittelfranken gefunden worden ist, wurde um ca. 975 v.Chr. hergestellt. Auch er gehört noch zu den vorkeltischen Kulturen. Dieser Goldhut wiegt 310g, ist 88,5cm hoch und hat unten eine Öffnung von 16 cm Durchmesser. Er ist mit Ringen, mehrfachen konzentrischen Ringen, stilisierten Augen und mit achtspeichigen Rädern verziert. Letztere sind mit großer Wahrscheinlichkeit Sonnensymbole (siehe „8" in Band 47).

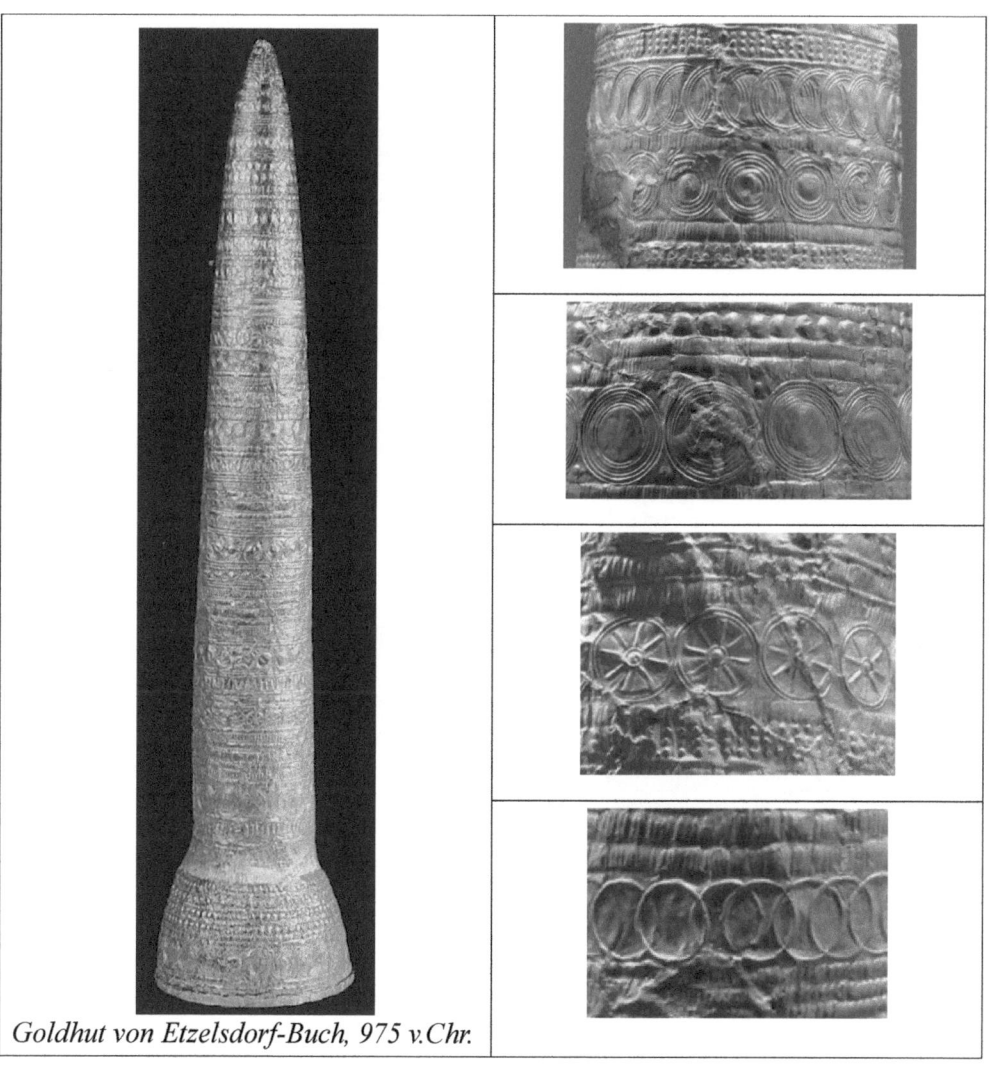

*Goldhut von Etzelsdorf-Buch, 975 v.Chr.*

# Der Berliner Goldhut

Dieser 75cm hohe Hut eines Priesters aus dem Sonnenkult wurde um ca. 900 v.Chr. angefertigt. Seine Spitze stellte vermutlich die Sonne dar, da von der Spitze 8 Strahlen nach unten weisen.

*Spitze des Berliner Goldhuts*          *Berliner Goldhut, 900 v.Chr.*

## Zusammenfassung

Diese Art der Priesterhüte weisen schon aufgrund des Goldes, aus dem sie herge-stellt worden sind, darauf hin, daß sie von Sonnenpriestern oder Sonnenpriesterinnen getragen worden sind. Der achtstrahlige Stern an seiner Spitze sowie die gelegentlichen Reihen von Kreisen mit achtstrahligen Sternen bestätigen diese Deutung. Die „8" ist damals weltweit das Symbol der Vollständigkeit, der Vollkommenheit und sekundär auch der Sonne gewesen (siehe „8" in Band 47).

Die Anzahl der Kreise, die sich in den Ringen rings um die vier bisher gefunden Goldhüte befinden, scheint jedoch recht beliebig zu sein – der achtstrahlige Stern an Spitze reichte anscheinend aus, um den Charakter dieser Goldhüte zu definieren.

Da diese Goldhüte sowohl in den westfranzösischen Bereich der Megalithkulturen als auch in Mitteleuropa gefunden wurden, könnten sie sich von der Megalithkultur aus, die ihre Bauten am Sonnenstand orientiert hat, auf Europa verbreitet haben.

Die Germanen sind bereits zwischen 1900 v.Chr. und 1800 v.Chr. bei ihrer Wanderung nach Nordeuropa mit der Megalithkultur in engeren Kontakt gekommen. Die Menschen der Megalith-Kultur sind von 1800-600 v.Chr. im Westen und Süden die Nachbarn der Germanen gewesen bis sich von dem Gebiet zwischen Donau, Rhein und Rhone aus die Kelten auf Mittel- und Wasteuropa ausgedehnt haben.

Die Goldhüte haben sich anscheinend in der Spätzeit der Megalithkultur (1350-900 v.Chr.) gebildet.

Da sich bei Indogermanen ein Goldhelm des Sonnengott-Göttervaters Dhyaus findet, wird dieser Sonnen-Helm von den Germanen mit dem Goldhut ihrer Nachbarn gleichgesetzt worden sein. Diese Goldhüte werden auch die hohen, spitzen Hüte der Tyr-Sonnenpriester in dem Hügelgrab von Kivik inspiriert haben.

# III 2.  Asien

## III 2. a)  Mesopotamien

Der König von Ur in Mesopotamien trug um 2600 v.Chr. einen Goldhelm, der in Meskalamdug gefunden worden ist.

Wahrscheinlich besteht kein Zusammenhang mit den Goldhelmen der Indogermanen und den Goldhüten der Megalithkultur.

# III 3.  Amerika

## III 3. a)  Kolumbien

Auch in Südamerika hat es Goldhelme gegeben, wie der Goldhelm von Quinmaya in Kolumbien zeigt, der um ca. 600 n.Chr. hergestellt worden ist.

Diese südamerikanischen Goldhelme werden sich unabhängig von den europäischen und asiatischen Goldhelmen entwickelt haben.

# IV  Lyrische Zusammenfassung

Die folgenden Strophen sind kein traditioneller Text, sondern eine Zusammenfassung der Betrachtungen über die Helme in den vorigen Kapiteln, die in etwa in der Form eines germanisches Liedes gehalten ist.

## IV 1.  Das Zauber-Lied des Helm-Schmiedes

*Ich schmiede die Schlange*
*Ich schmiede den Helm;*
*Ich gieße das Gold,*
*Ich gieße den Helm;*
*Ich hämm're die Hörner,*
*Ich hämm're den Helm;*
*Ich drehe[1] den Drachen,*
*Ich drehe den Helm:*
*Schlangen voll Schrecken[2],*
*umschlängelt den Helm!*

*Das Feuer flammt in meiner Esse,*
*und Du bläst fleißig mit dem Balg;*
*Das Eisen und das Gold erglüht:*
*Gefiuns Gaben[3] in meiner Schmiede.*
*Der Siegstein schimmert hell wie Augen:*
*das Geschenk der Zwerge im Hügel[4];*
*Ich hebe den Hammer, ergreife die Feile,*
*hole die Zangen und prüfe die Punzen[5].*

---

1  drehen = Drehen beim Schleifen und Polieren; Drehen von Draht u.ä.
2  Schlangen voll Schrecken = Schreckenshelm („Ögishjalmr"), Schlangenhelm, Drachenhelm
3  Gefiun = Erdgöttin; ihre Gaben = hier die Metalle aus der Erde
4  Hügel = Hügelgrab
5  Punzen = Metallstäbe mit abgerundeter Spitze, mit denen man Metallbleche prägen kann, indem man sie auf das dünne Metall hält und dann mit einem Hammer auf sie schlägt (ähnlich wie man einen Meißel benutzt)

Ich schmiede die Schlange
Ich schmiede den Helm;
Ich gieße das Gold,
Ich gieße den Helm;
Ich hämm're die Hörner,
Ich hämm're den Helm;
Ich drehe den Drachen,
Ich drehe den Helm:

Schlangen voll Schrecken,
umschlängelt den Helm!


Ich biege Bleche und feile Spangen[6],
Ich löte und schweiße und trenne und binde:
Ich schmirgle und schleife jegliches Gold,
bis der Schein der Sonne in ihm erwacht.
Ich schmiede den mächtigen Maskenhelm,
und so manche Platte mit Bildern;
zwei Wangenberge[7], flach gebogen,
und einen breiten Schutz im Nacken.


Ich schmiede die Schlange
Ich schmiede den Helm;
Ich gieße das Gold,
Ich gieße den Helm;
Ich hämm're die Hörner,
Ich hämm're den Helm;
Ich drehe den Drachen,
Ich drehe den Helm:

Schlangen voll Schrecken,
umschlängelt den Helm!

---

6   Spangen = gebogene Metallstreifen, aus denen man einen „Spangenhelm" zusammensetzt
7   Wangenberge = zwei meistens beweglich befestigte Metallplatten an den Seiten des
    Helmes, die die Wangen und Ohren schützen

*Der Eber des Freyr flammt auf dem Scheitel,*
*er fährt brüllend unter die Feinde;*
*Der siegreiche Tyr steht über den Brauen*
*mit seinem strahlenden Schwert der Sonne.*
*An den Wangen wachen die Alcis*[8]
*mit zwei Speeren und Hörnerhelmen;*
*ringsum stampft das Heer des Fürsten,*
*schützt ihn in einem Wall aus Schilden*[9].

*Ich schmiede die Schlange*
*Ich schmiede den Helm;*
*Ich gieße das Gold,*
*Ich gieße den Helm;*
*Ich hämm're die Hörner,*
*Ich hämm're den Helm;*
*Ich drehe den Drachen,*
*Ich drehe den Helm:*

*Schlangen voll Schrecken,*
*umschlängelt den Helm!*

---

8   Alcis = „Elche, Hirsche" = die beiden Söhne des Tyr, die in der Gestalt von zwei
    Schimmeln mit golden Hufen, Mähnen, Schweifen und Zähnen den Sonnen-Streitwagen
    ihres Vaters ziehen
9   Wall aus Schilden = „Schildwall" = Kreis aus Kriegern, die ihre Schilde vor sich halten,
    um den König in ihrer Mitte zu beschützen

*Dies ist der Goldhelm für den Sohn des Gudmund[10],*
*für des Geirröd starken Erben[11]!*
*Dies ist das Gold auf dem Haupt des Grendel[12]*
*und der Glanz im Mund des Thiazi[13]!*
*Dies ist der Bruder des Goldschwerts des Gusir[14],*
*und die Zähne des Gottes Heimdall[15]!*
*Dies ist der Gefährte des Schildes aus Gold[16],*
*der glühend den Gilling[17] am Himmel beschützt!*

*Ich schmiede die Schlange*
*Ich schmiede den Helm;*
*Ich gieße das Gold,*
*Ich gieße den Helm;*
*Ich hämm're die Hörner,*
*Ich hämm're den Helm;*
*Ich drehe den Drachen,*
*Ich drehe den Helm:*

*Schlangen voll Schrecken,*
*umschlängelt den Helm!*

*Schlange der Stärke[18], steige empor!*
*Verlasse den Schlaf und wecke den Drachen!*
*Schlange aus Feuer, schlängele empor!*
*Über den Scheitel zum Dritten Auge!*
*Schlangen der Alcis, schützt beide Brauen!*
*Schimmert golden auf der Stirne!*
*Schlange des Tyr, scheine glühend!*
*Schirme den Träger dieses Helmes!*

---

10  Gudmund = Tyr-Riese; dessen Sohn = Fürst
11  Geirröd = Tyr-Riese; dessen Erbe = Fürst
12  Grendel = Tyr-Riese; das Gold auf seinem Haupt = Goldhelm
13  Thiazi = Tyr-Riese; das Gold in seinem Mund = Sonne = Goldhelm
14  Gusir = König der Finnen = Tyr-Riese; der Bruder des Tyr-Schwertes = Tyrs Goldhelm
15  Zähne des Heimdall = Gold = Sonne = Goldhelm
16  Gefährte des Gold-Schildes (des Tyr) = Goldhelm (des Tyr)
17  Gilling = der ehemalige Sonnengott-Göttervater Tyr als Jenseits-Riese (hier als Sonne am Himmel)
18  Schlange der Stärke = Kundalini, Schlange/Drache auf dem Scheitel der Helme

*Ich schmiede die Schlange*
*Ich schmiede den Helm;*
*Ich gieße das Gold,*
*Ich gieße den Helm;*
*Ich hämm're die Hörner,*
*Ich hämm're den Helm;*
*Ich drehe den Drachen,*
*Ich drehe den Helm:*

*Schlangen voll Schrecken,*
*umschlängelt den Helm!*


*Siegstein, erwache! Strahle und leuchte!*
*Auf der Stirne, zwischen den Brauen!*
*Du bist die Sonne! Du bist der Sieg!*
*Du bist die Stärke des Willens des Tyr!*
*Perle der Wünsche[19]! Glühe wieder!*
*Erwache am Morgen[20] und in dem Kampf[21]!*
*Du bist das Auge! Du bist der Alf[22]!*
*Du bist der Ase[23], der den Drachen lenkt!*

*Ich schmiede die Schlange*
*Ich schmiede den Helm;*
*Ich gieße das Gold,*
*Ich gieße den Helm;*
*Ich hämm're die Hörner,*
*Ich hämm're den Helm;*
*Ich drehe den Drachen,*
*Ich drehe den Helm:*

*Schlangen voll Schrecken,*
*umschlängelt den Helm!*

---

19  Der Siegstein ist die Entsprechung zu der Wunschperle in der chinesischen Mythologie und zu dem Dritten Auge im Yoga – alle drei lenken die Kraft der Kundalini (Schlange, Drache).

20  am Morgen erwachen = die aufgehende, wiedergeborene Sonne

21  im Kampf erwachen = in Kampfekstase (Berserker-Wut)

22  Alf = Totengeist = Seele

23  Ase = hier Tyr

*Wer Dich trägt, wird wütend werden,*
*wird den Ulfhedinn[24] in sich erwecken!*
*Wer Dich aufsetzt, wird sich strecken,*
*wird den Berserker[25] in sich stärken!*
*Wer Dich nimmt, wird zur Schlange werden,*
*wird seine Waffe schwingen in Riesen-Kraft[26]!*
*Wer Dich besitzt, wird zum Drachen werden[27],*
*wird in Feuer entflammen[28] und feuerfest[29] sein!*

*Ich schmiede die Schlange*
*Ich schmiede den Helm;*
*Ich gieße das Gold,*
*Ich gieße den Helm;*
*Ich hämm're die Hörner,*
*Ich hämm're den Helm;*
*Ich drehe den Drachen,*
*Ich drehe den Helm:*

*Schlangen voll Schrecken,*
*umschlängelt den Helm!*

*Du bist voller Macht und Magie,*
*Du bist erfüllt von Mimirs Liedern[30]!*
*Niemand kann nirgendwo den sehen,*
*der Dich nah an seinem Haupte hat.*
*Du bist wie der Mantel des Midi[31],*
*der alle Blicke müde macht[32].*
*Du bist der beste Schutz von allen,*
*da Du den Träger[33] vor allen verbirgst.*

---

24 Ulfhedinn = Wolfsfell-Krieger, der die Kampfekstase beherrscht
25 Berserker = Bärenfell-Krieger, der die Kampfekstase beherrscht
26 Riesen-Kraft = magische Kraft im Zustand der Kampfekstase
27 zum Drachen werden = in Verbindung mit Tyr als Sonnendrache sein = die Kundalini
   erweckt haben = in der Kampfekstase sein
28 Die Kundalini wird als inneres Feuer erlebt.
29 Die Berserker konnten weder durch Eisen noch durch Feuer verletzt werden.
30 Mimir = Tyr-Riese; seine Lieder = Zauberlieder
31 Midi = Tyr-Riese; sein Mantel = Unsichtbarkeits-Umhang
32 Blicke müde machen = vor den Blicken verbergen = unsichtbar machen
33 Träger = Träger des Helmes

*Ich schmiede die Schlange*
*Ich schmiede den Helm;*
*Ich gieße das Gold,*
*Ich gieße den Helm;*
*Ich hämm're die Hörner,*
*Ich hämm're den Helm;*
*Ich drehe den Drachen,*
*Ich drehe den Helm:*
*Schlangen voll Schrecken,*
*umschlängelt den Helm!*

*Du bist die Sonne, Du blendest das Heer,*
*Du läßt die Augen der Krieger erblinden;*
*Du bist so hell, daß Dich niemand sieht,*
*Du bist so licht, daß Dich jeder kennt.*
*In der Schlacht verbreitest Du Schrecken!*
*Im Auge bist Du eine Schlange!*
*In den Gliedern bist Du Glut!*
*Denn Du bist der goldene Drache!*

*Ich schmiede die Schlange*
*Ich schmiede den Helm;*
*Ich gieße das Gold,*
*Ich gieße den Helm;*
*Ich hämm're die Hörner,*
*Ich hämm're den Helm;*
*Ich drehe den Drachen,*
*Ich drehe den Helm:*
*Schlangen voll Schrecken,*
*umschlängelt den Helm!*

*Komme, Hrungnir[34], in diesen Helm!*
*Komme, Hymir[35], in dieses Gold!*
*Komm' als Drache, komm' als Drasian[36]!*
*Komm' in Dwalins[37] gold'nes Geschenk!*
*Komm' als Adler, komm' als Alberich[38]!*
*Komm', erfülle Andwaris[39] Erbe!*
*Komm' als Finnalf[40], komm' als Fürst!*
*Komm' als geflügelter Drache!*

*Ich schmiede die Schlange*
*Ich schmiede den Helm;*
*Ich gieße das Gold,*
*Ich gieße den Helm;*
*Ich hämm're die Hörner,*
*Ich hämm're den Helm;*
*Ich drehe den Drachen,*
*Ich drehe den Helm:*

*Schlangen voll Schrecken,*
*umschlängelt den Helm!*

---

34  Hrungnir = Tyr-Riese
35  Hymir = Tyr-Riese
36  Drasian = Tyr-Riese
37  Dwalin = Tyr-Zwergenkönig
38  Alberich = Tyr-Zwergenkönig
39  Andwari = Tyr-Zwergenkönig
40  Finnalf = Tyr-Riese

*Du bist das Ziel der gefährlichen Fahrt[41]:*
*Du bist das Geschenk für den Fürsten;*
*Du leuchtest am Ende der langen Reise[42],*
*die zu Leifnir[43] ins Jenseits führt.*
*Du bist die Krone, die Kyrmir[44] gibt,*
*wenn Du Kuril[45] in Asgard erreichst;*
*Du bist der Bruder des Schildes, des Schwertes[46],*
*Du hilfst, ein Sohn der Sonne[47] zu werden.*

*Ich schmiede die Schlange*
*Ich schmiede den Helm;*
*Ich gieße das Gold,*
*Ich gieße den Helm;*
*Ich hämm're die Hörner,*
*Ich hämm're den Helm;*
*Ich drehe den Drachen,*
*Ich drehe den Helm:*

*Schlangen voll Schrecken,*
*umschlängelt den Helm!*

*Du bist der Grimr[48], Du bist das Grollen,*
*Dich hält Tyr als gewaltiger Grimnir;*
*Du bist der Grimr, Du bist das Glänzen,*
*Dich greifen die Alcis als grimme Grime,*
*Du bist der Grimr, Du bist das Glühen,*
*Dich trägt Odin als Walhalls Gullnir[49].*
*Du bist der Grimr, Du bist der Gold'ne,*
*Dich trägt der starke König als Grimling.*

---

41 gefährliche Fahrt = Jenseitsreise, hier: Jenseitsreise bei der Krönung
42 lange Reise = Jenseitsreise; an deren Ende trifft der Jenseitsreisende Tyr
43 Leifnir = Tyr-Riese
44 Kyrmir = Tyr-Riese
45 Kuril = Tyr-Riese
46 Bruder des Schildes und des Schwertes = Helm
47 Sohn der Sonne = der Fürst, der durch seine Jenseitsreise zu einem Sohn des Sonnengott-
   Göttervaters Tyr geworden ist und somit seinen beiden Alcis-Söhnen entspricht (damals
   wurden die Germanen-Stämme von zwei Kriegern gemeinsam angeführt)
48 Grimr = Maskenhelm
49 Gullnir = „Goldener" = Tyr-Riese = Jenseits-König; Jenseits-König in Asgard = hier: Odin

*Ich schmiede die Schlange*
*Ich schmiede den Helm;*
*Ich gieße das Gold,*
*Ich gieße den Helm;*
*Ich hämm're die Hörner,*
*Ich hämm're den Helm;*
*Ich drehe den Drachen,*
*Ich drehe den Helm:*

*Schlangen voll Schrecken,*
*umschlängelt den Helm!*

# B   Die Brünne

# V   Die Brünne in der germanischen Überlieferung

Im Gegensatz zu den anderen Waffen und Rüstungsteilen gibt es kaum eine magisch-mythologische Tradition in Bezug auf die Brünne, also den Brustpanzer.

„Brünne" bedeutet „das, was aus Bronze hergestellt worden ist". „Brünne" bedeutet wörtlich „Gelbbrauner", d.h. „Bronzefarbener".

## V 1.   Die Brünne in den Mythen

### V 1. a)   Grimnir-Lied

In Odins Halle sind die Bänke mit Brünnen bestreut. Da im Grimnir-Lied jedoch fast alle Bestandteile der Halle des Odin in dieser Schilderung von Walhalla aus Waffen bestehen, werden auch die Brünnen eine Umdeutung von etwas anderem sein, womit man üblicherweise die Sitzbänke bestreute.

Das älteste dieser Motive sind vermutlich die Schilde, die die Schindeln des Daches von Walhalla sind – sie sind der vervielfältigte Sonnenschild des Tyr.

*Gladsheim heißt die fünfte, wo golden schimmert*
*Walhalls weite Halle:*
*Da wählt sich Odin alle Tage*
*Vom Schwert erschlag'ne Männer.*

*Leicht erkennen können, die zu Odin kommen,*
*Den Saal, wenn sie ihn sehen:*
*Aus Schäften ist das Dach gefügt und mit Schilden bedeckt,*
*Mit Brünnen die Bänke bestreut.*

*Leicht erkennen können, die zu Odin kommen,*
*Den Saal, wenn sie ihn sehen:*
*Ein Wolf hängt vor dem westlichen Tor,*
*Über ihm dräut ein Aar.*

Die „Schäfte" sind entweder Pfeile oder Speere.

## V 1. b)   Zusammenfassung

Aus den Mythen ist keine Brünne mit einer speziellen Funktion bekannt.

# V 2.   Die Brünne in den Sagas

## V 2. a)   König Ortnits Meerfahrt und Tod

Der Zwerg Elberich („Alfen-König" = Tyr als Jenseitskönig) gibt König Ortnit „das beste Sturm-Gewand", also die beste Kampf-Kleidung, dessen wesentlichster Teil die Brünne ist. Es werden jedoch keine besonderen magischen Eigenschaften dieser Rüstung berichtet.

*Da fiel er ihm zu Füßen   /   und fleht' ans Herzenskraft:*
*„Laß mich leben, Ortnit,   /   bei Deiner Ritterschaft!*
*So geb ich Dir zu Lohne   /   das beste Sturmgewand,*
*Das jemals auf Erden   /   jung oder alt wohl fand.*

*Wohl achtzigtausend Marken   /   ist die Brünne wert.*
*Zu dieser Halsberge   /   geb ich Dir ein Schwert,*
*Das jeden Panzer schneidet   /   als wär er nicht von Stahl;*
*Wie fest ein Helm auch wäre,   /   es schlüg ihm manch ein Mal."*

## V 2. b)   Völsungen-Sage

In dieser Saga wird zusammen mit dem Ögishelm („Schreckenshelm"), mit dessen Hilfe sich Fafnir in einen Drachen verwandelt hat, eine Brünne und ein Schwert genannt. Es werden allerdings auch hier keine besonderen Eigenschaften dieser Brünne berichtet.

*Sigurd ritt auf Fafnirs Spur nach dessen Haus und fand es offen und die Türen von Eisen und aufgeklemmt. Von Eisen war auch alles Zimmerwerk am Haus, und das Gold war unten in die Erde gegraben. Da fand Sigurd großmächtiges Gut und füllte damit zwei Kisten. Da nahm er den Ögishelm und die Goldbrünne und das Schwert Hrotti und viele Kostbarkeiten und belud Grani damit.*

## V 2. c)   Das erste Lied über Sigurd Fafnir-Töter

Gripir sagte seinem Schwestersohn dessen Zukunft voraus und kündete dabei unter anderem an, daß Sigurd die Brünne seiner Geliebten aufschneiden wird.

*Gripir:*
*„Auf dem Felsen schläft die Fürstentochter*
*Hehr im Harnisch nach Helgis Tode:*
*Mit scharfem Schwerte wirst Du schneiden,*
*Die Brünne trennen mit Fafnirs Töter.“*

Fafnir ist der Drache, den Sigurd getötet hat. „Fafnirs Töter“ ist daher sein Schwert, das den Namen „Gram“ trägt.

Es fragt sich, wie das Motiv der Erweckung einer Walküre durch das Aufschneiden ihrer Brünne entstanden ist. Zunächst einmal könnte es sich um ein Entwaffnen handeln, aber es wäre auch eine Umdeutung des Schwanenkleides der Walküren zu einer Brünne denkbar, durch das sich die Walküren in Schwäne verwandeln konnten, was wiederum bedeutet, daß sie durch das Ablegen ihres Schwanenhemdes zu Menschen wurden.

## V 2. d)   Sigdrifa-Lied

Die eben angeführte Szene wird mehrfach beschrieben:

*Sigurd ritt hinauf nach Hindarfiall und wandte sich südwärts gen Frankenland. Auf dem Berge sah er ein großes Licht gleich als brennte ein Feuer, von dem es zum Himmel emporleuchtete. Aber als er hinzukam, stand da eine Schildburg und oben heraus ein Banner. Sigurd ging in die Schildburg und sah, daß da ein Mann lag und in voller Rüstung schlief. Dem zog er zuerst den Helm vom Haupt: da sah er, daß es ein Weib war. Die Brünne war fest als wäre sie ans Fleisch gewachsen.*

Dieses „Festgewachsensein“ paßt zu der Herleitung der Brünne von dem Schwanengewand, da dies Gewand die Walküre in einen Schwan verwandelt – die Walküre ist daher fest mit ihren Schwanenfedern verbunden.

*Da ritzte er mit Gram die Brünne durch vom Haupt herab und danach auch an beiden Armen. Darauf zog er ihr die Brünne ab; aber sie erwachte, richtete sich empor, sah den Sigurd an und sprach:*

*„Was zerschnitt mir die Brünne? Wie brach mir der Schlaf?*
*Wer befreite mich von dem falben Band?"*

*Sigurd:*
*„Sigmunds Sohn: eben zerschnitt*
*Das Wehrgewand Dir Sigurds Waffe."*

*Sigdrifa:*
*„Lange schlief ich, lange hielt mich der Schlummer,*
*Lange lasten Menschenlose.*
*So waltete Odin, ich wußte nicht*
*Die Schlummerrunen abzuschütteln."*


## V 2. e)  Völsungen-Saga

Diese Version ist der vorigen sehr ähnlich:

*Sigurd ritt lange Wege, bis er hinauf nach Hindarfiall und wandte sich südwärts*
*gen Frankenland. Auf dem Berge sah er ein großes Licht gleich als brenne ein Feuer,*
*das zum es zum Himmel emporloderte. Aber als er hinzukam, siehe, da stand da eine*
*mit Schilden behangene Burg vor ihm, und oben auf stand ein Banner. Sigurd ging in*
*die Burg hinein und sah, daß dort jemand lag und in voller Rüstung schlief. Dem zog*
*er ihm zuerst den Helm vom Haupt: da sah er, daß es kein Mann, sondern ein Weib*
*war. Sie war so eng in ihre Brünne gekleidet, als ob die Brünne auf ihrem Fleisch*
*gewachsen wäre. Da ritzte er mit Gram die Brünne durch vom Haupt herab und*
*danach auch an beiden Armen. Da schnitt er ihr die Brünne auf und dann die Ärmel,*
*und stets schnitt das Schwert als wenn es Stoff wäre.*
*Da sprach Sigurd, daß sie überlang geschlafen hätte.*
*Sie aber sprach: „Welches Ding mit solch großer Macht ist es gewesen, das meine*
*Brünne zerschnitten und mich aus dem Schlaf geweckt hat?"*

*So wie es in dem (Sigdrifa-)Lied heißt:*
*„Was biß die Brünne,*
*was bricht meinen Schlaf,*
*wer hat das bleiche Leid*
*von mir gewendet?"*

*Die Frau sprach: „Ah, ist es nun geschehen, daß Sigurd Sigmund-Sohn gekommen*
*ist und Fafnirs Helm auf seinem Haupt trägt und Fafnirs Schicksal in seiner Hand?"*

*Da antwortete Sigurd:*
*„Sigmunds Sohn*
*mit Sigurds Schwert*
*hat die Mauer des Raben*
*niedergerissen."*


## V 2. f)  Skaldskaparmal

*Da ritt Sigurd, bis er ein Haus fand auf einem Berg. Darin schlief ein Weib mit*
*Helm und Brünne bekleidet. Er zog das Schwert und schnitt die Brünne von ihr: da*
*erwachte sie und nannte sich Hilde. Sie hieß Brünhild und war eine Walküre.*


## V 2. g)  Faröische Heldenlieder:  Brünhild-Lied

Auch in diesem Lied erweckt Sigurd die Walküre Brünhild, indem er ihre Brünne
aufschneidet. In diesem Lied ist die Grabkammer in dem Hügelgrab, in der die Walküre liegt, noch ansatzweise zu erkennen.

*Sjurdur eilt auf Brinhilds Höh, was keiner wagte zuvor:*
*Mit seinem Schwert zerhieb er das Höhentor.*
*Und er hieb mit seinem Schwert die Fensterladen auf:*
*Er sah wo das schöne Weib in Heerkleidern lag.*

*Sjurdur der Berühmte geht in den Saal und schaut weit sich um:*
*Er sieht wo das schöne Weib einsam im Bette liegt.*
*Er sah wo das schöne Weib einsam in Heerkleidern schlief:*
*Er hob empor sein scharfes Schwert und löst die Brünne ab.*

*Aufwacht Brinhild Budlis Tochter, klug schaut sie sich um:*
*„Wer hatte das scharfe Schwert, das von mir die Brünne schnitt?"*
*Aufwacht Brinhild, weit schaut sie sich um:*
*„Wer ist der tapfere Held, der löst' die Brünne von mir?"*

## V 2. h) Völsungen-Sage

An manchen Textstellen wird zwar eine bestimmte Brünne gerühmt, aber keinerlei magisch-mythologische Eigenschaften genannt.

*Der Bruder von König Hodbrod, der Herr über ein Land, das 'Swarins Hügelgrab' (Tyrs Hügelgrab) genannt wurde, rief zu ihnen hinüber und frug, wer der Anführer dieses mächtigen Heeres sei. Da erhob sich Sinfiötli, der einen Helm auf seinem Haupt trug, der wie Glas strahlte und eine Brünne trug, die weiß wie Schnee war, und mit einem Speer in seiner Hand, an dem ein ruhmvolles Banner hing, und mit einem goldumrandeten Schild, den er vor sich hängen hatte.*

## V 2. i)  Der hürnerne Siegfried

Der Panzer (Brünne), den der Riese Kuperan in dieser Saga anzieht, scheint eine Umdeutung der Unverletzlichkeit des Sigurd zu sein, da beides durch Drachenblut entstand:

*Der Ries' verband die Wunden  /  und wappnete sich gleich*
*In einen guten Panzer,  /  der köstlich war und reich,*
*Von eitel klarem Golde,  /  getränkt in Drachenblut.*
*Außer Kaiser Ortnits Panzer  /  kein Panzer ward so gut.*

König Ortnits Brünne („Panzer") wird in Abschnitt „V 2. a)" beschrieben.

## V 2. j)  Skaldskaparmal

*Da verlangten die Berserker des Hrolf Kraki für ihre Dienste drei Pfund Gold für jeden von ihnen und zusätzlich wollten sie Hrolf Kraki die Geschenke bringen, die sie selber ausgewählt hatten und die der Helm 'Schlachten-Keiler' und die Brünne 'Finnen-Erbe' waren, die beide kein Eisen beißen konnte, sowie den Goldring, der 'Schwein der Schweden" genannt wurde und den Adils Vorvater besessen hatte.*

Der Name „Finnen-Erbe" der Brünne könnte sich auf Tyr beziehen, da Tyr als Jenseits-Riese in den Sagas mehrfach als „Finnenkönig" umschrieben worden ist.

# V 2. k)  Kenningar

Es gibt eine Reihe von Brünnen-Kenningarn, die jedoch keinerlei mythologische Anspielungen enthalten:

| | | | | |
|---|---|---|---|---|
| **Brünne** | *Brünne* | | Snorri Sturluson | Thulur |
| **Brünne** | *Kaltes* | | Snorri Sturluson | Thulur |
| **Brünne** | *Nahes* | dem Leib nah | Snorri Sturluson | Thulur |
| **Brünne** | *Anhaftender* | an den Leib | Snorri Sturluson | Thulur |
| **Brünne** | *Edles (?)* | die Bedeutung von 'kund' ist unsicher | Snorri Sturluson | Thulur |
| **Brünne** | *Widerstand* | | Snorri Sturluson | Thulur |
| **Brünne** | *Unheil-Vertreiber* | | Snorri Sturluson | Thulur |
| **Brünne** | *Eisen-Hemd* | | anonym | Ketil Forelle |
| **Brünne** | *Kampf-Hemd* | | Hastein | Landnahme-Buch |
| **Brünne** | *Streit-Gewand* | | anonym | Hamdir-Lied |
| **Brünne** | *Kriegs-Kleidung* | | Saxo der Schriftkundige | Geschichte der Dänen |
| | | | Kormak | Kormak-Saga |
| **Brünne** | *Heer-Kleidung* | | anonym | faröische Helden-lieder: Regin-Lied |
| **Brünne** | *Sturm-Gewand* | Sturm = Kampf | anonym | König Ortnits Meerfahrt und Tod |
| **Brünne** | *Finnen-Erbe* | Finne = Jenseitskönig = Tyr? | Snorri Sturluson | Thulur |
| **Brünne** | *Hamdirs Gewand* | Hamdir = Sagenheld | Snorri Sturluson | Hattatal |
| **Brünne** | *Sköguls Hemd* | Skögul = Walküre | Snorri Sturluson | Hattatal |
| **Brünne** | *Pelzmantel* | ironisch gemeint | Snorri Sturluson | Thulur |

# V 2. l)  Personennamen

Der einzige mythologische Hinweis in diesen Namen ist die „Brünnen-Dise"

(„Bürnnen-Göttin") – aber dieser Name kann auch nur eine einfache Umschreibung von „Walküre" sein.

| mit „Brünne" gebildete Personennamen | | Bedeutung |
|---|---|---|
| *Namen* | | |
| *Männernamen* | *Frauennamen* | |
| Brunmadr, Brunman | | Brünnen-Mann |
| Brynel, Bryngel, Brynild, Bryniulf, Brynjolf, Brynold, Brynulf, Brönnil, Brönnild, Brunulfr | | Brünnen-Wolf = Brünnen-Krieger |
| Brynjard | | Brünnen-Heer |
| Brynleifur | | Brünnen-Erbe (neu?) |
| Brynja, Brönte | | Brünne, Gelbbrauner (Haarfarbe) |
| | Bryndis | Brünnen-Dise = Brünnen-Göttin |
| | Brynhild, Brynild, Brönnil, Brönnild, Brynel, Brönla | Brünnen-Kampf |
| | Bryngerd | Brünnen-Schutz |

## V 2. m)  Zusammenfassung

Die Brünne hat kaum eine mythologische Bedeutung. Lediglich der Name „Finnen-Erbe" für eine Brünne des Schweden-Königs könnte ein Hinweis darauf sein, daß diese Brünne einst Tyr gehört hat, der in den Sagas des öfteren als Finnenkönig, d.h. als Jenseitskönig erscheint.

Die Brünnen der Walküren sind vermutlich eine Umdeutung ihrer Schwanenhemden, da sich die Walküren durch das Ablegen ihrer Schwanenhemden in Frauen verwandeln und die Walküre Sigdrifa-Brünhild durch das Ablegen ihrer Brünne aus ihrem magischen Jenseits-Schlaf (Tod) erwacht. Als Schwäne und als Schlafende befinden sich die Walküren im Jenseits.

141

# C   Der Schild

## VII   Der Schild in der germanischen Überlieferung

In den Liedern und den Sagas der Germanen wird mehrfach von Schilden berichtet, auf denen mythologische Szenen dargestellt worden sind.

## VII 1.   Sonnen-Schilde und bemalte Schilde bis 700 n.Chr.

Der Schild hat eine sehr lange und mehrschichtige Entwicklung hinter sich, weshalb der „rote Fadens" der Schild-Symbolik der Germanen im Folgenden in seiner chronologischen Entwicklung betrachtet wird.

### VII 1. a)   Die Sonnenscheibe in den Felsritzungen
*(1800-500 v.Chr.)*

Der Ursprung dieser Schilde werden vermutlich die Sonnenscheiben sein, die von den Germanen bereits in vorchristlicher Zeit auf den Felsritzungen dargestellt worden sind. Es ist durchaus denkbar, daß es bereits damals hölzerne Schilde gegeben hat, die mit dem Zeichen der Sonne bemalt worden waren und im Ritual benutzt worden sind.

Die Teilung des Kreises in vier Viertel entspricht den vier Himmelsrichtungen, die man damals vor der Erfindung des Kompasses nur mithilfe des Sonnenlaufes feststellen konnte. Die vier Richtungen werden in der Edda durch die vier Zwerge, Austri (Osten), Sindri (Süden), Westri (Westen) und Nordri (Norden), die den Schädel des Ymir (Himmel) tragen, verkörpert.

*frühgermanische Felsritzung:*
*viergeteilte Sonnenscheibe*
*ca. 1.800 v.Chr.*

*zwei frühgermanische Felsritzungen:*
*viergeteilte Sonnenscheiben*
*ca. 1800 v.Chr.*

## <u>VII 1. b)  Die Sonnenscheibe auf dem Sonnenwagen von Trundholm</u>
### *(1400 v.Chr.)*

Neben der Aufteilung in vier Viertel findet sich oft auch eine Segmentierung in acht oder sechzehn Bereiche. Die „8" ist ein Symbol für die Vollständigkeit, das bis in die späte Altsteinzeit zurückreicht und daher bei sehr vielen Völkern zu finden ist. Ihre Symbolik beruht auf dem binären Zahlensystem, das in der späten Altsteinzeit und in der Jungsteinzeit benutzt wurde.

In ihm wurden alle Mengenbezeichnungen durch die Addition der Zahlen 1, 2, 4 und 8 gebildet. Da es damals in der Regel keine Mengen mit über einem Dutzend Einheiten gab, die genau bestimmt werden mußten, reichte dies einfache Zählsystem aus.

Eine solche „8" findet sich z.B. in der Mitte der Sonnenscheibe auf dem Sonnen-wagen von Trundholm.

*Sonnenwagen von Trundholm (Replik)*
*1400 v.Chr.*

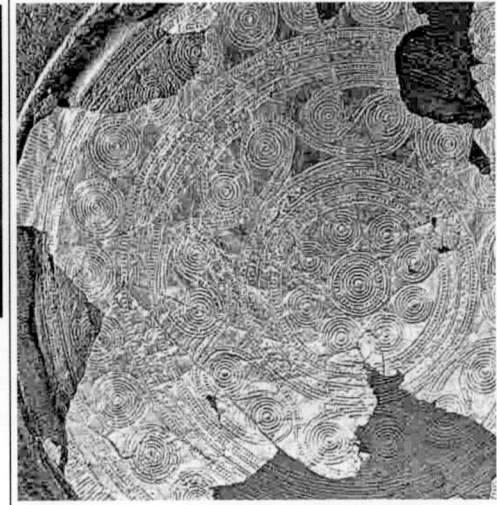

*Sonnenwagen von Trundholm (Detail)*
*innerer Kreisring: 8 Spiralen;*
*zweitinnerster Kreisring: 16 Spiralen*

## VII 1. c)   Die Sonnenscheibe im Hügelgrab von Kivik
*(1000 v.Chr.)*

In dem Fürstengrab von Kivik, das an der Südspitze von Schweden liegt, wird mehrfach die „klassische" Sonnenscheibe mit der Viererteilung dargestellt.

| Hügelgrab eines Fürsten in Kivik: zwei Sonnenscheiben und Wasserwellen (Wasser-Unterwelt); die Zweizahl bezieht sich vermutlich auf den Sonnenaufgang und den Sonnenuntergang 1000 v.Chr. | Hügelgrab eines Fürsten in Kivik: zwei Sonnenscheiben unter den beiden Jenseitstoren im Osten und im Westen 1000 v.Chr. |
|---|---|

## VII 1. d)   Ein früher schwedischer Sonnenschild
*(1000 v.Chr.?)*

Auf diesem schwedischen Schild, dessen Datierung unsicher ist, findet sich fast dasselbe Ornament wie auf dem Sonnenschild von Trundholm, sodaß man diesen Schild entweder als einen im Ritual benutzten Sonnenschild auffassen kann oder als den Schild einer Person, die eng mit der Sonne verbunden gewesen ist, also vermutlich eines Fürsten.

*schwedischer Schild mit Sonnensymbolik: Kreise von Spiralen (innen 16 Spiralen)*

### VII 1. e)  Die Herzsprung-Schilde
*(750 v.Chr.)*

Die ältesten erhaltenen Schilde sind die sogenannten Herzsprung-Schilde, die um ca. 750 v.Chr. hergestellt und nach ihrem Fundort in Nordwest-Brandenburg benannt worden sind. Zu dieser Zeit begann ein Teil der Germanen von Dänemark aus nach Süden zu ziehen, was dann schließlich zu der Trennung in Nord- und Südgermanen geführt hat. Zu dieser Zeit ist noch Tyr der Sonnengott-Göttervater aller Germanen gewesen.

In Brandenburg ist ein Paar dieser Schilde in 2m Tiefe in der Erde gefunden worden. In Fröslunda in Südschweden fand man 15 dieser Schilde in einem Moor. Ein weiterer Schild mit Vogelmotiven stammt aus Nackhälla in Südschweden. Vereinzelt sind auch Herzsprung-Schilde aus Dänemark, Großbritannien und Süddeutschland bekannt. Alle diese Schilde sind in Mooren gefunden worden; nur in Süddeutschland

146

hat man sie in Flüssen versenkt.

Diese Schilde haben ein Durchmesser von ca. 70cm und sind aus Bronze mit einem sehr hohen Zinngehalt hergestellt worden, was ihnen einen größeren Glanz gibt, aber sie auch weicher macht. Da sie zudem keinerlei Beschädigungen (Kampfspuren) aufweisen, werden sie wohl Ritual-Schilde gewesen sein, die im Kult verwendet worden sind. Für eine kultische Niederlegung dieser Schilde spricht auch, daß man einige von ihnen in der Mitte zusammengefaltet und dadurch unbrauchbar gemacht hat. Das Bronzeblech auf dem Holzschild ist 0,4mm dünn.

Der Schild hat in der Mitte einen Schildbuckel, in dem sich der Griff zum Halten des Schildes befindet.

| *Schild, Brandenburg* | *Rückseite des Brandenburger Schildes* |

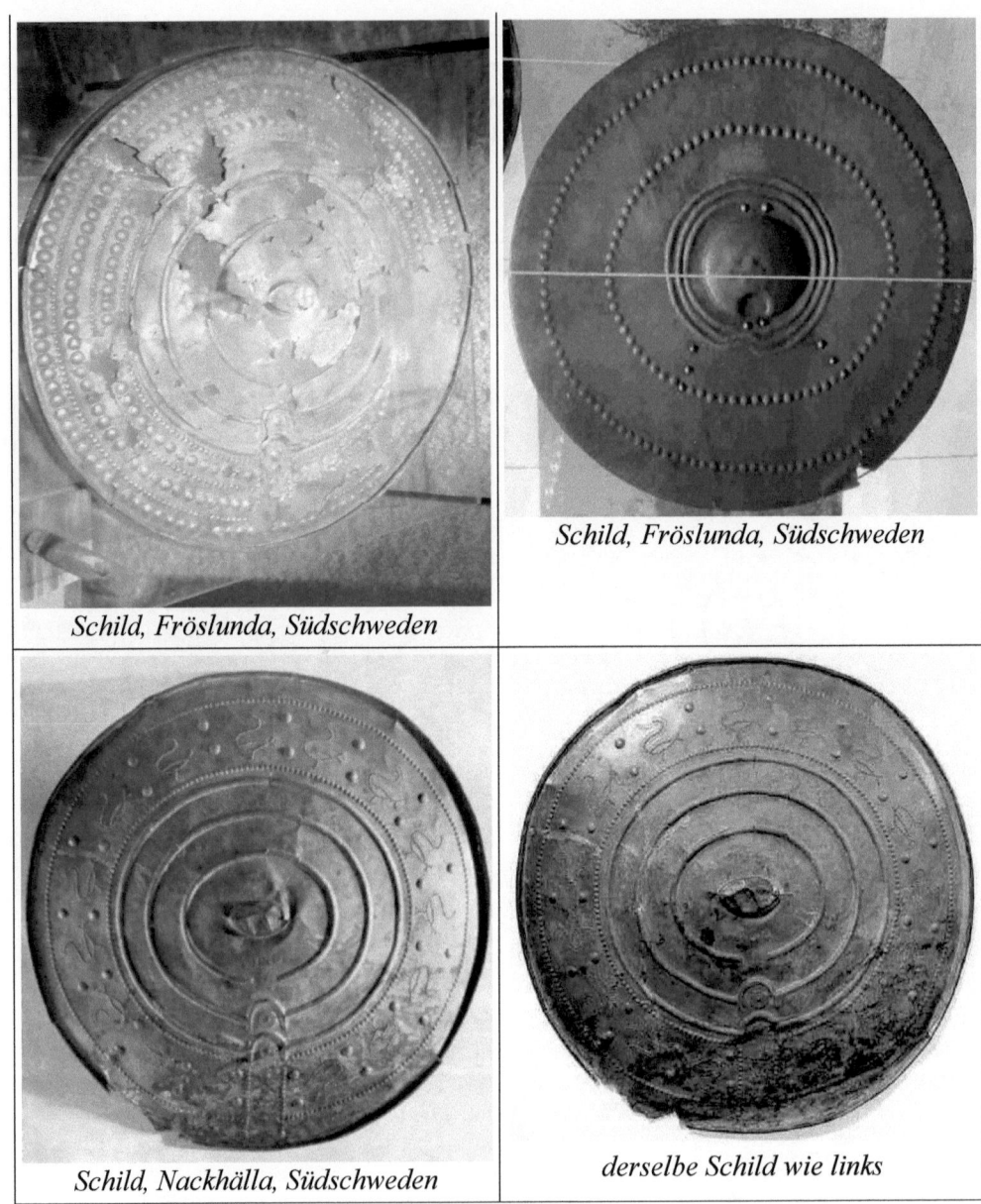

*Schild, Fröslunda, Südschweden*

*Schild, Fröslunda, Südschweden*

*Schild, Nackhälla, Südschweden*

*derselbe Schild wie links*

Auf diesen vier Schilden ist wahrscheinlich ein Hügelgrab dargestellt worden:
- Der gepunktete äußere Bereich ist der Hang des Hügelgrabes.
- Die gepunktete Linie von unten zur Mitte hin ist der bei der Bestattung

noch nach oben hin offene Teil des „Hel-Weges" in die Grabkammer hinein.

- Die beiden Bögen markieren den überdachten Teil des Weges, also den Gang in die Grabkammer hinein.

- In der Grabkammer selber wurde anscheinend ein innerer von einem äußeren Bereich unterschieden.

- Im Zentrum befindet sich ein zum Weg in die Kammer querstehendes Oval, das der Tote auf seinem Lager sein wird.

- Die jeweils drei Punkte vor dem Oval und hinter dem Oval könnten der Sonnengott-Göttervater Tyr und die drei Nornen als die Wiederzeugungs-Geliebte und die Wiedergeburts-Mutter des Tyr sein. Die „3" ist schon bei den Indogermanen die Zahl der Sonne und des endlosen Sonnenzyklus und sekundär daher auch die Zahl der Jenseitsgöttin (Freya) gewesen.

- Die 15 Vögel (Schwäne?) auf dem Schild von Nackhälla werden Seelenvögel sein. Da bei den Germanen eigentlich die 4, die 8 und die 16 die „runde, vollkommene Zahl" war, ist anzunehmen, daß der 16. Vogel die Seele des Toten ist, die durch den Gang in das Hügelgrab hineingegangen ist.

Diese Schilde haben offensichtlich einen Zusammenhang mit dem Totenkult oder der Jenseitsreise gehabt. Leider läßt sich dieser Zusammenhang nicht mehr genau feststellen. Man kann lediglich den begründeten Verdacht hegen, daß diese Schilde schon damals mit der Sonne (Tyr) und ihrem Weg durch die Unterwelt assoziiert worden sind.

## VII 1. f)   Die „Germania" des Tacitus
### *(100 n.Chr.)*

In diesem Geschichtswerk des Römers Tacitus über die Germanen wird gesagt, daß die germanischen Krieger ihre Schilde sorgfältig bemalten. Es wird hier zwar nicht ausdrücklich gesagt, aber „mit den gewähltesten Farben zeichnen" klingt auf jeden Fall nach einer mehrfarbigen Bemalung, sodaß man zumindestens vermuten kann, daß sich auf diesen Schilden auch solche Motive wie der Sonnenkreis aus den skandinavischen Steinritzungen befunden haben könnten.

*Der Reiter hat wirklich an seinem Schild und seiner Frame* (Wurfspeer) *genug; das Fußvolk wirft auch kleinere Geschosse, ein Mann mehrere, die sie in's Unermeßliche schleudern, nackt oder mit einem kleinen Mantel leicht umhüllt.*

*Kein Prunk im Äußern; nur zeichnen sie die Schilde mit den gewähltesten Farben; Wenige haben Harnische, kaum einer besitzt einen Helm.*

149

... ... ...

*Die Harier ferner, außer den Kräften, in welchen sie den eben genannten Völkern vorgehen, finstern Wesens, steigern die inwohnende Wildheit noch durch Kunst und Zeit: schwarze Schilde, gefärbte Leiber; für die Schlachten wählt man dunkle Nächte, und schon durch die Schauerlichkeit und das Schattenwesen solchen Heeres wie aus dem Totenreiche flößen sie Schrecken ein, daß keiner der Feinde den schauerlichen und gleichsam höllischen Anblick aushält; denn zuerst werden in allen Schlachten die Augen besiegt.*

### VII 1. g)  Die Schilde aus dem Thorsberger Moor
*(100 n.Chr.)*

Die beiden Schilde aus dem Thorsberger Moor sind leider ohne Verzierungen. Lediglich ein metallener Schildrand ist zu sehen.

*zwei germanische Schilde aus dem Thorsberger Moor, bei Flensburg, 250 n.Chr.*

## VII 1. h)  Der Sonnenschild auf den Goldhörnern von Gallehus
*(400 n.Chr.)*

Dem Schmied, der die beiden Goldhörner von Gallehus hergestellt hat, scheint die Anzahl der Strahlen auf den Schilden nicht wichtig gewesen zu sein.

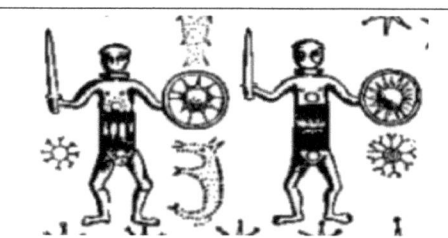

*Sonnengott-Göttervater (Tyr) mit Schwert und Schild (links) und Tyr im Jenseits oder Mondgott (rechts) Goldhorn von Gallehus, 400 n.Chr.:*

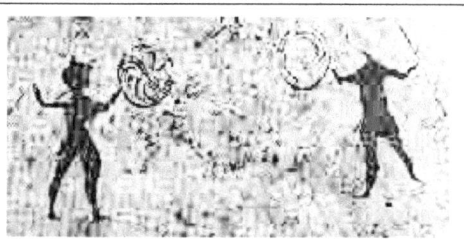

*zwei Männer mit Schild und Speer (Diesseits-Tyr und Jenseits-Tyr oder die beiden Alcis) Bildstein von Martebo, 400 n.Chr.:*

## VII 1. i)  Der Bildstein von Austers
*(400-500 n.Chr.)*

*Austers, 400-500 n.Chr.*

Auf den frühen Bildsteinen findet sich neben der viergeteilten und der achtgeteilten Sonnenscheibe auch die zwölfgeteilte Sonnenscheibe, die durch den Tierkreis inspiriert worden sein wird. Dieser Übergang von der „8" zu der „12" als der „runden Zahl" läßt sich in sehr vielen indogermanischen und nicht-indogermanischen Mythologien beobachten.

Zu dieser Zeit wurden aus den geraden Strahlen der Sonne auch oft geschwungene Flammen.

Im Zentrum ist die viergeteilte Sonne zu sehen, deren vier Viertel von je einem Wirbel ausgefüllt sind. Dies ist eine detailliertere Variante des indogermanischen Swastika-Sonnensymboles: ein Kreuz mit zur Seite gebogenen Enden, die das Rollen des Sonnenrades andeuten.

Der Sonnenschild ist zugleich ein Sonnenrad (siehe auch das Kapitel „Sonne" in Band 48).

Oben sind ein Drache und ein Mann zu sehen, die sich zu begrüßen scheinen – sehr wahrscheinlich Tyr als Sonnendrache im Jenseits und als Sonnengott-Göttervater im Diesseits.

Unten ist ein Schiff zu sehen – vermutlich die Sonnenbarke, in der Tyr einst über den Himmel gefahren ist, wie die skandinavischen Felsritzungen zeigen.

### VII 1. j)  Der Bildstein von Martebo
*(400-500 n.Chr.)*

*Martebo, 400-500 n.Chr.*

Hier ist der Sonnenschild wieder viergeteilt und darumherum achtgeteilt. Die dadurch entstehenden zwölf Bereich werden jeweils von einer Spirale ausgefüllt. Jeder Kreis mit seinen Spiralen besteht wie auf dem frühen schwedischen Sonnenschild aus der Zeit um ca. 1000 v.Chr. nur aus einem einzigen Faden.

Diese beiden Merkmale, also die Teilung in 4 bzw. 8 Bereiche sowie die durch einen Endlosfaden dargestellten Spiralen-Kreise finden sich auch schon auf dem Sonnenwagen von Trundholm um 1400 v.Chr. Es hat also eine stilistische Kontinuität der Darstellung der Sonne und somit auch des Sonnenschildes bzw. Sonnenrades von mindestens 1400 v.Chr. bis 400 n.Chr. gegeben.

Unter der Sonne ist wieder die Sonnenbarke zu sehen.

Links über dem Schiff ist eine „8" abgebildet und rechts über dem Schiff eine aus zwei ineinander verschlungenen Ovalen bestehendes Zeichen. Wie die noch folgenden Bildsteine zeigen, ist zumindest das linke Symbol eine Schlange.

## VII 1. k)  Der Bildstein von Sandegard
*(400-500 n.Chr.)*

*Sandegard, 400-500 n.Chr.*

Im Zentrum ist eine große Schlange in der Form einer „8" zu sehen, die der kleinen „8" über dem Schiff auf dem vorigen Bildstein aus Martebo entsprechen wird.

Da diese Schlange im Zentrum des Bildsteines steht und die Position der Sonne auf den anderen Bildsteinen innehat, wird sie Tyr als Sonnendrache im Jenseits sein.

Daraus ergibt sich, daß die beiden kleineren Schlangen neben ihr die beiden Alcis-Söhne des Tyr sein werden.

Das karierte Feld unter ihnen ist evtl. die Wasserunterwelt, da auf den anderen Bildsteinen an dieser Stelle das Sonnenschiff abgebildet ist.

### VII 1. l)  Der Bildstein von Billed
*(400-500 n.Chr.)*

*Billed, 400-500 n.Chr.*

In der Mitte ist eine sechs- oder zwölf-strahlige Sonne als Spirale abgebildete – sozusagen eine sechs- oder zwölfarmige Swastika.

Sie hat an ihrem Außenrand vermutlich 18 Strahlen.

Die beiden Hirsche am oberen Rand werden die beiden Alcis sein, deren Name „Elch, Hirsch" bedeutet. Das bestätigt noch einmal die Deutung der Sonne als Tyr, da dieser der Vater der beiden Alcis ist.


### VII 1. m)  Der Bildstein von Havor
*(400-500 n.Chr.)*

*Havor, 400-500 n.Chr.*

In der Mitte ist die viergeteilte Sonne zu sehen, die wieder mit einer einzigen durch-laufenden, endlosen Linie gezeichnet wor-den ist. In den Winkeln innerhalb des Son-nenkreises befinden sich Spiralen.

Da dieses viergeteilte Ornament sehr den beiden ineinander verschlungenen Ovalen auf dem Bildstein von  Martebo ähnelt, wird dieses Symbol auch dort die Sonne darstellen – dort befinden sich somit links über dem Schiff Tyr als Schlange („8") und rechts über dem Schiff Tyr als Sonne.

Oben auf dem Bildstein von Havor ist wieder der Tyr-Drache zu sehen: seine vier Beine sind kleine Spiralen und sein Hals und sein Kopf sind oben in der Mitte zu

154

sehen.

Unten in der Mitte sind wieder die beiden Alcis, diesmal in Drachengestalt, zu sehen. Ihre Form ähnelt der „8" der Tyr-Schlange.

Links und rechts außen sind jeweils die Köpfe von je vier weiteren Drachen zu sehen. Sind das die acht Aspekte des Tyr, der später als der achtarmige Riese Starkad erscheint?

## VII 1. n)  Der Bildstein von Uppland
*(400-500 n.Chr.)*

*Uppland, 400-500 n.Chr.*

Die aus vier Spiralen bestehende Sonne enthält fünf verschieden gestaltete Kreise, die jedoch vermutlich keine eigenständige Symbolik haben werden.

Die Sonne hat vier Strahlen.

Oben sind zwei Pferde-Drachen zu sehen und unten zwei Männer mit Speer und Schild, die die beiden Alcis sein werden.

Das Ornament unten könnte evtl. die Wogen der Wasserunterwelt darstellen.

155

## VII 1. o)   Der Bildstein von Väskilde

*(400-500 n.Chr.)*

*Väskilde, 400-500 n.Chr.*

Die Sonne ist wieder sechs- bzw. zwölf-armig.

Sie hat 33 Strahlen – sollten das eigent-lich 32 Strahlen sein? Das würde besser in die Reihe „4 – 8 – 16 – 32" passen.

Über der Sonne sind zwei Ziegen (?) zu sehen und unter ihr zwei Hirsche. Sie werden wieder die beiden Alcis sein.

Auf den beiden Hirschen sitzt entweder ein Reiter oder sie haben Flügel. Da von den Germanen keine geflügelten Hirsche bekannt sind, werden es Reiter, d.h. die beiden Alcis sein.

Ob die Ornamente oben und unten eine Bedeutung haben, ist ungewiß – mögli-cherweise ist unten wieder die Wasser-unterwelt angedeutet.

## VII 1. p)   Der zweite Bildstein von Havor
*(400-500 n.Chr.)*

*Havor, 400-500 n.Chr.*

Hier ist wieder eine sechs- bzw. zwölf-armige Sonnenspirale zu sehen. Man wird vermutlich davon ausgehen können, daß es damals auch Schilde mit diesem Spiral-Ornament gegeben hat.

Die Sonne hat diesmal 30 Strahlen. Vielleicht nahm man Zahlen in dieser Grö-ßenordnung nicht so genau …

Oben sind zwei Schlangen-Drachen und unten zwei Pferde-Drachen zu sehen. Beide Paare werden die beiden Alcis darstellen.

157

## VII 1. q)   Der Bildstein von Gotland
### *(400-500 n.Chr.)*

*Gotland, 400-500 n.Chr.*

Diese Sonne hat wieder sechs bzw. zwölf Spiral-Arme. Sie hat insgesamt acht dreifache Strahlen. Hier ist offenbar die alte 8-Symbolik mit der neuen 12-Symbolik kombiniert worden.

Unter der Sonne befinden sich zwei Reiter mit Schild und Speer – die beiden Alcis.

Unter ihnen sind zwei Schilde zu sehen – der linke ist viergeteilt und der rechte sechsgeteilt. Um sie herum windet sich eine sehr lange Schlange. Vermutlich sind dies wieder Tyr und seine beiden Alcis-Söhne.

158

## VII 1. r)  Der Bildstein von Sanda
*(400-500 n.Chr.)*

*Sanda, 400-500 n.Chr.*

Hier hat die Sonne acht Arme mit jeweils acht Zacken (mit einer Ausnahme, die wohl ein Irrtum sein wird).

Beachtenswert ist auch der Kreis mit dem zentralen Punkt in der Mitte der Sonne – dieses Symbol entspricht dem astrologischen Sonnenzeichen.

Die Sonne hat ca. 80 Strahlen.

Oben ist ein langer, stark stilisierter Drache zu sehen. Dies wird Tyr sein.

Unter der Sonne sind die beiden Alcis als zwei achtgeteilte Schilde und mit jeweils einer Schlange dargestellt worden.

Darunter ist ein Baum zu sehen – vermutlich Yggdrasil als der Weg zwischen Diesseits (Tyr am Tag) und Jenseits (Tyr in der Nacht).

Unter dem Baum scheint ein vierbeiniger Drache zu stehen – vermutlich wieder Tyr.

Ganz unten ist ein Schiff zu sehen – diesmal sogar mit sechs Ruderern und einem Steuermann. Das Schiff hat wie die Drachenboge zwei Buge, aber kein Heck und somit auch zwei Steuerruder. Auf dem Schiff befindet sich ein von Standen getragener und mit Kreisen geschmückter Baldachin. Es handelt sich offenbar um eine rituelle Schiffsfahrt, die aus dem Kult des Tyr und der beiden Alcis stammen wird.

159

| *Bro Kyrka, 400-500 n.Chr.* | *Detailansicht* |

Diese Sonne hat zwölf Arme mit jeweils 4-5 Ecken. Sie scheint einst 44 Strahlen gehabt zu haben.

Links und rechts unter ihr ist jeweils ein Stab und ein Kreis zu sehen – die Speere und Schilde der beiden Alcis?

Noch weiter unten sind zwei Kreise zu sehen – die Schilde der beiden Alcis bzw.

die beiden Alcis als „kleine Sonnen". Der linke Kreis ist innen viergeteilt und außen sechsgeteilt. Der rechte Kreis ist siebengeteilt, was eine für die Germanen sehr ungewöhnliche Symmetrie ist. (Hier war möglicherweise ein Steinmetz am Werk, der an „moderner Kunst" interessiert war – vielleicht hatte er den Uranus an seinem Aszendenten stehen …).

Auf dem Schiff ganz unten steht ein Baldachin wie auf dem vorigen Bildstein aus Sanda.

Es hat zehn Ruder und wieder zwei Steuerruder. Es konnte also in beide Richtung fahren – so wie dies bei Drachenbooten üblich gewesen ist.

Links und rechts neben dem Hauptmotiv ist je eine Schlange zu sehen.

## VII 1. t)   Der zweite Bildstein von Bro Kyrka
*(400-500 n.Chr.)*

*Bro Kyrka, 400-500 n.Chr.*

Diese Sonne hat 12 bzw. 24 Arme.

Sie hat außen ca. 40 Strahlen, die sich wie bei dem Bildstein von Väskilde dadurch ergeben, daß rings um die Sonne eine Reihe von Kreisen läuft. Da der Bildstein von Sanda ca. 80 Strahlen hat, liegt hier wohl die „40" als die „große 4" und die „80" als die „große 8" vor (siehe auch den Band 47 über die Symbolik der Zahlen).

Über der Sonne sind rechts die Reste des Tyr-Sonnendrachens zu sehen. Was sich links von diesem Drachen befunden hat, ist leider nicht mehr zu erkennen.

Unter der Sonne befindet sich vermutlich nur eine einzige lange Schlange, die daher Tyr sein wird.

161

## VII 1. u)  Der Bildstein von Fornsalen
*(400-500 n.Chr.)*

*Fornsalen, 400-500 n.Chr.*

Dort, wo bei den anderen Bildsteinen die Sonne bzw. bei einem der Steine ein Tyr-Sonnendrache zu sehen ist, ist hier ein Hrungnir-Herz abgebildet, was noch einmal bestätigt, daß das Hrungnir-Herz ein Sonnensymbol gewesen ist.

Dieses Hrungnir-Herz (Dreieck) besteht aus den Köpfen eines Ebers (unten; großer Eckzahn), einer Schlange (links oben) und eines Vogels (rechts oben). Dies ist vermutlich der Eber des Freyr (Wiederzeugung), der Sonnendrachen des Tyr und der Adler-Seelenvogel des Tyr.

Der Mann sitzt in der Kundalini-Meditationshaltung, die im Yoga „Virasana" genannt wird (siehe auch „Kundalini" in Band 64). Neben ihm steigen zwei Schlangen auf. Dasselbe Motiv ist auch von den Goldhörnern von Gallehus bekannt, die zu derselben Zeit hergestellt worden sind. Dieser Mann wird Tyr mit seinen beiden Alcis-Söhnen sein.

Das „Zwirnsfaden-Ornament" oben, links und rechts hat auf den späteren Bildsteinen von der Insel Gotland die Jenseitsgrenze dargestellt.

# VII 1. v) Ein Bilder-Schild aus der Vendelzeit
*(550-800 n.Chr.)*

Aus der Vendelzeit ist der erste und einzige Schild erhalten, auf dem zumindestens einige mythologische Gestalten zu sehen sind.

Auf ihm befinden sich neben dem Schildbuckel, hinter dem sich der Griff zum Halten des Schildes befindet, zwei Vögel (Adler?) und noch zwei weitere Tiere, die Fische, aber auch Schlangen oder Drachen sein könnten.

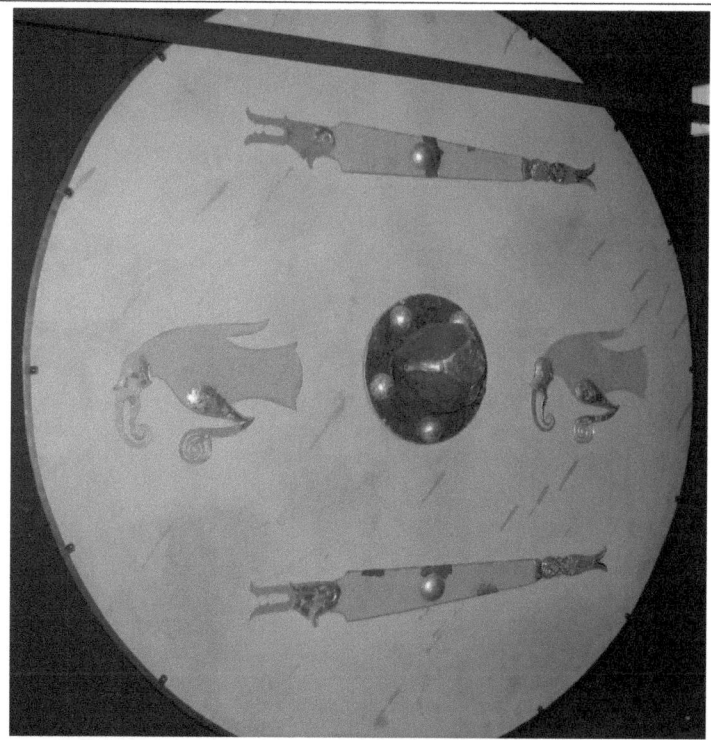

*Schild aus der Vendelzeit, Schweden, 550-800 n.Chr.*

## VII 1. w)  Der Schild von Sutton Hoo
*(650 n.Chr.)*

Um ca. 650 n.Chr. ist in England in Sutton Hoo ein König in einem Schiff bestattet worden. In diesem Schiffsgrab fand sich u.a. ein Schild, auf dem mehrere metallene Ornamente befestigt gewesen sind, von denen sich jedoch lediglich der Vogel (Adler?) sicher identifizieren läßt.

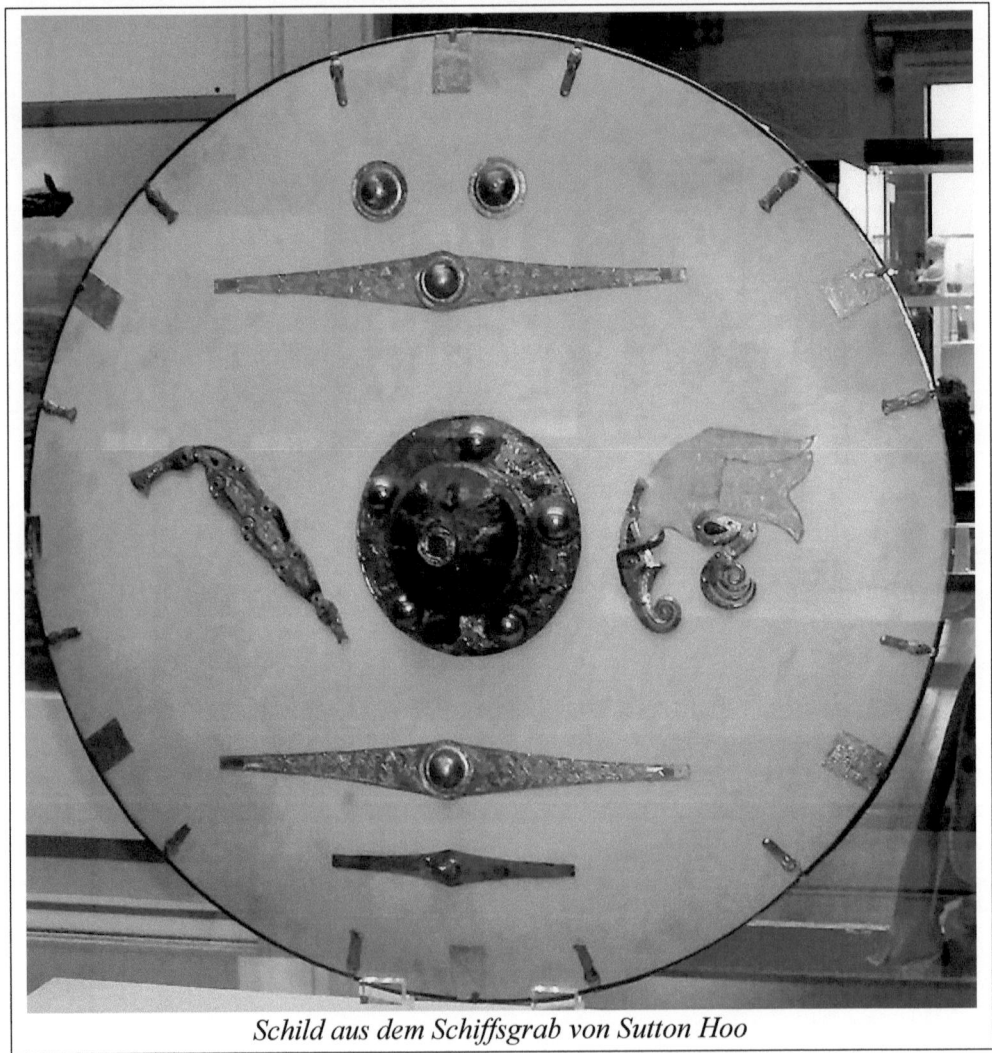

*Schild aus dem Schiffsgrab von Sutton Hoo*

## VII 1. x)   Ein Schild der Langobarden
### (650 n.Chr.)

Aus dieser Zeit ist auch der Schild eines Kriegers aus dem Germanen-Stamm der Langobarden bekannt. Er hat ein Zentrum, einen Rand und ist durch ein Kreuz viergeteilt. Dieser Schild hat offensichtlich das alte Sonnensymbol der skandinavischen Felsritzungen bewahrt. Am Rand ist jedoch fünfgeteilt, was für die Germanen sehr ungewöhnlich ist.

*Schild der Langobarden, Norditalien, 650 n.Chr.*

## VII 1. γ)  Beowulf-Epos
### *(700 n.Chr.)*

Aus dem in den folgenden Versen genannten Vergolden der Schilde läßt sich zumindestens auf eine Assoziation der Schilde mit der Sonne schließen.

Die „grimmigen Helme" sind möglicherweise Maskenhelme gewesen.


/ *Ein stolzer Krieger*
*frug die Helden  /  nach Heimat und Sippe:*
*„Woher kommt ihr  /  mit euren vergoldeten Schilden,*
*grauen Brünnen,  /  grimmigen Helmen* (Maskenhelm?)
*und der Vielzahl an Speeren?"*

... ... ...

*Daher werde ich es ablehnen,  /  – O Hygelac,*
*König aus meiner Sippe,  /  bleibe mir freundlich gesonnen! –*
*Flamme oder Schild  /  im Kampf zu tragen*
*oder den goldfarbenen Klein-Schild.*

... ... ...

*Leuchtend erschien  /  das Licht im Osten,*
*Der Glutschild Gottes –  /  glatt wurden die Wogen –,*
*Daß ich Berge am Ufer  /  erblicken konnte,*
*Windige Höhen.*

... ... ...

*Zu schmieden befahl  /  der Beschirmer der Krieger*
*Einen eisernen Schild,  /  des Adels Gebieter,*
*Als Wehr für den Kampf,  /  denn er wußte gar wohl,*
*Daß der Linde Holz  /  vor der Lohe nimmer*
*Ihn schützen würde.  /*


In diesen Versen werden die Vorbereitungen des Beowulf auf seinen Kampf gegen einen feuerspeienden Drachen beshrieben.

- - -


In diesen vier Texten werden Schilde aus Eisen und vergoldete Schilde beschrieben und die Sonne wird als „Glutschild" bezeichnet.

# VII 2.  Sonnen-Schilde und bemalte Schilde
# von 700n.Chr. bis 1200 n.Chr.

## VII 2. a)  Das Schild-Lied des Skalden Bragi Boddason des Alten
### *(820 n.Chr.)*

Aus dieser Zeit stammen zwei Beschreibungen eines Schildes mit mythologischen Szenen. Die erste der beiden findet sich in der Ragnarsdrapa des Skalden Bragi Boddason, der auch „Bragi der Alte" genannt wird.

Das Lied beginnt mit den folgenden Versen:

*Willst Du hören, Raben-Kessel,*
*wie ich die Flecken-bedeckte Sohlen-Klinge*
*des Diebes der Thrudr*
*und meinen Fürsten mit Geschick preise?*

Der Name *„Raben-Kessel"* könnte zwar ein Eigenname („Hrafna-Ketill") sein, aber da nicht bekannt ist, daß der Fürst Ragna Lodbröck so genannt worden ist, wird dies eine Kenning sein, die in etwa „Kessel mit dem Göttermet des Rabengottes Odin" bedeuten könnte und den Fürsten als den bezeichnet, der seinen Gästen Met anbietet. Zudem ist er auch eine Anspielung darauf, daß die Großzügigkeit des Fürsten es erst ermöglicht, daß der Skalde Bragi seine durch die Inspiration des Göttermets entstandenen Verse dichten und vortragen kann.

Die *„Sohlen-Klinge"* ist ein Schild: Die *„Klinge"* ist eine Waffe und die Waffe, die sich unter der *„Sohle"* befindet, ist der Schild des Riesen Hrungnir, auf die er sich stellte, als er von Thor angegriffen wurde. Daß Thors Tochter *„Thrudr"* entführt worden ist, ist ansonsten nicht bekannt. Lediglich der Tyr-Zwerg Alwis hat einmal um sie geworben – aber hat das aufgrund einer List des Thor nicht überlebt. Anscheinend spielte auch in dieser Thrudr-Mythe ein Schild eine wichtige Rolle. Da Hrungnir Thrudrs Mutter Sif und die Asin Freya entführen wollte, scheint es einen Zusammenhang zwischen diesen beiden Mythen zu geben.

Dies ist vermutlich eine Anspielung auf die häufige Mythe, in der der Tyr-Riese die als Wiederzeugungs-Geliebte aufgefaßte Jenseitsgöttin raubt – eine ziemlich fadenscheinige, aber effektive Umdeutung der alten Mythen, in der sich der Sommergott Tyr und der Wintergott Loki gegenseitig die Jenseitsgöttin geraubt haben, um wiedergeboren werden zu können. Nach der Absetzung des Tyr durch Thor und Odin war die Behauptung, daß Tyr ein „Frauen-Räuber" und „Mädchenschänder" war, eine der effektivsten Möglichkeiten, um die Menschen von dem Kult des Tyr abzubringen.

Die Beschreibung des Schildes als „Flecken-bedeckt" bezieht sich auf die Bilder auf ihm.

Am Ende des Liedes erwähnt Bragi diesen Schild noch einmal:

*Er wurde mir von dem Krieger des Feuers*
*des Flusses der Meeres-Fische gegeben:*
*Er gab es mir aus Großzügigkeit*
*für den Trank des Berg-Riesen.*

„Er" ist der Schild, den der Skalde Bragi von dem Fürsten Ragnar als Lohn für seine Lieder erhalten hat.

Der „*Fluß der Meeres-Fische*" ist das Meer. Das „*Feuer des Meeres*" ist das Gold (eine Analogie zu der goldenen Sonne im Meer während der Nacht). Der „*Krieger des Goldes*" ist der Fürst Ragnar, dem diese Drapa gewidmet ist.

Der „*Trank des Berg-Riesen*" muß der Göttermet sein, der auch die Dichtkunst verlieh, für die Bragi der Alte den Schild, den er hier beschreibt, erhalten hat. Der „*Berg-Riese*" muß daher Odin sein. In den früheren Mythen ist natürlich Tyr anstelle von Odin dieser „Berg-Riese" gewesen, d.h. der Gott Tyr in seinem Hügelgrab,

Die Anordnung der fünf Motive aus den Liedern des Bragi, die auf den Schild gemalt gewesen sind, könnte in etwa wie folgt ausgesehen haben – wobei das natürlich zunächst einmal nicht viel mehr als eine „vage begründete Arbeitshypothese" ist:

### *Ragnarsdrapa*

*1. Schildbuckel: Sonne (?)*
*2. Rand: Jörmunrek-Saga*
*3. Strahlen: Flechtmuster-Ornamente?*
*4. Innenfläche: Freya (Hedin und Högni)*
*5. Innenfläche: Thor und Jörmungandr*
*6. Innenfläche: Gefion*
*7. Innenfläche: Thiazi, Trivaldi*

## VII 2. b)   Skaldskaparmal
*(820 n.Chr.)*

In der Skaldskaparmal wird der Skalde Bragi der Alte noch ein zweites Mal von Snorri Sturluson zitiert:

*Bragi der Skalde sang dies über den Ring auf dem Schild:*

*Sofern Sigurds berühmter Sohn*
*nicht in guter Weise für die Ring-Nabe*
*des klingenden Rades der Hildr*
*Bezahlung erhielte.*

*Hier wird der Schild 'Rad der Hildr' und 'Ring der Nabe des Rades' genannt.*

Die Auffassung des Schildes als Rad ist sicherlich eng mit der Auffassung der Sonne als Rad verbunden gewesen – alle drei sind rund …

Mit dem „Ring" ist vermutlich nicht nur die Sonne (Sonnenring Draupnir), sondern auch der metallene Rand des Schildes gemeint.

## VII 2. c)   Oseberg-Schiff
*(834 n.Chr.)*

*Oseberg-Schiff, 834 n.Chr.*

Auf diesem Textilien-Fragment sind zwei Löwen in zwei Kreisen zu sehen. Der Ursprung dieser Art von Motiv könnte die Darstellung von Motiven aus den Mythen und Sagen auf den runden Schilden der Germanen sein. Die paarweise Darstellung ist insbesondere von dem Wandteppich von Bayeux gut bekannt. Möglicherweise halten die beiden Löwen eine Schlange im Maul – da dies jedoch ein für die Germanen sehr ungewöhnliches Motiv wäre, wird das „Lange" im Maul der beiden Drachen eher überlange Zungen sein.

Es wäre auch eine Assoziation zu den beiden Katzen der Freya denkbar. Schließlich könnten die Löwen auch noch die beiden Alcis darstellen.

### VII 2. d)   Die Schlacht von Hafrs-Fjord
*(872 n.Chr.)*

In dem Bericht über diese Schlacht werden die Schilde „weiß" genannt, was jedoch auch „leuchtend", d.h. „metallisch" und somit evtl. „golden" bedeuten könnte.
Die betreffende Strophe lautet:

*Sie waren beladen mit Kriegern und weißen Schilden,*
*mit Speeren aus dem Westen und Schwertern aus Frankreich.*
*Die Berserker heulten, die Ulfhedinn schrien,*
*und Schwerter klangen: Der Kriegs-Kampf war in vollem Gange.*

### VII 2. e)   Hrafnsmal
*(880 n.Chr.)*

Diese „Worte des Raben" wurden um ca. 880 n.Chr. von dem Skalden Thorbjorn Hornklaue verfaßt. In diesem Gespräch zwischen einer Walküre und einem Raben werden die Taten des Königs Harald Haarschön gepriesen.

In ihm werden „karmesinrote Schilde" genannt. Da die Germanen „Gold" als „rot" bezeichneten, wäre es denkbar, daß in den folgenden Versen goldene Schilde gemeint sind. Es wird sich nicht um Blut-verschmierte Schilde handeln, da sich die Szene nicht während oder kurz nach einem Kampf abspielt.

*Ich dachte, Du würdest den König kennen,*
*der in Kvinnar wohnt, den Herrn der Nord-Männer.*
*Unter seinem Befehl stehen hohe Schiffe mit roten Segeln*
*und karmesinroten Schilden, geteerten Rudern und Gischt-besprenkeltem Zelt.*

Das „Zelt" ist die kurz vor und hinter dem Mast aufgespannte Dach-förmige Plane, die Schutz vor Regen und Sonne bietet.


## VII 2. f)   Lied des Skalden Thjodolfr von Hvini
*(890 n.Chr.)*

Snorri Sturluson zitiert in seiner Edda zwei Doppelverse dieses Skalden, in denen gesagt wird, daß Odins Halle statt mit Schindeln mit Schilden bedeckt ist.

*Sie ließen auf ihren Rücken   /   – denn sie wurden mit Steinen beworfen –*
*Svafnirs Hallen-Schindeln leuchten   /   ... diese klugen Männer.*

Svafnir („Speer-Mann") ist ein Beiname des Odin gewesen und vor 500 n.Chr. vermutlich ein Beiname des Tyr.

Hier wird gesagt, daß Odins Saal Walhalla mit Schilden bedeckt ist und daß diese Schilde leuchten. Dem liegt das Bild des Sonnenschildes zugrunde. Die Schilde auf dem Dach von Walhalla sind der vervielfältigte Sonnenschild des Tyr, der um 500 n.Chr. von Thor und Odin als nordgermanischer Göttervater abgesetzt worden ist – Odin hat sie wenig respektvoll zu Dachschindeln zweckentfremdet.


## VII 2. g)   Das Schild-Lied des Skalden Thjodolfr von Hvini
*(890 n.Chr.)*

Nur wenig später berichtet auch der Skalde Thjodolfr von Hvini in seiner „Haustlöng" über einen Schild mit mythologischen Szenen, den er als Lohn für seine Lieder erhalten hat:

*Wie kann ich dieses Geschenk*
*einer Kriegs-Wall-Brücke entgelten?*
*Ich erhielt eine schön-geschmückte*
*Stimmen-Klippe von Thorleif.*

*Ich kann die ungewisse Situation*
*dreier Gottes-mutiger Asen sowie Thiazi*
*auf der glänzend fertiggestellten Seite*
*des Schlachten-Tuches sehen.*

*„Kriegs-Wall-Brücke"*, *„Stimmen-Kliff"* und *„Schlachten-Tuch"* sind alles Kenningar für den Schild, der im Krieg wie ein Wall schützt, der die Stimmen wie eine Klippe bricht, da er sich auch vor dem Mund befindet, und der aufgrund seiner flachen Form einem Tuch ähnelt.

Auf dem Schild sind drei Asen und der Riese Thiazi zu sehen. Wie sich im folgenden zeigt, sind die drei Asen Odin, Loki und Hönir. Diese Aufzählung bezieht sich auf die Idun-Mythe.

Die dargestellten Szenen müssen sehr fein und klein gearbeitet gewesen sein, da sonst nicht so viele Details, wie im folgenden berichtet werden, auf ihnen hätten dargestellt werden können. Selbst wenn nur die wichtigsten Szenen tatsächlich abgebildet waren und der Skalde Thjodolfr den Rest aus seinen Kenntnissen über diese Mythen hinzugefügt hat, sollte man auf einem Prunkschild wohl mehr als eine Szene für jede der beiden Mythen (Idun, Hrungnir) erwarten dürfen.

Am Ende des Liedes bezieht sich der Skalde Thjodolfr noch einmal auf den Schild, den er beschreibt:

*Dies ist auf meiner Sohlen-Brücke des Berg-Finnen abgebildet.*
*Ich habe die sich bewegende Klippe der Grenze,*
*die mit Schrecken geschmückt ist,*
*von Thorleif erhalten.*

Ein *„Finne"* ist ein Bewohner von Finnland. Da Finnland von Skandinavien aus gesehen im Norden lag, teilte es manchmal mit Niflheim die Jenseitssymbolik. Daher war „Finne" als Heiti für „Mensch" gut geeignet, wenn sie in einer Kenning für „Riese" benutzt wurde wie hier in *„Berg-Finne"* für Thiazi. „Finne", was wörtlich „Wanderer" bedeutet, wurde auch für Tyr als den Himmelswanderer (Sonne) benutzt. Der „Berg" ist das Hügelgrab – es ist also der Hügelgrab-Tyr, d.h. Tyr als Jenseits-Riese (Thiazi) gemeint.

Die *„Sohlen-Brücke des Berg-Finnen"* ist offensichtlich der Schild, den Thjodolfr von Thorleif erhalten hat und hier besingt. Die *„Sohlen-Brücke"* muß also etwas sein, das dann, wenn es sich auf einen Riesen bezieht, ein Schild ist. Eine „Brücke" ist zunächst einmal etwas, das sich unter den Füßen eines Wanderer befindet. Diese *„Sohlen-Brücke des Berg-Finnen"* ist offenbar der Schild unter den Füßen des Tyr-Riesen Hrungnir.

*„Die sich bewegende Klippe der Grenze"* ist ebenfalls der Schild, der fest und steil wie eine Klippe seinen Träger von seinen Gegnern abgrenzen, d.h. ihn vor ihnen schützen soll.

Die *„Schrecken"*, mit denen dieser Schild *„geschmückt"* ist, sind die Szenen aus der Idun-Mythe. Diese Umschreibung läßt vermuten, daß die Germanen bisweilen auf ihre Schilder Bilder malten, die ihre Feinde erschrecken sollten – so wie sie auch aus demselben Grund Drachenköpfe an ihren Langschiffen befestigten.

Thjodolfr beginnt auch den zweiten Teil seines Liedes mit einem Bezug auf die Bilder auf seinem Schild:

*Auf dem Kreis kann man auch sehen,*
*O Mann des Höhlen-Feuers,*
*wie der Schrecken der Riesen*
*dem Hügel der Stein-Stadt einen Besuch abstattete.*

Der „*Kreis*" ist der Schild, den der Skalde Thjodolfr von Thorleif erhalten hat.

Das „*Höhlen-Feuer*" ist das Gold – ein Grabschatz. Der „*Mann des Goldes*" ist der Fürst Thorleif, der dem Thjodolfr den Schild geschenkt hat, den dieser nun besingt. Aus der Verwendung dieser Kenning für Thorleif kann man nicht unbedingt schließen, daß Thorleif besonders reich war, denn die Fürsten wurden von den Skalden gerne auf vielfältige Weise als „freigiebige Besitzer des Goldes" bezeichnet, da sie sich einen Teil dieses Goldes als Lohn für ihre Dichtkunst erhofften.

Der „*Schrecken der Riesen*" ist Thor.

Die „*Stein-Stadt*" („Griotun") ist der Wohnort der Riesen (Utgard) oder das Hügelgrab – was letztlich dasselbe ist: ein Ort im Jenseits. Der „*Hügel der Stein-Stadt*" ist entweder der Berg, auf dem die Riesen wohnen, oder das Hügelgrab, in dem sie als Totengeister leben – was wiederum letztlich dasselbe ist.

Auch der zweite Teil dieses Lied endet wieder damit, daß Thjodolfr etwas über den Schild sagt. Es war zu der Zeit der beiden Skalden Bragi und Thjodolfr offenbar üblich, die Lieder über die Szenen auf den Ritual-Schilden mit einem Bezug zu diesen Schilden zu beginnen und auch zu beenden.

*Ich sehe diese Taten deutlich auf Geitirs Gesicht.*
*Ich habe die sich bewegende Klippe der Grenze,*
*die mit Schrecken geschmückt ist,*
*von Thorleif erhalten.*

„*Geitir*" bedeutet „Ziegenbock" (Geiß) und ist ein Männername. Unter anderem trug Sigurds hellsichtiger Onkel diesen Namen. Warum der Schild hier als „Geitirs Gesicht" bezeichnet wird, ist unklar. Da die Ziegenböcke in der Edda vor allem mit Thor assoziiert gewesen sind, könnte ein Zusammenhang mit dem Donnergott bestehen. Falls diese Vermutung zutrifft, müßte es eine Übertragung von dem Göttervater zu dem Donnergott gegeben haben, da der Schild ein Symbol der Sonne, also ein

173

„Sonnengesicht" und nicht ein Symbol des Thor gewesen ist. Solche Übertragungen finden sich bei den Indogermanen sehr oft.

Die Anordnung der Motive der beiden Mythen auf dem Schild könnte in etwa wie folgt ausgesehen haben, wobei dies wieder ziemlich spekulativ ist:

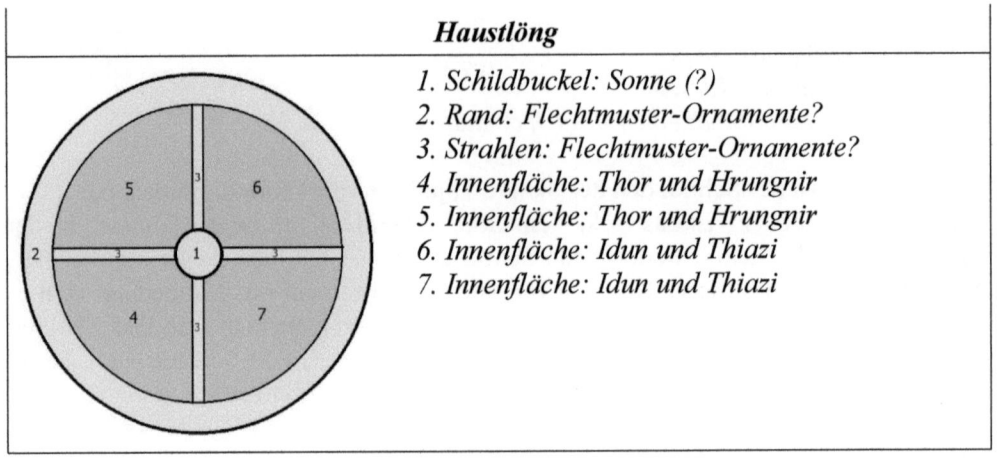

*Haustlöng*

1. *Schildbuckel: Sonne (?)*
2. *Rand: Flechtmuster-Ornamente?*
3. *Strahlen: Flechtmuster-Ornamente?*
4. *Innenfläche: Thor und Hrungnir*
5. *Innenfläche: Thor und Hrungnir*
6. *Innenfläche: Idun und Thiazi*
7. *Innenfläche: Idun und Thiazi*

### VII 2. h)   Vers des Skalden Thjodolfr von Hvini
*(890 n.Chr.)*

Snorri zitiert in der Edda einen Vers des Skalden Thjodolfr, in der gesagt wird, daß Odins Halle mit goldenen Schilden gedeckt ist. Diese goldenen Schilde werden eine Vervielfältigung des einen goldenen Sonnenschildes sein.

*Das Dach deckten denkende Künstler,*
*Steinschilde schimmerten über dem Saale Odins.*

Warum diese Schilde, die Odin dem Tyr geraubt hat, hier aus Stein sind, ist zunächst einmal unklar. Der einzige andere bekannte Steinschild ist der des Tyr-Hrungnir – und die Schilde auf Odins Halle werden der vervielfältigte Sonnenschild des Tyr sein.

### VII 2. i)  Die Hrungnir-Mythe
*(890 n.Chr.)*

Die Hrungnir-Mythe ist in vielen Liedern und Texten dargestellt worden und viele Kenningar enthalten Anspielungen auf sie. Die früheste bekannte Version ist um ca. 890 n.Chr. von dem Skalden Thjodolfr von Hvini verfaßt worden.

In dieser Mythe wird der Tyr-Riese von dem Thor-Priester Thialfi dazu überredet, sich vor dem Zweikampf mit Thor auf seinen Schild zu stellen, weil ihn Thor angeblich aus der Erde heraus angreifen würde. Darauf hin hat es Thor sehr leicht, Hrungnir zu töten.

Dies ist eine der vielen Sagen, in denen Thor den ehemaligen Göttervater Tyr als Jenseits-Riese tötet und dadurch den Wechsel in der Herrschaft in Asgard sichert.

Die Kombination des Tyr-Riesen Hrungnir, des Auftauchens der Thor aus der Erde und das Stehen des Hrungnir auf seinem Schild läßt sich am ehesten durch eine Umdeutung des Sonnenschildes des Tyr-Hrungnir erklären:

Der Sonnenschild steigt jeden Morgen aus der Erde auf. => Thor kommt aus der Erde heraus.

Die junge Morgensonne ist die von der Jenseitsgöttin wiedergeborene, alte Sonne, die am Abend gestorben ist. => Der junge Gott (Thor) tötet den alten Gott (Tyr).

Diese Mythe ist ausführlich in den Kapiteln über Hrungnir in Band 5 und in dem Band 17 über Thor betrachtet worden.


### VII 2. j)  Landnamabok
*(900 n.Chr.)*

Dieses Buch, das ca. 100 Kapiteln mit sehr vielen Details enthält, ist in einer Fassung von 1250 n.Chr. erhalten geblieben. Die Ereignisse, die in ihm beschrieben werden, haben zwischen 800 n.Chr. und 1000 n.Chr. stattgefunden. Vermutlich ist dieses Buch aus der mündlichen Überlieferung verschiedener Familiengeschichten sowie einiger in ihnen enthaltener Lieder entstanden.

Die folgenden Verse stammen ungefähr von 900 n.Chr.:

*Da sang Hromund:*

*„Stamm der flachen Boden-Kreise!*
*Mein Tod ist weder für diesen*
*noch für jenen Tag vorherbestimmt worden –*
*daher werde ich Ilms Aufruhr entgegengehen.*
*Ich sorge mich nicht darum, ob die Farben-Stäbe*
*der Kräuter des Hedin auf diesen*
*roten Schilden spielen werden: Die Spanne*
*meiner Tage wurde schon am Anfang bestimmt."*

flache Boden-Kreise = Schild (Anspielung auf die Hrungnir-Mythe: sein runder Schild liegt auf dem Boden); Stamm = Mensch; Schild-Mensch = Krieger, Fürst
Ilm = Göttin = Walküre; ihr Aufruhr = Kampf
Farbe = Blut; Blut-Stab = Schwert
Hedin = Held, Kräuter = Leinen = Kleidung; Helden-Kleidung = Kettenhemd
am Anfang = bei der Geburt (von den drei Nornen)

Kenning-freie Übersetzung: *„Krieger! Mein Tod ist weder für diesen noch für jenen Tag vorherbestimmt worden – daher werde ich in die Schlacht ziehen. Ich sorge mich nicht darum, ob die Schwerter auf diese roten Schilden schlagen werden: Die Spanne meiner Tage wurde schon bei meiner Geburt festgelegt."*

Da die Germanen das Gold als „rot" bezeichneten, könnte es sich hier um gold-beschlagene Schilde handeln.


### VII 2. k)  Glymdrapa
*(930 n.Chr.)*

In diesem Loblied des Skalden Thorbjörn Hornklaue werden Schilde mit „Sonnen" umschrieben: *„hervorstehende Sonnen der galoppierenden Rosse des Gripnir"* – Gripnir ist ein Seekönig (Wikingerfürst); seine Rosse sind seine Drachenschiffe; deren „hervorstehende Sonnen" sind die an der Bordwand hängenden Schilde.

## VII 2. l)  Grimnir-Lied
*(930 n.Chr.)*

Im Laufe der Zeit wurde die Sonne als Schild zu einem Schild vor der Sonne bzw. vor der Sonnengöttin umgedeutet:

*Arwak und Alswid sollen immerdar*
*Schmachtend die Sonne führen.*
*Unter ihre Bugen bargen milde Mächte,*
*Die Asen, Eisenkühle.*

*Swalin heißt der Schild, der vor der Sonne steht,*
*Der glänzenden Gottheit.*
*Brandung und Berge verbrennten zumal,*
*Sänk er von seiner Stelle.*

Der Name „Swalin" oder „Svalin" bedeutet „Kühler" und bezeichnet seine Funktion.

Der Name „Isarnkol" („Eisenkühle") wird wohl nicht der Name der beiden Blasebälge, sondern der Name dieses offensichtlich Schildes sein. Dieser Schild ist vermutlich u.a. deshalb aus Eisen und nicht aus Holz, damit er nicht in der Hitze der Sonne verbrennt. Der Eisenschild erinnert an den Steinschild des Tyr-Hrungnir.

Schließlich ist „Eisen" auch noch ein Symbol des Jenseits, da man einst Eisen vor allem aus den eisenhaltigen Meteoriten kannte, die man als vom herabgefallene Stücke des Himmels ansah.

Der Name „Kol" ist auch ein Beiname des Tyr-Riesen, wobei er dann als „Kohle, Schwarzer" verstanden wird. „Isarnkol" könnte also auch mit „Jenseits-Tyr" übersetzt werden – dies wäre dann eine Erinnerung an den einstigen Sonnengott-Göttervater Tyr.


## VII 2. m)  Egil-Saga
*(950 n.Chr.)*

Diese Saga wurde um 1220 n.Chr. niedergeschrieben. Der Skalde Egil lebte von ca. 910 n.Chr. bis 990 n.Chr. Die beschriebenen Ereignisse fanden daher ungefähr um 950 n.Chr. statt. Da diese Saga sehr wahrscheinlich auf eine recht genaue mündliche Überlieferung zurückgeht, kann man davon ausgehen, daß die in ihnen beschriebenen Dinge und Ereignisse die Ansichten der Isländer um 950 n.Chr. so genau widerspiegeln, daß man diesen Text für die Darstellung dieser Zeit benutzen kann.

In dieser Saga finden sich fünf für das Verständnis der Schilde interessante Textstellen.

## 1.

In dieser Saga findet sich eine Beschreibung von „glänzenden Schilden", die demnach wahrscheinlich mit Beschlägen aus Bronze oder Gold versehen waren.

*Und nun konnte man vom Thing aus sehen, daß eine Schar Männer mit glänzenden Schilden den Kluft-Bach herabgeritten kamen.*

## 2.

In der Beschreibung des Festes, das Thorolf für König Harald in Halogaland ausrichtete, wird berichtet, daß an den Wänden der Halle viele Schilde hingen.

*Thorolf ließ eine große Getreidekammer herrichten, damit in ihr das Trinkfest stattfinden konnte, den es gab keine Halle, die groß genug war, um so viele Männer aufzunehmen. Und überall in dem Gebäude wurden Schilde aufgehangen.*

Diese Schilde sollten den Raum offenbar festlich gestalten. Das bedeutet, daß in Fürstenhallen und evtl. auch in Tempeln oft Schilde an den Wänden gehangen haben werden.

## 3.

In der Egil-Saga wird auch ein mit Szenen aus alten Geschichten bemalter Schild erwähnt:

*Der Jarl wollte nicht, daß Einar schon fortging. Daher erbat er den Vortrag des Liedes über Hakon den Guten und gab Einar anschließend einen Schild, der eine sehr wertvolle Arbeit war. Er war mit alten Geschichten beschrieben und zwischen der Schrift war er mit Goldornamenten und Edelsteinen besetzt.*

Es ist anzunehmen, daß die Geschichten vermutlich nicht wirklich „geschrieben", sondern vor allem „gemalt" gewesen sind. Allerdings bedeutet der Hinweis auf die

„Schrift", daß es auch Runen-Kommentare zu den Bildern o.ä. gegeben hat.

## 4.

Später schenkte der Skalde Einar Klingel-Waage den eben beschriebenen Schild dem ein wenig cholerischen Skalden Egil – nicht ganz ohne Hintergedanken …

*Es wird erzählt, daß Einar Klingel-Waage dorthin gekommen war und daß er den Schild als ein Geschenk für Egil dortgelassen hatte.*

*Da sagte Egil: „Dieser elende Kerl! Gibt mir einfach diesen Schild! Der will, daß ich wach bleibe und ein Lied über diesen Schild dichte! Bringt mir sofort mein Pferd! Ich muß ihm nachreiten und ihn umbringen!"*

*Da sagte man ihm, daß Einar am frühen Morgen fortgeritten war. „Er wird inzwischen," sagte man, „schon bis nach Westen zu den Tälern gekommen sein."*

*Kurze Zeit später dichtete Egil ein Lied, das mit den folgenden Versen begann:*

*„O Schild, des Schiffes glänzender Wächter,*
*um diesmal Dich zu priesen*
*wurde des Schatz-Senders Geschenk*
*heim zu mir gesandt.*
*Klingel-Waage hat gewiß*
*die Zügel der Skalden-Kunst*
*einem geschickten Führer anvertraut –*
*Stimmt's, ihr, die ihr meinem Lied lauscht?"*

Schiffs-Wächter = Schilde an der Bordwand der Drachenschiffe
Schatz-Sender = Einar Klingel-Waage; sein Geschenk = der bemalte und beschriebene Schild
geschickter Führer der Zügel der Skaldenkunst = Skalde, hier: Egil
die letzten vier Zeilen: Die Skalden stellten ihr Licht nicht unter den Scheffel …

*Egil und Einar blieben Freunde solange sie lebten.*

*Aber über das Schicksal des Schildes ist zumindestens dies zu sagen, daß Egil es mit sich zu der Hochzeit nahm, als mit Thorkettle Gunnvald-Sohn und Rot-Björns Söhnen Trefill und Helgi nach Broadmoor ging. Dort wurde der Schild dadurch verdorben, daß er in ein Faß mit saurer Molke fiel.*

*Danach ließ Egil die äußeren Ornamente abnehmen – es waren an ihm Verzierungen von zwölf Unzen an Gold.*

Zwölf Unzen sind 340g. 340g Gold haben ein Volumen von 17cm³. Bei einer Dicke des für die Ornamente benutzten Goldbleches von 0,6mm ergibt dies eine Größe des Goldbleches von 283 cm². Bei einem Durchmesser des Schildes von ca. 90cm käme man auf einen goldenen Randstreifen von ca. 1cm breite. Das ist für „Ornamente" zu wenig, wenn diese den ganzen Rand umgeben haben sollten – zumal der Schild sicherlich dicker als nur 1cm gewesen ist.

Daher werden die Ornamente wohl eher einzelne Elemente am Rand des Schildes oder einzelne goldene Motive innerhalb der Bilder auf dem Schild (ähnlich wie bei dem Schild von Sutton Hoo) gewesen sein – immer unter der Voraussetzung, daß die Angabe „12 Unzen" einigermaßen präzise ist und nicht einfach ein symbolisches „viel" darstellt.

5.

*Eines Sommers kam ein Schiff und fuhr in die Loam-Bucht, das von einem Mann mit dem Namen Thormod gesteuert wurde. Er war ein Norweger, ein Bauer des Thorstein Thora-Sohn. Er hatte einen Schild bei sich, den Thorstein dem Egil Skallagrimson sandte und der eine große Kostbarkeit war.*

*Thormod brachte Egil den Schild und dieser nahm ihn dankend an. Im folgenden Winter dichtete Egil ein Lied über den Schild – es wird 'Lied des Schildbuckel-Schildes' genannt und dies ist sein Anfang:*

*„Lausche dem Fluß der Verse,*
*die aus dem langhaarigen Odin strömen,*
*o Lehnsmann eines Königs, und gebiete*
*Deinem Volk gebührendes Schweigen zu wahren!*
*Für Dich, Herr der See-Raben,*
*soll von des Adlers Schnabel*
*oft der Schauer der Lieder regnen*
*und in Hordas Halle gehört werden!"*

Fluß, strömen, Odin = Odins Skaldenmet ist die Inspiration der Dichter

See-Raben = Schiffe; Schiffs-Herr = Wikinger-Fürst

Adler = Seelenvogel des Tyr/Odin; Odin raubte in Adlergestalt den Skaldenmet und ließ ihn dann in Asgard in Gefäße fließen

Horda = Stamm in Norwegen; Hordas Halle = Halle des Fürsten

# VII 2. n)  Lachstal-Saga
## *(950 n.Chr.)*

Diese Saga wurde um ca. 1250 niedergeschrieben und berichtet über Ereignisse aus der Zeit von 880-1020 n.Chr. Die zwei folgenden Szenen fallen ungefähr in die Zeit um 950 n.Chr.

### 1.

In dieser Szene wird ein roter Schild mit einem goldenen Kreuz auf ihm beschrieben. Es wäre durchaus denkbar, daß es sich dabei wie bei den „Draupnir-Kreuzen" auf den Runensteinen um eine Umdeutung des alten germanischen „Kreuz im Kreis"-Sonnensymboles handelt. Dieses Kreuz wird hier allerdings „Heiliges Kreuz" genannt, womit auch das christliche Kreuz gemeint sein könnte.

*Kjartan tat wie ihm von seinem Vater geheißen ward. Er nahm die scharlachroten Kleider, die ihm König Olaf bei ihrem Abschied gegeben hatte und kleidete sich in bunte Farben; er gürtete sein Schwert, das ein Geschenk des Königs war; und auf seinem Haupt trug er einen vergoldeten Helm und an seiner Seite einen roten Schild, auf das in Gold das Heilige Kreuz gemalt war; in seiner Hand hielt er einen Speer, dessen Spitzen-Halterung mit Gold eingelegt war.*

### 2.

*Olaf ging vor zum Bug und war wie folgt gekleidet: Er trug ein Kettenhemd, einen rotgoldenen Helm auf seinem Haupt, er war mit einem Schwert gegürtet, dessen Griff mit Gold eingelegt war und in seiner Hand hielt er einen Speer mit Widerhaken, der schön ziseliert und graviert war. Vor sich hielt er einen roten Schild, auf den ein goldener Löwe gemalt war.*

Dieser Schild des Königs Olaf hat sich schon sehr der mittelalterlichen Heraldik angenähert.

# VII 2. o  Sigurdardrapa
*(960 n.Chr.)*

Um ca. 960 n.Chr. hat der Skalde Cormac ein Loblied auf Jarl Sigurd in der Form einer Drapa verfaßt.

In vier der acht erhaltenen Strophen dieses Liedes findet sich in der vierten Zeile der Strophe, also an ihrem Ende, ein Vers mit einer mythologischen Aussage, der mit der übrigen Strophe nichts zu tun zu haben scheint.

Es stellt sich somit die Frage, welche Funktion diese vier Verse im Zusammenhang mit diesem Loblied hat. Diese vier Verse sind in der folgenden Übersetzung dieses Liedes fett gedruckt.

Die Reihenfolge der Strophen ist unsicher, da sie in der Skaldskaparmal einzeln zitiert werden. Lediglich Strophe drei und vier gehören sicher hintereinander, da sie gemeinsam in dieser Reihenfolge in der Heimskringla erscheinen.

*Sohn des wahren Freundes des Harald,*
*öffne Dein Ohr und höre mich:*
*Ich beginne mein Lied, den Hefe-Strom*
*von Syrs schneebedeckten Ungeheuern.*

Sohn des Freundes des Königs Harald = Jarl Sigurd

schneebedeckte Ungeheuer = Berge; Syr = Freya; Freyas Berge = Norwegen; Hefe-Strom = mit Hefe gebrautes Bier = Skaldenmet; norwegischer Skaldenmet = das Lied des Cormac

*Ich dichte eine Fülle von Lobliedern*
*für Hakons großen Sohn:*
*Ich zahle ihm das Lied-Sühnegeld der Götter.*
***Thor sitzt in seinem Wagen.***

Lied-Sühnegeld der Götter = Dichtung

*Niemand mangelt es an Teller oder Kelch,*
*keinen der Gäste, die den Großzügigen aufsuchen:*
*Sigurd den Freigiebigen, der seine Ahnenreihe*
*bis zu den Riesen zurückverfolgen kann.*

Riesen = Tyr-Riese (Sigurd stammt von Tyr ab)

182

*Denn Sigurds Hand ist gefüllt und geöffnet;*
*er ist der Wächter der Tempel.*
*Er liebt die Götter, seine freigiebige Hand*
*verteilt seine Schwert-Ernte über das Land.*

   Schwert-Ernte = Kriegs-Beute

*Der Geber der Länder, der die Segel*
*an den Mast bindet, belohnt mit Goldringen den,*
*der des Gottes Vers-Met ausschenkt.*
***Odin schlug Rindr mit Seidir in seinen Bann.***

   Geber der Länder = Sigurd, der Teile des Landes an seine Krieger verschenkt
   Segel an den Mast binden = in See stechen (auf Raubzüge)
   den Vers-Met des Gottes (Odin) ausschenken = dichten

*Der Pfahl des tödlichen Schwert-Zweiges*
*ist größer als die meisten*
*in dem Lärm der Pfeile; das Schwert erlangt*
*das Land für den furchtlosen Sigurd.*

   Schwert-Zweig = Schwert; Pfahl = Mann; Schwert-Mann = Krieger, hier Sigurd
   Lärm der Pfeile =Schlacht

*Der Kampf schwoll an, als sich der Krieger,*
*dieser frohgemute Fütterer des Fenrir,*
*mit Odins singender Feuerflamme mitten ins Getümmel stürzt.*
***Urd kommt aus der Quelle.***

   Fenrir = Wolf; Wolfs-Fütterer = Krieger (er füttert die Wölfe mit Leichen)
   Odins Feuerflamme = Schwert; singen = summendes Zischen der Schwertklinge
beim Zuschlagen

*Ich bitte den verehrten Herrscher*
*von Yngvis Volk,*
*seine Bogen-schüttelnde Hand über mich zu halten.*
***Odin trug seinen Speer Gungnir bei sich.***

   bogenschüttelnd = kampfbereit, mächtig

Die vier Schlußverse, die ohne Zusammenhang mit dem Loblied zu sein scheinen, stellen jeweils eine prägnante mythologische Szene dar:

> *Thor sitzt in seinem Wagen.*
> *Odin schlug Rindr mit Seidir in seinen Bann.*
> *Urd kommt aus der Quelle.*
> *Odin trug seinen Speer Gungnir bei sich.*

Es wäre denkbar, daß sich diese vier Verse auf Bilder in der Halle des Jarls Sigurd beziehen, der zusammen mit Hakon eine Renaissance des alten germanischen Glaubens in dem zunehmend christianisierten Skandinavien anstrebte. Über solche Bilder wird auch in dem Lied „Husdrapa" („Haus-Lied") berichtet.

Möglicherweise bildeten diese vier Bilder die vier Viertel eines bemalten Schildes, die in etwa wie folgt angeordnet gewesen sein könnten, wobei diese Zuordnung natürlich nur eine Vermutung ist:

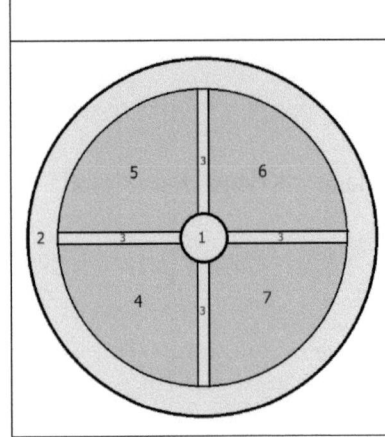

### *Sigurdardrapa*

*1. Schildbuckel: Sonne*

*2. Rand: Ornament*

*3. Strahlen: Flechtmuster-Ornamente*

*4. Innenfläche: „Thor sitzt in seinem Wagen."*

*5. Innenfläche: „Odin schlug Rindr mit Seidir in seinen Bann."*

*6. Innenfläche: „Urd kommt aus der Quelle."*

*7. Innenfläche: „Odin trug seinen Speer Gungnir bei sich."*

## VII 2. p)   Rätsel aus dem Exeter-Buch
### *(960 n.Chr.)*

Die Lösung eines der Rätsel aus dem Exeter-Buch ist „Schild". Auf diese Lösung wird mithilfe der Sonnen-Rune „Sowilo" hingewiesen, die sich unter dem Rätsel befindet – man kannte damals offenbar noch den „Sonnen-Schild".

*Ich bin von Natur aus einsam, / von Eisen verletzt*
*und vom Schwert verwundet, / kampfesmüde.*
*Ich sehe oft das Gesicht des Krieges / und kämpfe*
*gegen verhaßte Feinde / ich habe keine Hoffnung,*
*daß mir jemand / in der Hitze des Kampfes zu Hilfe eilt,*
*bevor ich schließlich / getötet werde.*
*In der befestigten Stadt / werden scharf schneidende Schwerter*
*geschickt von Schmieden / in der Flamme geschmiedet,*
*die tief in mich beißen. / Ich kann nur auf*
*einen noch schrecklicheren Angriff warten; / ich brauche nicht*
*auf die Ärzte / in der Stadt zu hoffen,*
*die schwere Wunden / mit Wurzeln und Kräutern heilen.*
*Die Narben von den Wunden / klaffen weiter und weiter*
*und Todesschläge erleide ich / Tag und Nacht.*

ᛡ

## VII 2. q)  Hakonardrapa
*(962 n.Chr.)*

In der Drapa des Skalden Tindr Hallkelsson auf König Hakon umschreibt er einen Kampf mit der Kenning *„Wut der Sonnen des Streitwagens des Gymir ".* Die „Sonne" ist hier eine Heiti für „Schild": Gymir ist ein Seekönig (Wikingerfürst); sein Streitwagen ist ein Schiff; die Sonnen des Schiffes sind die an der Bordwand hängenden Schilde; die Wut der Schilde ist ein Kampf.

Man konnte offenbar sowohl die Sonne als Schild ansehen als auch einen Schild mit „Sonne" umschreiben. Dies zeigt, daß die Sonne selber als Schild aufgefaßt worden ist. Man kann vermuten, daß möglicherweise der Schild der Germanen u.a. deshalb rund ist, damit er die Sonne darstellte und auf diese Weise die Kraft der Sonne und die des Sonnengott-Göttervaters Tyr in den eigenen Schild hereinrief.

## VII 2. r)  Kormak-Saga
*(980 n.Chr.)*

In einem der vielen Lieder in dieser Saga, die ungefähr zwischen 950 n.Chr. und 1000 n.Chr. von dem Skalden Kormak verfaßt worden sind, werden *„bunt bemalte*

*Schilde*" erwähnt. Es wird allerdings nicht gesagt, ob dies „Bunte" abstrakte Muster, Ornamente oder konkrete Dinge, Menschen und Götter sind.

Die beiden betreffenden Verse lauten:

*Der Waffe, die auf der Wiese mäht,*
*begegnete ich mit dem bunt bemalten Schild.*

Hier wird das Schwert einer Sense verglichen.

### VII 2. s)  Thorsdrapa
*(985 n.Chr.)*

In diesem Lied werden die Riesen mit *„Feinde der schönen Göttin des Himmelsschildes"* umschrieben. Zu dieser Zeit ist die Sonne entweder als ein Schild am Himmel aufgefaßt worden – oder die Umschreibung der Sonne als „Schild" war eine eingängige Heiti für die Sonne. Die *„Göttin des Himmelsschildes"* ist die Sonnengöttin.

Wenig später werden die Riesen als *„Hasser des Schildes des ewig brennenden Feuers"* bezeichnet.

Diese zweifache Umschreibung der Sonne mithilfe einer Kenning, die das Wort „Schild" verwendet, macht es recht wahrscheinlich, daß die Sonne damals tatsächlich noch immer als ein goldener, glühender Schild aufgefaßt worden ist.

### VII 2. t)  Die Siedler von Eyre
*(1000 n.Chr.)*

In diesem Lied wird ein blauer Schild mit Goldornamenten o.ä. beschrieben:

*Thorleif kaufte das beste Pferd, das er bekommen konnte. Er hatte einen schöngefärbten Sattel und ein schöngeschmücktes Schwert, ein Speer, in den Gold eingelegt worden war. Sein Schild war dunkelblau und reich vergoldet. Alle seine Kleider waren aufs beste hergestellt worden.*

## VII 2. u)   Der Seherin Ausspruch
### *(1000 n.Chr.)*

Hrym ist sehr wahrscheinlich ursprünglich der ehemalige Göttervater Tyr als Riese im Jenseits gewesen. Daher könnte „Hrym mit dem Schild" mit der Darstellung des Tyr mit Schwert und Schild auf einem der beiden Goldhörner von Gallehus überein-stimmen. Der Schild des Tyr wird zwar selten erwähnt, aber da er ausdrücklich „Schwertgott" genannt wird und Schwert und Schild damals zusammengehörten, ist Tyr auch der „Schildgott".

Das „Erheben des Schildes" ist auch eine Umschreibung für eine Kriegserklärung und für den Beginn eines Kampfes.

*Hrym fährt von Osten und hebt den Schild,*
*Jörmungand wälzt sich im Jötunmute.*
*Der Wurm schlägt die Flut, der Adler facht,*
*Leichen zerreißt er; los wird Naglfar.*


## VII 2. v)   Grimnir-Lied
### *(1000 n.Chr.)*

Dieses Lied ist sicherlich schon deutlich älter als der Zeitpunkt seiner Niederschrift, da es ein Merkgedicht ist, das Listen von mythologische Themen wie z.B. den Hallen der Götter enthält. Vermutlich liegen seine Ursprünge vor 1000 n.Chr., da zu diesem Zeitpunkt das Christentum als offizielle Religion in Island eingeführt worden ist.

In ihm werden die Schilde (des Tyr) auf dem Dach von Odins Saal Walhalla be-schrieben.

*Gladsheim heißt die fünfte, wo golden schimmert*
*Walhalls weite Halle:*
*Da kiest sich Odin alle Tage*
*Vom Schwert erschlagne Männer.*

*Leicht erkennen können, die zu Odin kommen,*
*Den Saal, wenn sie ihn sehen:*
*Aus Schäften ist das Dach gefügt und mit Schilden bedeckt,*
*Mit Brünnen die Bänke bestreut.*

*Leicht erkennen können, die zu Odin kommen,*
*Den Saal, wenn sie ihn sehen:*
*Ein Wolf hängt vor dem westlichen Tor,*
*Über ihm dräut ein Aar.*

## VII 2. w)  Rögnvaldsdrapa
*(1040 n.Chr.)*

In diesem Loblied auf Jarl Rögnvald umschreibt der Skalde Arnor Jarl-Skalde Thordarson einen Kampf mit der Kenning *„Furcht-Schauer von Reihen von gravierten Schilden"*. Die Frucht-Schauer sind Speere oder Pfeile.

Die Schilde scheinen dieser Kenning zufolge nicht nur bemalt, sondern auch beschnitzt worden zu sein – ähnlich den Portalen der Tempel, den Bugen der Drachenschiffe und der späteren Stabkirchen.

## VII 2. x)  Skaldskaparmal
*(1140 n.Chr.)*

*Und so sang Einarr Skula-Sohn:*

*Dahin, wo zwischen den Schnitzereien*
*die Träne der Mardöll liegt,*
*schlagen wir mit der Schilder-spaltenden Axt,*
*die von der Schlange Lager-Gold angeschwollen ist.*

Mardöll = Freya; ihre Träne = Gold (Gold-Einlegearbeiten o.ä. auf dem Schild), evtl. der goldene Schildbuckel

Schlange = Totengeist in der Grabkammer eines Hügelgrabes; deren Lager = Grabschatz = Gold; die Axt ist mit Gold eingelegt („von Gold angeschwollen")

## VII 2. y)  Skaldskaparmal
*(1140 n.Chr.)*

In seinem Skaldenkunst-Lehrbuch zählt Snorri Sturluson die Möglichkeiten auf, wie man das Wort „Schild" umschreiben kann. In dieser Liste findet sich auch die folgende Kenning:

*'Rodis Dach', so wie Einarr gesungen hat:*

*Der Augen-Regen der Bettgenossin des Od*
*ist nicht das Schlechteste*
*an diesem starken Eis des Daches des Rodi.*
*Möge dieser König ein hohes Alter erreichen!*

Od = Odin; dessen Bettgenossin = Freya; Augen-Regen = Tränen; Tränen der Freya = Gold
Rodi = Seekönig; Dach des Rodi = Schild; Eis = meistens: silbriges Metall, Silber, hier jedoch: Platte, Planke, Bretter
Hier wird ein mit Gold und Silber eingelegter Schild beschrieben.

## VII 2. z)   Die Schlacht der Goten und der Hunnen
*(1050 n.Chr.)*

Diese Geschicht über Angantyr ist zwischen ca. 1180 n.Chr. und 1250 n.Chr. niedergeschrieben worden, aber sie enthalten viele ältere Teile und gehen inhaltlich bis zu den Kriegen zwischen den Goten und den Hunnen während der Völkerwanderungszeit zurück. Die Zeitangabe „1050 n.Chr." für das Alter der folgenden Verse ist daher sehr ungewiß.

*Angantyr erwiderte:*
*„Der gleißend-weiße Schild wird gespalten werden, mein Bruder,*
*und kalter Speer wird mit kaltem Speer zusammenprallen, und viele Männer*
*werden ins Gras sinken, bevor ich Tyrfing zweiteile*
*oder Dir die Hälfte der Erbschaft gebe, Du Kind des Humli!"*

„Tyrfing" („Tyr-Finger") ist ein magisches Schwert, das nach dem Schwertgott und ehemaligen Göttervater Tyr benannt worden ist.
Die Farbe „gleißend-weiß" wird bedeuten, daß die Schilde mit Gold oder Bronze überzogen und Gold-farben gewesen sind. Dies könnte ein Hinweis darauf sein, daß man die Schilde als Sonnen aufgefaßt hat.

## VII 2. aa)   Lied des Skalden Hallvardr
*(1150 n.Chr.)*

In einer Strophe in seiner Knutsdrapa sagt der Skalde Hallvardr, daß die Schilde zumindestens teilweise mit Bildern bemalt gewesen sind:

*Der Herr der Kämpfe*
*sieht die rot-glühende Ring-Erde*
*in zwei Teile zerbersten: die weiße Scheibe,*
*die bebilderte, bricht entzwei.*

„Ring-Erde" ist eine Umschreibung für „Schild" – sie ist rund („Ring") und sie ist eine Fläche („Erdoberfläche").


## VII 2. ab)   Der viergeteilte Ring auf den Runensteinen
*(1050 n.Chr.)*

Auf den jüngeren Runensteinen ist der Sonnenschild zu dem Ring Draupnir geworden, der fast immer mit einer Vierer- oder Achterteilung kombiniert wird. Diese aus den Sonnensymbolen in den skandinavischen Steinritzungen weiterentwickelten „Kreuz-Kreise" sind sehr weit verbreitet gewesen. Die folgenden Bilder sind nur drei Beispiele für sie – eine größere Anzahl von Abbildungen findet sich in dem Kapitel „Sonne" in Band 48.

Ob diese Symbole noch als Sonnenschild aufgefaßt worden sind, ist unklar – vermutlich hat man sie so gut wie immer als goldene Ringe aufgefaßt.

| Runenstein von Husaby: Sonnenscheibe als vier-geteilter Draupnir-Ring ca. 1050 n.Chr. | Runenstein von Frugaerden: viergeteilter Draupnir-Ring ca. 1050 n.Chr. | Runenstein von Sjonhem: viergeteilter Draupnir-Ring ca. 1050 n.Chr. |
|---|---|---|

## VII 2. ac)  Sigdrifa-Lied
### (1100 n.Chr.)

Der Zeitpunkt, zu dem dieses Lied verfaßt worden ist, ist sehr unsicher – vermutlich irgendwann zwischen 800 n.Chr. und 1200 n.Chr. Die Art der verwendeten mytholo-gischen Bilder, die sich z.T. auf Tyr beziehen, läßt auf ein eher großes Alter schließen. Die Annahme, daß es um 1100 n.Chr. verfaßt worden ist, ist also eine sehr vorsichtige Schätzung.

In diesem Lied wird ein Schild vor der Sonne erwähnt – statt die Sonne als Schild. Dieser Übergang findet sich auch an anderen Stellen in der germanischen Überlie-ferung.

*Er gebot die Runen auf den Schild zu schreiben  /  vor der leuchtenden Göttin,*
*auf Arvakrs Ohr  /  und auf Alsvids Huf,*
*auf das Rad des Wagens  /  des Töters des Hrungnir,*
*auf Sleipnirs Zähne,  /  auf Bragis Zunge.*

Arvakr und Alsvid sind die beiden Rosse, die den Sonnenwagen ziehen.
„Hrungnirs Töter" ist Thor.

191

## VII 2. ad)   Die Saga über Hervor und König Heidrek den Weisen
### (1100 n.Chr.)

*Als der König dies hörte, ließ er sein Messer auf die Tafel fallen und erhob sich von der Tafel und legte seine Brünne an. Er nahm einen weißen Schild in die eine Hand und das Schwert Tyrfing in die andere.*

Der weiße Schild symbolisiert die friedliche Absicht – aber das Ergreifen des Schildes und des Schwertes zeigt, daß sich der König des Friedens jedoch nicht ganz sicher ist.

Vielleicht ist mit „weiß" auch nur „glänzend" gemeint.


## VII 2. ae)   Die Saga über Hervor und König Heidrek den Weisen
### (1100 n.Chr.)

In dieser Textstelle bedeutet „weiß" recht sicher „glänzend" oder „bronzefarben". Vermutlich sind die drei Adjektive „Gold-überzogen", „vergoldet" und „weiß" hier gleichbedeutend.

*Eines Morgens stand Hervor bei Sonnenaufgang auf dem Turm über dem Eingang der Festung. Sie sah im Süden in der Nähe des Waldes eine große Staubwolke, die für eine lange Zeit die Sonne verbarg. Dann sah sie etwas unter der Staubwolke glänzen und es schien ihr, als würde sie auf Gold blicken: schöne, mit Gold überzogene Schilde, vergoldete Helme und weiße Brünnen.*


## VII 2. af)   Lokasenna
### (1100 n.Chr.)

Das Alter dieses Liedes läßt sich sehr schwer einschätzen – es ist denkbar, daß es dieses Lied schon 200 Jahre oder mehr gegeben hat, bevor es um ca. 1220 n.Chr. aufgeschrieben wurde.

In ihm wird „leuchtendes Gold" erwähnt, mit dem der Meeres-Riese Ägir (Tyr in der Wasserunterwelt) seine Halle erhellt. Dieses leuchtende Gold des Tyr-Riesen Ägir ergibt in Kombination mit den Gold-Schilden auf dem Dach der Halle des Odin die strahlende goldene Sonne als Schild des ehemaligen Sonnengott-Göttervaters Tyr. Dieser Sonnenschild versinkt am Abend im Meer und befindet sich dann im Reich des

Meeres-Riesen Ägir (Tyr) in der Wasserunterwelt.

Odin, der um ca. 500 n.Chr. Tyr von seinem Thron verdrängte, benutzte den Schild des Tyr in einer vervielfältigten Form recht respektlos als Dachschindeln für Walhalla. In ähnlicher Weise benutzte Odin das vervielfältigte leuchtende Sonnenschwert des Tyr zur Beleuchtung seiner Halle. Vermutlich hat auch der Gold-Maskenhelm des Tyr geleuchtet – den Odin gelegentlich selber getragen hat.

Das leuchtende Gold in der Halle des Tyr-Ägir wird daher Tyrs Sonnen-Schild, sein Sonnen-Schwert und sein Sonnen-Helm sein.

*Ägir, der mit anderem Namen Gymir hieß, bereitete den Asen ein Gastmahl, nachdem er den großen Kessel erlangt hatte, wie eben* (im Hymir-Lied) *gesagt worden ist. Zu diesem Gastmahl kam Odin und Frigg, sein Weib. Thor kam nicht, denn er war auf der Ostfahrt. Sif war zugegen, Thors Weib, desgleichen Bragi und Idun seine Gemahlin. Auch Tyr war da, der nur eine Hand hatte, denn der Fenriswolf hatte ihm die andre abgebissen, als er gebunden wurde. Da war auch Niörd und Skadi, sein Weib, Freyr und Freyja, und Widar, Odins Sohn. Auch Loki war da und Freyrs Diener Byggwir und Beyla. Da waren noch viele Asen und Alfen.*

*Ägir hatte zwei Diener, Fimafeng und Eldir. Leuchtendes Gold diente statt brennenden Lichtes. Das Ael trug sich selber auf. Der Ort hatte sehr heiligen Frieden. Alle Gäste rühmten, wie gut Ägirs Leute sie bedienten.*

## VII 2. ag)   Die Schild-Bilder in den frühen Stabkirchen
### *(1100-1300 n.Chr.)*

An den Decken und Wänden der Stabkirchen finden sich relativ viele Bilder, die von einem kreisförmigen Rahmen umgeben sind. Es liegt der Verdacht nahe, daß diese ansonsten in den christlichen Kirchen unbekannte runde Bildform auf die bemalten Schilde der Germanen und auf die Bilder in ihren Hallen zurückgeht.

In den Stabkirchen gibt es mindestens vier auffällige Elemente, die nicht aus der christlichen Tradition stammen und folglich germanische Wurzeln haben müssen:

    1. der Aufbau der Kirchen in mehr als zwei Stockwerken,
    2. komplexe Flechtmuster (Schnitzereien, Metallprägung),
    3. ein naturalistischer Stil, der aber stark schematisiert ist und dadurch etwas Ornamentales erhält, und
    4. die Darstellung von Szenen in Kreisen.

Die Kreise, in denen Gestalten und Handlungen abgebildet werden, könnten durchaus auf die Tradition der Prunk-Schilde zurückgehen, da es keinen praktischen Grund für die Darstellung der Szenen in Kreisen gegeben hat.

Die Kreis-Bilder in den Stabkirchen weisen zwei Eigenheiten auf, die schon sehr alt sein könnten: Sie werden zum einen durch einen Kreis eingerahmt, auf den manchmal etwas geschrieben steht, und sie sind hin und wieder viergeteilt:

1. Die Schrift könnte den Runen auf den Schlangen entsprechen, die auf sehr vielen Runensteinen zu finden sind, und

2. die Vierteilung der Kreise gleicht den viergeteilten Kreisen auf den Runensteinen und den viergeteilten Sonnensymbolen („Kreuz im Kreis") der skandinavischen Felsritzungen.

Vermutlich werden diese „Kreis-Szenen" auf die u.a. von den Skalden Bragi und Thjodolfr beschriebenen Schilde zurückgehen und den Bildern in der Halle des Fürsten Olaf Hoskuldson entsprechen.

## VII 2. ah)   Die Stabkirche von Gamla Uppsala
*(1100 n.Chr.)*

Die Kirche von Gamla Uppsala ist die älteste schwedische Kirche. Sie wurde ab 1100 n.Chr. erbaut und um 1130 n.Chr. geweiht.

An einer Stelle ist ein rundes Wandbild zu sehen, das ein stilisierter Kreuz-Kreis, also ein Sonnenschild sein könnte.

*Kreuz-Kreis; Gamla Uppsala*

# VII 2. ai)   Die Stabkirche von Hopperstad
## *(1130 n.Chr.)*

*Szenen aus Heiligengeschichten*
*Stabkirche von Hopperstad*

# VII 2. aj)   Die Stabkirche von Lom
*(1150 n.Chr.)*

In dieser um 1150 n.Chr. erbauten Stabkirche finden sich mehrere runde Decken-bilder:

*Stabkirche von Lom*

*Christi Taufe*

*die Darstellung der Taufe Christi ist von den vier Evangelisten-Tieren in vier Kreisen sowie von neun weiteren Kreisen, die wie Sonnen oder Augen aussehen, umgeben*

# VII 2. ak)   Die Stabkirche von Hoeyjord

*(ca.1150 n.Chr.)*

*zwei Reihen von christlichen Szenen in Kreisen an der Decke
und darunter eine Reihe oben an den Wänden*

An den hölzernen Turm-Wänden dieser Stabkirche finden sich kreisförmige Durchbruch-Schnitzereien.

*kreisförmige Schnitzereien am Turm der Stabkirche von Hoeyjord*

## VII 2. al)   Die Stabkirche von Hylestad
*(ca. 1180 n.Chr.)*

In dieser Stabkirche finden sich in den Schnitzereien mehrere Szenen aus der Sigurd-Saga:

*Sigurd hilft Regin das Schwert zu schmieden;*
*Kreis: Ranke*
*Stabkirche von Hylestad*

*Sigurd prüft das von Regin geschmiedete Schwert;*
*Kreis: Ranke*
*Stabkirche von Hylestad*

*Sigurd tötet den Drachen Fafnir;*
*Kreis: Drache*
*Stabkirche von Hylestad*

# VII 2. am)   Die Stabkirche von Borgund
### *(ca.1180 n.Chr.)*

Ob die kreisförmigen Elemente in den Geländern dieser Stabkirche auf die bemalten Schilde der Germanen zurückgehen ist zwar denkbar, aber unsicher.

*kreisförmige Elemente im Geländer der Stabkirche von Borgund*

## VII 2. an)  Gesta Danorum:  Amleth, Fürst von Dänemark
*(1180 n.Chr.)*

Amleth ist vor allem aus dem Drama „Hamlet" bekannt, daß Shakespeare auf der Grundlage dieser Saga geschrieben hat.

In seiner „Gesta danorum" („Geschichte Dänemarks") beschreibt der Mönch Saxo der Schriftkundige um ca. 1180 n.Chr. einen bebilderten Schild, der den Lebensweg des Amleth darstellt.

Die Geschichte selber wurde zu Saxos Zeiten bereits seit mindestens 300 Jahren erzählt, aber es läßt sich kaum einschätzen, wie alt die Beschreibung des Schildes ist.

*Nach diesen Taten in Dänemark rüstete Amleth drei Schiffe aus und fuhr zurück nach Britannien um seine Frau und seinen Vater zu sehen. Er hatte auch die Blüte der Krieger in seine Dienste aufgenommen und sie vorzüglich ausgestattet, denn er wollte alle Dinge aufs Beste eingerichtet haben – genauso gründlich, wie er vorher verächtliche Kleidung getragen hatte, wollte er nun seinen alten Hang zur Armut gegen ein Schwelgen in Luxus eintauschen.*

*Er hatte sich auch einen Schild anfertigen lassen, auf der die ganze Reihe seiner Abenteuer von frühester Jugend an in vorzüglichen Bildern aufgemalt worden war. Diesen Schild trug er als einen Bericht über seine tapferen Taten und erlangte dadurch großen Ruhm.*

> *Hier war sein Erschlagen des Horwendil zu sehen;*
> *der Vatermord und der Inzest des Feng;*
> *der schändliche Onkel, der verrückte Neffe;*
> *die Form der gebogenen Pfosten;*
> *der mißtrauische Stiefvater, der heuchlerische Stiefsohn;*
> *die verschiedenen Verlockungen, die man ihm brachte,*
> *und die Frau, die ihn verführen sollte;*
> *der gierige Wolf;*
> *das Auffinden des Ruders;*
> *das Überqueren des Sandes;*
> *das Betreten des Waldes;*
> *das Stecken des Strohhalmes auf das Hinterteil der Pferdebremse;*
> *die Warnung des Jugendlichen durch die Omen;*
> *die geheimen Treffen mit der Maid nachdem er seiner Eskorte entkommen*
> *    war.*
>
> *Weiterhin konnte ein Bild des Palastes betrachtet werden;*
> *die Königin mit ihrem Sohn;*

*der Mord des Lauschenden*
*und wie er, nachdem er getötet worden war,*
*kleingekocht und in den Kanal geschüttet*
*und dann den Schweinen zu fressen gegeben wurde;*
*wie seine Glieder in den Sumpf gestreut und den wilden Tieren zum Fraß*
*überlassen wurden.*

*Es war auch zu sehen, wie Amleth das Geheimnis seiner schlafenden*
*Diener entdeckte;*
*wie er die Runen ausschabte und an ihre Stelle neue Runen ritzte;*
*wie er die Speisen ablehnte und die Getränke zurückwies;*
*wie er den König überlistete;*
*und wie der Königin falsches Verhalten vorwarf.*

*Es wurde auch gezeigt, wie die Diener erhängt wurden*
*sowie die Hochzeit des jungen Mannes;*
*dann die Reise zurück nach Dänemark;*
*das festliche Ritual der Bestattung;*
*Amleth, wie er die Fragen beantwortet;*
*wie er auf die Stäbe anstelle seiner Diener zeigt;*
*wie er als Kelchträger dient;*
*und wie er absichtlich sein Schwert zieht*
*und sich in den Finger sticht*
*und wie das Schwert festgenietet wird;*
*die immer lauter werdenden Zurufe bei dem Festmahl;*
*wie der Tanz immer schneller und wilder wird;*
*die Wandbehänge, die über die Schläfer geworfen*
*und dann mit den Haken befestigt und fest um die Schläfer gewickelt*
*wurden;*
*das Feuer, das an die Halle gelegt wurde,*
*das Verbrennen der Gäste,*
*die Vernichtung und das Zusammenstürzen des Königspalastes durch das*
*Feuer;*
*der Besuch in dem Schlafgemach des Feng,*
*der Raub seines Schwertes und dessen Austausch gegen das wertlose*
*Schwert;*
*das Erschlagen des Königs durch dessen eigene Schwertspitze durch die*
*Hand seines Stiefsohnes.*

*All dies war von einem sorgfältigen Künstler mit der erlesensten Handwerkskunst*

*auf Amleths Schlachten-Schild gemalt worden: Er bildete in den Gestalten die Wahr-*
*heit ab und er verkörperte die wirklichen Taten in den Umrissen.*

Wenn man davon ausgeht, daß ein normaler Schild ca. 90cm Durchmesser gehabt hat, kommt man auf eine Fläche der Vorderseite des Schildes von ca. 6.400 cm². Davon muß man jedoch noch einen Rand von ca. 5cm Breite sowie den Schildbuckel in der Mitte mit einem Duchmesser von ca. 15cm abziehen, sodaß für die Bilder noch ca. 4.850cm² übrigbleiben.

Wenn jedes der von Saxo beschrieben 46 Motive gleichviel Platz erhalten hat, ergäbe dies ca. 105cm² pro Bild, also ca. 10·10cm – wobei diese Flächen jedoch nicht quadratisch wären. Wenn man zudem bedenkt, daß jedes Motiv in der Regel aus mindestens zwei Menschen sowie noch einem Gegenstand sowie dem Hintergrund besteht, können die dargestellten Personen höchstens 7cm groß gewesen sein.

Es ist sehr fraglich, ob es einen solchen Schild tatsächlich gegeben hat – und wenn ja, ob dies dann wirklich ein „Schlacht-Schild" gewesen wäre. Diese Beschreibung des Schildes des Amleth zeigt jedoch, daß es mit Szenen bemalte Schilde gegeben hat und daß auch die Vorstellung der Erzählung einer Geschichte mithilfe von Bildern auf einem Schild zu Saxos Zeit durchaus geläufig gewesen ist.

*Das Gefolge des Amleth trug, um seinen Glanz durch ihre Anwesenheit noch zu*
*steigern, Schilde, die mit Gold überzogen waren.*

Mit diesem letzten Satz bestätigt Saxo der Schriftkundige, daß es mit Gold überzogene Schilde, die folglich wie die Sonne glänzten, gegeben hat.

## VII 2. ao)   Das Bilder-Lied des Skalden Ulfr Uggason
### *(1185 n.Chr.)*

Dieses Lied wurde von Ulfr Uggason als Lob auf die Bemalung auf den Wänden in der Halle des in West-Island wohnenden Fürsten Olaf Hoskuldson, genannt Olaf Pai („Olaf Pfau"), anläßlich von dessen Hochzeit verfaßt.

Über dieses Ereignis berichtet die „Saga von den Lachstal-Leuten":

*Auf dem Hochzeitsfest waren sehr viele Leute, denn die neue Halle war fertig ge-*
*worden. Ulfr Uggason war einer der geladenen Gäste und er verfaßte ein Gedicht*
*über Olaf Hoskuldson und über die Mythen, die ringsum an die Wände gemalt wor-*
*den waren, und trug es bei dem Fest vor.*
*Dieses Gedicht wird „Husdrapa" („Haus-Lied") genannt und es ist gut gemacht.*

*Olaf belohnte ihn gut für das Gedicht.*

Vermutlich sind diese Bilder wie in den Stabkirchen in kreisförmige Rahmen gemalt worden, da ihr Vorbilder die mit mythologischen Szenen bemalten Prunk-Schilde gewesen sind.

In der „Husdrapa" heißt es:

*Dort folgen, glaube ich, Walküren*
*und Raben dem siegreichen Odin*
*zu dem Blut des heiligen Baldur.*
*Mit alten Geschichten war es bemalt.*

Auch die folgende Strophe stammt aus der Husdrapa:

*Der Gymnir-Gegner der Furt des Wimur*
*schlug den glitzernden Kopf der Schlange*
*heftig gegen die Wogen.*
*Mit alten Geschichten ist dieser Schild bemalt.*

Snorri Sturluson sagt zu dieser Strophe:

*Hier wird er* (Thor) *'Riese der Furt des Wimur' genannt. Es gibt einen Fluß, der Wimur genannt wird und den Thor durchwatete, als er zu der Festung des Geirröd zog.*

Gymir = Tyr-Riese als Meeresgott; dessen Gegner = Thor
Wimur = Jenseitsfluß
Schlange = Jörmungandr, Midgardschlange

# VII 3.   Sonnen-Schilde und bemalte Schilde nach 1200 n.Chr.

### VII 3. a)   Die Saga über Thrond von Gate
*(1210 n.Chr.)*

In dieser Saga findet sich die anschauliche Beschreibung von drei Männern und ihren Schilden, die bereits an die mittelalterlichen Wappen-Schilde erinnern.

*Sie sahen ganz vorne einen großen, kühn aussehenden Mann in einem roten Kittel mit einem Schild, der halb blau und halb golden bemalt war, gehen. Er hatte einen Helm auf seinem Kopf und eine Hellebarde in seiner Hand. Sie glaubten, daß dies wohl Sigurd Thorlac-Sohn sein müsse.*

*Neben ihm ging ein starkgebauter Mann in einem roten Kittel. Er trug einen ganz roten Schild. Sie glaubten, daß sie genau wüßten, wer das war – Thord der Kleine.*

*Der dritte Mann hatte einen roten Schild, auf den das Gesicht eines Mannes gemalt war. Er hatte eine große Axt in seiner Hand. Dies war Geat der Rote.*

*Runenstein von Aarhus*

Es wäre denkbar, daß das Männergesicht auf dem Schild von Geat dem Roten das stilisierte Gesicht des Göttervaters (Tyr, später auch Thor) gewesen ist, daß auf gut einem Dutzend Runensteinen abgebildet worden ist.

### VII 3. b)   Die Saga über Sturlaug den Mühen-Beladenen
*(1210 n.Chr.)*

Das Vergolden von Schilden scheint damals durchaus weit verbreitet gewesen zu sein.

*Eines Tages, als Jarl Hring Spiele veranstaltete – zusammen mit denen seiner Män-*
*ner, die an den Wettkämpfen zwischen Hring und Sturlaug teilnehmen wollten – sahen*
*sie von Wald her einen Mann auf einem roten Roß auf sie zureiten. Er war vollständig*
*bewaffnet, von großem Wuchs, trug einen Helm auf seinem Haupt und ein Schwert an*
*seiner Seite, einen vergoldeten Schild an seinem Arm und einen Speer in seiner Hand.*

### VII 3. c)  Gylfis Vision
*(1220 n.Chr.)*

Der Sonnenschild, also die Sonne als Schild, war golden. Nach der Absetzung des
alten Sonnengott-Göttervaters Tyr benutzte der neue Göttervater Odin den vervielfältigten Schild des Tyr (wie er auf dem Goldhorn von Gallehus zu sehen ist) als Dachschindeln für seinen Saal Walhalla …

*Als Gylfi in die Burg kam, sah er eine Halle, die so hoch war, daß er kaum darüber*
*hinwegsehen konnte. Ihr Dach war mit goldenen Schildern belegt wie mit Schindeln.*

### VII 3. d)  Skaldskaparmal
*(1220 n.Chr.)*

Auch in der Halle der Asen hängen Schilde an den Wänden. Ihre ausdrückliche
Bezeichnung als „schön" läßt vermuten, daß sie entweder vergoldet oder bemalt oder
beschnitzt gewesen sind.

*Ein Mann heißt Ägir oder Hler; er bewohnte das Eiland, das nun Hlesey heißt, und*
*er war sehr zauberkundig.*
*Er unternahm eine Reise nach Asgard; und als die Asen von seiner Fahrt erfuhren,*
*wurde er wohl empfangen, jedoch mit allerlei Sinnestäuschungen.*
*Und am Abend, als das Trinken beginnen sollte, ließ Odin Schwerter in die Halle*
*tragen, die waren so glänzend, daß ein Schein davon ausging und es keiner andern*
*Beleuchtung bedurfte, während man aß und trank.*
*Da kamen die Asen zu ihrem Gelage und zwölf der Asen, die da zu Richtern bestellt*
*waren, setzten sich auf ihre Hochsitze. Dies sind ihre Namen: Thor, Niörd, Freyr, Tyr,*
*Heimdall, Bragi, Widar, Wali, Ullr, Hönir, Forseti, Loki. Desgleichen heißen die*
*Asinnen: Frigg, Freyja, Gefion, Idun, Gerd, Sigyn, Fulla, Nanna.*
*Ägir dauchte alles herrlich was er sah. Alle Wände waren mit schönen Schilden*

*bedeckt, da war auch kräftiger Met und des Trankes genug.*

In dieser Schilderung erleuchtet Odin seine Halle mit Schwertern, die sicherlich eine Vervielfältigung des strahlenden Sonnenschwertes des Tyr-Surtur sind – analog zu dem vervielfältigten Sonnenschild des Tyr, mit dem Odin das Dach von Walhalla gedeckt hat.

### VII 3. e)  Skaldskaparmal
*(1220 n.Chr.)*

In diesem Skaldenkunst-Lehrbuch schreibt Snorri Sturluson Folgendes zu den bemalten Bild-Schilden:

*Auf den Schilden aus alter Zeit war es üblich, einen Kreis aufzumalen, der „Ring" genannt wurde. Aus diesem Grund werden Schilde mit Kenningarn umschrieben, die das Wort „Ring" benutzen.*

Dieser Ring wird der Außenkreis sein, der auf den Steinritzungen durch die Ergänzung mit einem Kreuz zu einem Sonnensymbol wurde.

### VII 3. f)  Hattatal
*(1220 n.Chr.)*

In seiner Vers-Lehre hat Snorri in seinen Beispielstrophen dreimal farbige bzw. bemalte Schilder genannt:

*gelbe Schilde*

*grüne Schilde*

*bemalte Schilde*

Da dies die einzigen gelben und grünen Schilde sind, die jemals in der germanischen Überlieferung erwähnt werden, kann man sie noch am ehesten als einen goldenen (gelben ) Schild sowie als einen grünen „Wappen-Schild" auffassen. Das Adjektiv „bemalt" könnte sich zwar auch auf einen einfarbigen Anstrich beziehen, aber es wird wohl eher eine ornamentale oder bildliche Darstellung gemeint sein.

### VII 3. g)  Die Saga über König Olaf den Ruhmreichen
*(1220 n.Chr.)*

Olaf lebte von ca. 960-1000 n.Chr. und war in seinen letzten fünf Jahren König von Norwegen. Die Saga selber stammt von ca. 1220 n.Chr.

In dieser Saga wird ein Schild auf einem Berg beschrieben, der „wie die Sonne glänzte".

*Lange Zeit später vollbrachte Olaf noch einmal eine ähnliche Tat und kletterte auf den obersten Gipfel des Berges in Norwegen, der 'Smalshorn' genannt wird, und stellte dort seinen glänzenden Schild auf den Gipfel, sodaß er wie die Sonne über das Meer schien.*


### VII 3. h)  Die Saga über Thordr den Schrecklichen
*(1220 n.Chr.)*

Rote Schilde waren offensichtlich weit verbreitet:

*Indridi macht sich sogleich aufbruchbereit und ergriff seine Waffen. Er hatte einen Helm und einen roten Schild, einen großen Speer mit Widerhaken und war mit einem scharfen Schwert gegürtet.*


### VII 3. i)  Hakonarflokkr
*(1264 n.Chr.)*

In diesem von dem Skalden Sturla Thordarson verfaßten Loblied auf König Hakon werden „bemalte Schilde" genannt.

*Der starke, mächtige Herrscher*
*brachte die Schiffe nach Osten nach Värne;*
*durch den Verminderer des Rhein-Feuers*
*wurde Ribbungars Lage sorgenvoll.*
*Und der Einberufer der Pfeil-Versammlung*
*jagte die lärmenden Wikinger*
*von den Schiffen an den Strand.*
*Der Fürst spaltete bemalte Schilde.*

Herrscher = König Hakon
Rhein-Feuer = Gold; Gold-Verminderer = großzügiger Fürst
Ribbungar = König Hakons Gegner
Pfeil-Versammlung = Kampf; Einberufer des Kampfes = Fürst

### VII 3. j)  Völsungen-Saga
*(1270 n.Chr.)*

In der Völsungen-Saga wird Sigurds Schild beschrieben, auf den ein Drache gemalt ist. Dieser Drache steht am Übergang zwischen der Tradition, Mythen und Helden-Geschichten auf Schilden zu malen, und der Heraldik, die aus der Geschichte eines Adelsgeschlechtes heraus entstandene Motive als festgelegtes Zeichen für die betreffende Sippe, also als Wappen benutzt.

Die Völsungen-Saga ist zwar schon sehr alt und hat ihre Wurzeln in den alten Tyr-Mythen, aber die folgende Schilderung ist offenbar eine späte Ergänzung, die offensichtlich aus der mittelalterlichen Heraldik stammt.

*Nun ritt Sigurd fort. Sein Schild hat viele Ecken, hatte Rotgold als Grundfarbe und darauf war das Bild eines Drachen gemalt, dessen Oberseite dunkelbraun und dessen Unterseite von einem hellen Rotbraun war. Mit demselben Bild waren auch sein Helm, sein Sattel und der Umhang über seiner Rüstung bemalt. Er trug eine goldene Brünne und auch alle seine Waffen waren goldgeschmückt.*

*Der Drache war auf alle seine Waffen gemalt, damit, wenn ihn jemand sah, jedermann wußte, wer dort ging – jeder, der von seinem Töten des großen Drachen gehört hatte, den die Waräger Fafnir nennen: Aus diesem Grunde sind seine Waffen goldgeschmückt und ist der Drache von brauner Farbe.*

### VII 3. k)  Völsungen-Sage
*(1270 n.Chr.)*

An dieser Textstelle wird ein goldumrandeter Schild genannt. Dies scheint eine häufigere Art der Schild-Verzierung gewesen zu sein. Möglicherweise geht sie auf den Metallrand der Holzschilde zurück.

*Der Bruder von König Hodbrod, der Herr über ein Land war, das „Swarins Hügelgrab" („Tyrs Hügelgrab") genannt wurde, rief zu ihnen hinüber und frug, wer der*

*Anführer dieses mächtigen Heeres sei. Da erhob sich Sinfiötli, der einen Helm auf seinem Haupt trug, der wie Glas strahlte und eine Brünne trug, die weiß wie Schnee war, und mit einem Speer in seiner Hand, an dem ein ruhmvolles Banner hing, und mit einem goldumrandeten Schild, das er vor sich hängen hatte.*

## VII 3. l)   Nials-Saga
*(1280 n.Chr.)*

Die Bilder, die sich auf den runden Schilden und auf den Hallen-Wänden finden, konnten auch auf Wände und Stuhllehnen geschnitzt werden.

*„Wohin gehen wir jetzt?" frug Skarphedin.*
*„Zur Hütte des Ljosavetninger," war Asgrim's Antwort.*
*Diese Hütte gehörte Thorkel Haak aus Ljosavatn im Nordlande östlich vom Öfjord. Er hatte Fahrten ins Ausland, nach Norwegen, nach dem Süden und den Ostseeküsten gemacht und viele Kämpfe gegen Räuber sowie auch Drachen und andre Ungeheuer bestanden und nach seiner Heimkehr hatte er alle diese Heldentaten auf der Bretterwand über seinem Wandbett und auf dem Stuhl vor seinem Hochsitz ausschnitzen lassen.*

## VII 3. m)   Gautrek-Saga
*(1280 n.Chr.)*

*In Neris Halle waren die Wände vollständig mit sich überlappenden Schilden bedeckt. Neri nahm einen herab und gab ihn seinem Gast. Der schöne Schild war mit Gold eingelegt.*
*Doch nach einer kurzen Weile bereute Neri, daß er den Schild fortgegeben hatte, denn er vermißte ihn an der Wand.*
*Als Ref dies sah, gab er den Schild dem Jarl zurück. „Was ist der Nutzen, einen Schild zu tragen, wenn ich doch keine Waffe habe?"*

### VII 3. n)   Die Saga über Asmund Recken-Töter
*(1320 n.Chr.)*

Die Bilder auf dem in dieser Saga beschriebenen Schild berichten über die Taten seines Besitzers – wie die „Kerben im Griff des Colts" ...

*Hildibrand hatte einen Schild, auf dem all die vielen Männer verzeichnet waren, die er schon getötet hatte.*


### VII 3 o)   Heraldik des Hochmittelalters
*(1150-1350 n.Chr.)*

Im Mittelalter (500-1500 n.Chr.) und vor allem im Hochmittelalter (1050-1350 n.Chr.) wurden die Bilder auf den Schilden der Ritter allmählich standardisiert: Es entstanden zum einen Regeln für die Gestaltung der Schilde, d.h. es wurde festgelegt, welche Farben, Formen, Symbole und Anordnungen welche Bedeutung hatten, und es wurden für die einzelnen Sippen dauerhafte Symbole, also Wappen, festgelegt.

Die Kenntnis über diese Wappen wurde Heraldik genannt, also Herolds-Kunst – die Herolde mußten u.a. bei Turnieren den Titel und Namen eines Ritters anhand seines Wappens erkennen können und dann ausrufen.


### VII 3. p)   „das Schild"
*(1700 n.Chr.)*

Seit ca. 1700 n.Chr. wurde zwischen „der Schild" als Waffe und „das Schild" als Markierung unterschieden. „Das Schild" hat sich aus dem Wappen-bemalten Schild als Erkennungszeichen heraus gebildet. Die Schilde an den Grenzen der Fürstentümer waren zunächst die Wappen der Fürsten bis sie schließlich zu den Ortsschildern wurden.

Weitere Ableitungen von „das Schild" sind „schildern", „Schilderung", „Beschilderung" usw.

## VII 3. q)  Faröische Helden-Lieder: Brünhild-Lied
*(1800 n.Chr.)*

Diese Heldenlieder wurden um ca. 1800 n.Chr. aufgezeichnet, aber sie müssen damals schon sehr alt gewesen sein, da sie die ursprünglichen Motive weitestgehend unverändert beibehalten haben.

In diesem Lied trägt Sigurd einen goldenen Schild:

*Sjurdur steht auf dem Hallengolf mit dem Goldschild in der Hand.*

    Sjurdur = Sigurd
    Hallengolf = Hallenboden


## VII 3. r)  Faröische Helden-Lieder: Regin der Schmied
*(1800 n.Chr.)*

In diesem Lied ist Sigurds Schild rot:

*Er wuchs auf im Reiche, schnell und nicht lange:*
*Er machte sich tüchtig in Hieben, er schlug des Königs Kämpen.*
*Er war auf dem Kampffeld unter dem roten Schilde,*
*Und lernte all die Künste, die der Kämpe kiesen wollte.*

*Er war auf dem Kampffeld stark gegen andere Knaben:*
*Zu jeder Zeit, da sie zornig wurden, erhob sich ein Streit vom Übel.*
*Er war auf dem Kampffeld, er schlug sich inmitten der Männer:*
*Da riß er große Eichenstämme aus und prügelte manche zu Tode.*

*Nieder setzten sich die Knaben, zornig waren sie:*
*„Passender wär's Dir den Vater zu rächen, als uns so gewaltig zu schlagen."*
*Sjurdur warf den roten Schild nieder aufs dunkele Feld,*
*Als er hörte seines Vaters Tod, und ward schnell schwarz wie die Erde.*

# VII 4.   Chronologische Übersicht

Diese Vielfalt von Informationen über die Symbolik der Schilde läßt sich nun unter mehreren Gesichtspunkten zusammenfassen.

## VII 4. a)   Der Sonnenschild

Die folgende Tabelle gibt eine erste Übersicht über die Schild-Symbolik der Sonne.

Die dunkelgrauen Flächen markieren die Zeiten, aus denen Funde bekannt sind.
Die mittelgrauen Flächen markieren die Zeiten zwischen mehreren gleichartigen Funden. Aus diesen Zeiten sind zwar keine Funde bekannt, aber man kann aus der Ähnlichkeit der Funde bzw. Berichte vor und nach dieser „hellgrauen Phase" schließen, daß die betreffende Symbolik auch während dieser Zeit bekannt gewesen ist.
Die hellgrauen Flächen sind der zeitliche Bereich, in dem es die Symboliken, die in der folgenden Übersicht aufgeführt werden, vermutlich bereits gegeben haben wird bzw. in dem sie noch weiterbestanden haben. Die Zeitspanne, in der ews eine Symbolik gegeben hat, ist stets etwas größer als es die Funde zeigen – schließlich kann keine Symbolik zeitlich vollständig nachgewiesen werden. Bei manchen Symboliken ist der Zeitraum auch ohne ausreichende Funde recht deutlich – so sind z.B. die alten Tyr-Mythen ab der Absetzung des Tyr um 500 n.Chr. umgedeutet worden, wodurch z.B. die Sonnen-Schilde auf Walhalla oder der „Schild vor der Sonne" entstanden sind.

Die Übersicht beginnt um 1800 v.Chr. und endet um 1300 n.Chr.

| | Kreis mit Kreuz | 4, 8, 16 Punkte | Sonnenscheibe auf Wagen, Pferd | 2x Kreis mit Kreuz nebeneinander | Metallrand | Schild = Sonne | goldene Ornamente | golden | Kreis außen um den Schild | weiß | Wallhalla: Gold-Schilde | Ägir: leuchtendes Gold | Goldrand | glänzend | Schild vor der Sonne |
|---|---|---|---|---|---|---|---|---|---|---|---|---|---|---|---|
| v.Chr. | | | | | | | | | | | | | | | |
| 1800-1700 | viele | viele | ? | | | | | | | | | | | | |
| 1700-1600 | viele | viele | ? | | | | | | | | | | | | |
| 1600-1500 | viele | viele | ? | | | | | | | | | | | | |
| 1500-1400 | viele | viele | 1 | | | | | | | | | | | | |
| 1400-1300 | viele | viele | . | ? | | | | | | | | | | | |
| 1300-1200 | viele | viele | . | ? | | | | | | | | | | | |
| 1200-1100 | viele | viele | . | ? | | | | | | | | | | | |
| 1100-1000 | viele | viele | . | 2 | ? | | | | | | | | | | |
| 1000-900 | viele | viele | . | ? | ? | | | | | | | | | | |
| 900-800 | viele | viele | . | ? | ? | | | | | | | | | | |
| 800-700 | viele | viele | . | ? | ? | | | | | | | | | | |
| 700-600 | viele | viele | . | | ? | ? | | | | | | | | | |
| 600-500 | viele | viele | . | | ? | ? | | | | | | | | | |
| 500-400 | . | | . | | ? | ? | | ? | ? | | | | ? | ? | |
| 400-300 | . | | . | | ? | ? | | ? | ? | | | | ? | ? | |
| 300-200 | . | | . | | ? | ? | | ? | ? | | | | ? | ? | |
| 200-100 | . | | . | | ? | ? | | ? | ? | | | | ? | ? | |
| 100-0 | . | | . | | ? | ? | | ? | ? | | | | ? | ? | |
| 0-100 | . | | . | | 1 | ? | | ? | ? | | | | ? | ? | |
| 100-200 | . | | . | | . | ? | | ? | ? | | | | ? | ? | |
| 200-300 | . | | . | | . | ? | | ? | ? | | | | ? | ? | |
| 300-400 | . | | . | | . | ? | | ? | ? | | | | ? | ? | |
| 400-500 | . | | . | | . | 3 | ? | ? | ? | | | | ? | ? | |
| 500-600 | . | | . | | . | 2 | ? | ? | ? | | | ? | ? | ? | ? | ? |
| 600-700 | 1 | | . | | . | 2 | 1 | ? | ? | ? | ? | ? | ? | ? | ? |
| 700-800 | . | | . | | . | . | . | 1 | ? | ? | ? | ? | ? | ? | ? |
| 800-900 | viele | | . | | . | . | . | . | 1 | 1 | 2 | ? | ? | ? | ? |
| 900-1000 | viele | | . | | . | 3 | 1 | . | 1 | . | . | ? | 1 | 1 | 1 |
| 1000-1100 | viele | | . | | . | . | ? | . | . | 1 | . | ? | . | ? | . |
| 1100-1200 | viele | | ca. 3 | | . | . | | . | . | . | . | ? | . | ? | 1 |
| 1200-1300 | | | | | | 2 | | 4 | 1 | 1 | 2 | 1 | 1 | ? | 1 |
| n.Chr. | | | | | | | | | | | | | | | |

215

Aus dieser Übersicht ergibt sich, daß am Anfang das Sonnensymbol „Kreuz im Kreis" gestanden hat, das durch 4, 8 oder 16 Punkte noch zusätzlich differenziert werden konnte. Dieses Symbol hat sich schließlich zu den „Ringen mit Kreuz" auf den späten Runensteinen weiterentwickelt und sich dort mit dem christlichen Kreuz verbunden. Dieselbe Entwicklung dieses indogermanischen Sonnensymboles findet sich auch bei den Kelten, wo es zum „keltischen Kreuz" wurde. Dem entspricht die Auffassung Christi und Gottes bei den Germanen als Sonne.

Die Darstellung von jeweils zwei Kreuz-Kreisen nebeneinander auf zwei Grabkammer-Steinen um 1000 v.Chr. zeigt, daß es wohl schon damals eine Unterscheidung der Tagessonne im Diesseits (Gott) und der Nachtsonne im Jenseits (Riese) gegeben haben wird.

Spätestens ab der Völkerwanderungszeit, die von 375 n.Chr. bis 568 n.Chr. dauerte, ist die Sonne auch als Schild angesehen worden. Dies könnte daran gelegen haben, daß diese Zeit durch viele Kriege geprägt gewesen ist. In diese unruhige Zeit fällt auch die Ablösung des ehemaligen Göttervaters Tyr durch Odin und z.T. auch durch Thor.
Es ist allerdings schwierig, die „Sonnenscheibe" von dem „Sonnenschild" zu unterscheiden – vielleicht wurde auch schon die Sonnenscheibe auf dem Sonnenwagen von Thrundholm (1400 v.Chr.) als Sonnenschild angesehen …

Als die Völkerwanderungszeit ihrem Ende entgegenging, suchten sich die Nordgermanen neue Möglichkeiten für Kämpfe und Plünderungen und wurden zu den Wikingern. Ab der Wikingerzeit (516-1066 n.Chr.) werden in zunehmendem Maße goldene oder goldumrandete Schilde erwähnt. Sie werden zum einen ein Ausdruck des Reichtums der Wikinger sein, aber zum anderen wohl auch durch die Symbolik des goldenen Sonnenschildes inspiriert worden sein.

Ca. 300 Jahre nach dem Sturz des Tyr durch Odin und Thor um 500 n.Chr., also ab ca. 800 n.Chr., tritt das Motiv der Vervielfältigung und der Wiederverwendung des goldenen Sonnenschildes des Tyr als Dachschindeln von Odins Saal Walhalla auf.
Da es aus der Zeit zwischen 500 n.Chr. und 800 n.Chr. abgesehen vom Beowulf-Epos jedoch kaum schriftliche Überlieferungen von den Germanen gibt, ist es gut denkbar, daß das „Dach-Schild"-Motiv schon kurz nach der Absetzung des Tyr entstanden ist.

Ab spätestens 900 n.Chr. wurde das Motiv der „Sonne als Schild" zu einem „Schild vor der Sonne" umgedeutet.

Das Motiv des Steinschildes des Tyr-Hrungnir, das nur zweimal erwähnt wird, läßt sich nur schwer einordnen. Ist dies nur ein alleinstehendes mythologisches Motiv gewesen, daß durch einen einzelnen Skalden erdacht worden ist, oder ist der Steinschild des Tyr ein Teil einer umfassenderen Symbolik, in der Tyr bzw. seine Waffen als „Stein" angesehen worden sind?

Die Zeit, aus der diese Symbolik bekannt ist, ist ungefähr 890 n.Chr. (Thjodolfr von Hvini) bis 1225 n.Chr. (Snorri Sturluson).

Ab der Christianisierung sind bei den Germanen Christus und Gott Vater der Sonne bzw. dem Sonnenschild gleichgesetzt worden.

Diese Entwicklung läßt sich nun etwas übersichtlicher darstellen, wodurch deutlich wird, daß die Sonnensymbolik bis zur Völkerwanderungzeit recht konstant gewesen ist. Ob es das mythologische Motiv des Sonnenschildes schon vor der Völkerwanderungzeit gegeben hat, ist schwierig zu sagen – es gibt zumindestens keinerlei direkten Hinweise darauf. Lediglich die Funde von runden Germanen-Schilden lassen vermuten, daß es die Assoziation zwischen der runden Sonne und den runden Schilden auch schon früher gegeben haben könnte. Allerdings ist das Auftreten der Sonnenschild-Symbolik gerade in der kriegerischen Völkerwanderungzeit ein deutlich Hinweis darauf, daß die Assoziation zwischen der Sonne und dem Schild in dieser Zeit zumindestens sehr an Bedeutung gewonnen haben wird.

| | Sonne: Kreis mit Kreuz | Sonne = Schild | Odin/Thor statt Tyr | Sonnenschilde auf Walhalla | Schild vor der Sonne | Sonne = Christus |
|---|---|---|---|---|---|---|
| 1800-500 v.Chr. | | | | | | |
| 500 v.Chr. - 400 n.Chr. | | | | | | |
| | | ? | | | | |
| 400-600 n.Chr. | | | | | | |
| 600-800 n.Chr. | | | | | | |
| 800-1400 n.Chr. | | | | | | |

# VII 4. b)  Farben und Motive auf den Schilden

In der Überlieferung wird eine vielfältige Bemalung bzw. Beschlagung der Schilde mit Gold oder Bronze sichtbar, die von der einfarbigen Bemalung über die zweifarbige Bemalung und einzelne Motive bis hin zur Darstellung von mythologischen Szenen reicht.

Diese verschiedenen Möglichkeiten treten nicht alle gleichmäßig vermischt, sondern in einer bestimmten Entwicklungsfolge auf, die in der folgenden Übersicht dargestellt ist.

Ein festes Element der Schilde, das in dieser Liste nicht gesondert erwähnt wird, sind der Schildbuckel im Zentrum und der metallene Rand.

| Bemalung der Schilde und Motive auf ihnen | |
|---|---|
| 1800-1700 | - Steinritzung: Kreuz-Kreis |
| 1700-1600 | - Steinritzung: Kreuz-Kreis |
| 1600-1500 | - Steinritzung: Kreuz-Kreis |
| 1500-1400 | - Steinritzung: Kreuz-Kreis<br>- Sonnenscheibe: 4er-, 8er- 16er-Teilung, Spiralen |
| 1400-1300 | - Steinritzung: Kreuz-Kreis |
| 1300-1200 | - Steinritzung: Kreuz-Kreis |
| 1200-1100 | - Steinritzung: Kreuz-Kreis |
| 1100-1000 | - Steinritzung: Kreuz-Kreis<br>- Hügelgrab: Kreuz-Kreis |
| 1000-900 | - Steinritzung: Kreuz-Kreis |
| 900-800 | - Steinritzung: Kreuz-Kreis |
| 800-700 | - Steinritzung: Kreuz-Kreis |
| 700-600 | - Steinritzung: Kreuz-Kreis |
| 600-500 | - Steinritzung: Kreuz-Kreis |
| 500-400 | - |
| 400-300 | - |
| 300-200 | - |
| 200-100 | - |

| 100-0 | - |
|---|---|
| 0-100 | - schwarze und „sorgfältig bemalte" Schilde<br>- Sol-Rune = Sonnenschild |
| 100-200 | - |
| 200-300 | - |
| 300-400 | - Sonne auf Schild<br>- Mond oder Nachtsonne auf Schild<br>- Sonne/Schild (Bildstein): 4x Sonne als Wirbel auf Schild |
| 400-500 | - Sonne/Schild (Bildstein): 4x Sonne als Wirbel<br>- Sonne/Schild (Bildstein): 2x Sonne als viergeteiltes Flechtmuster |
| 500-600 | - Sonne/Schild (Bildstein): 3x Sonne auf Schild |
| 600-700 | - Schild mit Kreuz-Kreis und 2x5 Symbolen außen<br>- Beschlag auf Schild: Vogel (Adler?), Ornamente |
| 700-800 | - goldener Schild<br>- Beschlag auf Schild: Vogel (Adler?), Schlange oder Fisch oder Drache |
| 800-900 | - Runensteine: Kreuz-Kreis<br>- glänzender (goldener?) Schild<br>- weißer Schild<br>- roter Schild<br>- Darstellung aller von dem Schild-Besitzer getöteten Feinde<br>- 3 bemalte Schilde: 4x Tyr (2x Thiazi, 1x Thrivaldi, 1x Hrungnir),<br>  1x König Jörmunrek (Tyr), 1x Hedin (Tyr) und Högni (Loki), 2x oder<br>  3x Thor, 1x Freya, 1x Gefion, 1x Jörmungandr |
| 900-1000 | - Runensteine: Kreuz-Kreis<br>- ornamentaler Goldrand<br>- roter Schild<br>- blauer Schild mit Gold-Verzierungen<br>- gravierte Schilde<br>- rot mit goldenem Kreuz<br>- 3 oder 4 bemalte Schilde: Rindr, evtl. 2x Odin, evtl. 1x Urd<br>- rot mit goldenem Löwe |
| 1000-1100 | - Runensteine: Kreuz-Kreis<br>- weißer Schild |

| | |
|---|---|
| 1100-1200 | - Runensteine: Kreuz-Kreis<br>- 3 goldene Schilde<br>- Gesicht auf Schild<br>- 3 oder mehr bemalte Schilde<br>- runde gemalte oder geschnitzte Bilder in mindestens 6 Stabkirchen |
| 1200-1300 | - Runensteine: Kreuz-Kreis<br>- weißer Schild<br>- 2x roter Schild<br>- grüner Schild<br>- roter Schild mit goldenem Kreuz<br>- roter Schild mit Drache (Sigurd)<br>- halb blauer und halb goldener Schild<br>- roter Schild mit Männergesicht<br>- 4 oder mehr bemalte Schilde |
| 1300-1400 | - goldener Schild<br>- roter Schild<br>- einige bemalte Schilde<br>- Darstellung aller von dem Schild-Besitzer getöteten Feinde |

In dieser Übersicht lassen sich die folgenden Gestaltungsstile der Schilder unterscheiden:

- Sonnensymbol: Kreuz-Kreis
- einfarbig: weiß, rot, golden/glänzend, grün
- ein einzelnes Motiv
- Szenen aus Mythen und Sagen
- Aufzählung aller getöteten Feinde

Diese fünf Möglichkeiten verteilen sich zeitlich wie folgt:

## Zeitliche Verteilung der verschiedenen Schildgestaltungen

| Zeit | Motive | | | | | | | Farben | | | | |
|---|---|---|---|---|---|---|---|---|---|---|---|---|
| | Kreuz-Kreis (Fels-ritzungen, Runensteine) | Spirale (Sonne) | ornamentaler Goldrand | graviert | 4er-, 8er-16er-Teilung | Einzelmotive | Szenen aus Mythen und Sagen | bemalt | golden, glänzend | weiß | rot | grün |
| 1800-1500 | mehrere | | | | manchmal | | | | | | | |
| 1500-1400 | mehrere | 1 | | | manchmal | | | | | | | |
| 1400-500 | mehrere | | | | manchmal | | | | | | | |
| 500-0 v.Chr. | | | | | | | | | | | | |
| 0-100 | | | | | | | | generell | | | | |
| 100-300 | | | | | | | | | | | | |
| 300-400 | | 4 | | | | Sonne; Mond oder Nacht-sonne | | | | | | |
| 400-500 | | 4 | | | 1 | | | | | | | |
| 500-600 | | ca. 3 | | | | | | | | | | |
| 600-700 | | | | | | Kreuz-Kreis + 2x5 Symbole; Vogel (Adler?) + Ornamente | | | | | | |
| 700-800 | | | | | | Vogel (Adler?) + Fisch-Schlange-Drache; Liste der getöteten Feinde | | | 1 | | | |
| 800-900 | viele | | | | | | 3 | | 1 | 1 | 1 | |
| 900-1000 | viele | | 1 | 1 | rot + Gold-kreuz | rot + Goldlöwe; blau mit Gold-Verzierungen | 3 oder 4 | | | | 1 | |
| 1000-1100 | viele | | | | | | | | | 1 | | |
| 1100-1200 | viele | | | | | Gesicht; in mindestens 6 Stabkirchen christliche Szenen | | 3 oder mehr | 3 | | | |
| 1200-1300 | viele | | | | Rot + Gold-kreuz | rot + Drache; halb blau, halb golden; rot mit Männergesicht | | 4 oder mehr | | 1 | 2 | 1 |
| 1300-1400 | | | | | | Liste der getöteten Feinde | | einige | 1 | | 1 | |

Der Kreuz-Kreis als Sonnen-Symbol ist das Motiv, das in der gesamten Zeit der germanischen Mythologie zu finden ist.

Die Sonne als Spirale ist von 1400 v.Chr. bis 600 n.Chr. direkt nachweisbar. Wenn man diese Spirale als eine Darstellung der „rollenden Bewegung" der Sonnenrades auffaßt, besteht dieses Motiv bis zum Ende der germanischen Mythologie in dem Motiv des Sonnenrades und des Sonnen-Streitwagens weiter.

Ein ornamentaler Goldrand an den Schildern wird nur um 950 n.Chr. erwähnt.

Ein gravierter, d.h. beschnitzter Schild wird nur um 950 n.Chr. genannt.

Die 4er-, 8-er und 16-er-Teilung des Sonnensymboles bzw. des Schildes findet sich von 1800 v.Chr. bis 500 n.Chr. Wenn man den Kreuz-Kreis hinzurechnet, reicht auch diese Symbolik bis 1200 n.Chr. und geht ab ca. 1000 n.Chr. fließend in das christliche Kreuz über.

Einzelne Motive finden sich ab spätestens 400 n.Chr. auf den Schilden dargestellt und werden ab ca. 900 n.Chr. allmählich zu Wappen.

Die Darstellung von Szenen aus den Mythen sowie den Sagen ist nur zwischen ca. 800 n.Chr. und 1000 n.Chr. bekannt. Vermutlich wurde die Weiterentwicklung dieser neuen Möglichkeit dadurch abrupt abgebrochen, daß im Jahr 1000 n.Chr. auf dem isländischen All-Thing das Christentum als offizielle Religion angenommen worden ist. Diese Tradition lebte jedoch bis ca. 1200 n.Chr. in den runden Bildern mit christlichen Motiven an den Decken und Wänden der Stabkirchen weiter.

Die Bemalung der Schilde ist seit 100 n.Chr. bekannt, aber sie wird sehr wahrscheinlich sehr viel weiter zurückreichen.

Ab 700 n.Chr. ist golden als Schildfarbe überliefert, ab 800 n.Chr. dann auch rot und weiß. Die einzelne Nennung von grün als Schildfarbe um 1200 n.Chr. ist vermutlich als „Wappen-Farbe" zu werten. Die Farbe „Golden" weist auf die Sonne, die Farbe „Weiß" weist vermutlich auf „hell" und somit ebenfalls auf die Sonne. Die Farbe „Rot" wird wie bei allen Völkern Blut und Leben symbolisieren.

Ab 800 n.Chr. scheint es sowohl bei den Nordgermanen als auch bei den Südgermanen vereinzelt den Brauch gegeben zu haben, auf den eigenen Schild die Namen aller getöteten Gegner zu schreiben – das ist sicherlich eine wirksame Abschreckung gewesen …

Somit ergibt sich folgende Entwicklung:

> - Seit dem Anfang der germanischen Religion um 1800 v.Chr. ist der Kreuz-Kreis das Symbol der Sonne, das manchmal durch 4, 8, oder 16 Punkte o.ä. ergänzt wird.
>
> Die Sonne wurde auch als Rad aufgefaßt, dessen Bewegung durch eine Spirale in dem Kreis ausgedrückt wurde. Dieses Motiv bestand bis zum Ende der germanischen Religion als Sonnenrad weiter.

Die Sonne wurde ab spätestens 1400 v.Chr. bis zum Ende auch als Scheibe bzw. Gottheit auf einem von Pferden gezogenen Wagen aufgefaßt.

Möglicherweise wurde die Sonnenscheibe schon damals als Schild aufgefaßt – aber das ist ungewiß.

- Ab 100 n.Chr. ist sicher, daß die Schilde der Germanen sorgfältig bemalt wurden. Die Formulierung bei Tacitus läßt vermuten, daß es sich nicht um eine einfarbige Bemalung, sondern um die Darstellung von Mustern und Motiven handelt.

Diese Tradition wird jedoch deutlich weiter zurückreichen.

- Aus der Zeit um 400 n.Chr. sind die beiden ersten konkreten Motive, auf ein Schild gemalt worden sind, bekannt: eine strahlende Sonne und ein Mond bzw. die Nachtsonne.

Zwischen 600 n.Chr. und 800 n.Chr. wurden die Schilde mit mehreren Motiven (Adler, Fisch-Schlange-Adler) und Ornamenten verziert.

Diese einfachen Motive oder kleinen Motiv-Gruppen auf den Schilden wurden zwischen 800 n.Chr. und 1000 n.Chr. zu Szenen aus der Mythologie und den Sagen ausgebaut.

Ab 900 n.Chr. wurden aus den Einzelmotiven nach und nach Wappen-artige Schild-Bemalungen.

- Ab 700 n.Chr. werden goldene Schilde erwähnt, die ab 800 n.Chr. durch weiße und rote Schilde ergänzt wurden, wobei der goldene und der weiße Schild sicherlich die Sonne dargestellt haben.

- Ab 800 n.Chr. hat es bei den Nordgermanen und auch bei den Südgermanen vereinzelt den Brauch gegeben zu haben, auf den eigenen Schild die Namen aller getöteten Gegner zu schreiben.

## VII 4. c)  Orte, an denen sich die Schilde befinden können

| n.Chr. | Orte, an denen sich die Schilde befinden | | | |
|---|---|---|---|---|
| | *Gold-Schilde in Walhalla* | *Schilde an der Hallen-Wand* | *Ägirs leuchtendes Gold* | *Schild vor der Sonne* |
| 800-900 | 2 | | | |
| 900-1000 | | 1 | | |
| 1000-1100 | | | | |
| 1100-1200 | | | | |
| 1200-1300 | 2 | 1 | 1 | 1 |

Die Orte, an denen sich die Schilde befinden, wenn man einmal von ihrer Verwendung im Kampf absieht, geben auch einen interessanten Aufschluß über die Entwicklung der Symbolik des Schildes.

- Zunächst ist die Sonne ab 1800 v.Chr. eine Scheibe und ein Rad.
- Spätestens ab der Völkerwanderungszeit (375-568 n.Chr.) wurde die Sonne auch als Schild betrachtet.
- Durch die Ablösung des Göttervaters Tyr durch Odin und z.T. durch Thor während der Völkerwanderungszeit gelangte der Sonnenschild des ehemaligen Göttervaters Tyr in den Beute-Schatz des Odin, der diesen Sonnenschild „vervielfältigte" und damit das Dach seiner Halle Walhalla deckte.
- Um 1200 n.Chr. wurde die Sonne als Schild zu einem Schild vor der Sonne umgedeutet, wobei vielleicht noch das alte Motiv des Sonnenschildes in der Hand des ehemaligen Göttervaters Tyr eine Rolle gespielt haben könnte.
- Das leuchtende Gold in der Halle des Tyr-Riesen Ägir, über das ab 1200 n.Chr. berichtet wird, wird ebenfalls eine Umdeutung des Sonnenschildes (und des Sonnenschwertes) sein: die Sonne (Ägir) in der Wasserunterwelt.
- Das Motiv der Schilde an der Wand der Hallen, das ab 900 n.Chr. gelegentlich auftritt, könnte durch das Bemalen von Schilden mit Motiven aus den Mythen und Sagen zusammenhängen, da man derartigen Schilden sicherlich einen besonderen Platz gegeben haben wird. Für diese Deutung spricht auch das Malen von religiösen Bildern an die Wände der Fürsten-Hallen und später der Stabkirchen.

Das Bemalen der Hallenwände statt der Schilde, die man dann an die Wände hängte, hatte vermutlich keine tiefsinnige Ursache, sondern wird lediglich eine Vereinfachung gewesen sein …

## VII 4. d)   Die Anordnung der Bilder auf den Schilden

Die folgenden Überlegungen sind weitgehend spekulativ, da kein mit mythologischen Szenen bemalter Schild erhalten geblieben ist.

Die „Kreis-Bilder" in den Stabkirchen enthalten nur einzelne Motive, aber leider keine ganzen „Bilder-Comics", wie dies bei den germanischen Bild-Schildern der Fall gewesen ist.

- Es wäre denkbar, daß die Szenen im Uhrzeigersinn angeordnet worden sind, da diese Richtung dem scheinbaren Sonnenlauf entspricht.

- In allen alten Mythologien und Sprache heißt es „Nacht und Tag" und nicht wie heute „Tag und Nacht", d.h. man hatte früher das Bild der Schwangerschaft (Nacht) und der Geburt (Sonnenaufgang) auf die das Leben (Tag) folgte statt wie heute das Bild der Arbeit (Tag), von der man sich anschließend ausruht (Nacht). Dies würde dafür sprechen, daß die Szenen unten auf dem Bild (in der Nacht) beginnen und dann von dort im Uhrzeigersinn aufsteigen.

- Vielleicht befanden sich die Jenseits-Szenen auch unten auf dem Schild (Unterwelt) und die Diesseits-Szenen oben auf dem Schild. Dies würde zu derselben Anordnung führen wie die vorige Überlegung.

- Die Szenen oder die einzelnen Figuren der Szenen könnten aus Bronze- oder Goldblech geprägt und dann auf des Holz des Schildes angebracht worden sein. Diese beiden Methoden sind u.a. von den Goldhörnern von Gallehus, von dem Schild aus der Vendelzeit und von dem Grabschatz von Sutton Hoo bekannt. Diese Methode der Metallbearbeitung ist von fast allen indogermanischen Völkern verwendet worden.

# VII 5.  Der Schildgesang

Ein mit den Schilden fest verbundenes Motiv ist der Zaubergesang, der bereits um 100 n.Chr. von Tacitus berichtet wird und den in gewisser Weise auch noch 1000 Jahre später die Berserker benutzt haben.

## VII 5. a)  Tacitus
*(100 n.Chr.)*

Tacitus beschreibt eine Art Schild-Gesang, den die Germanen vor der Schlacht anstimmen:

*Sie haben auch die Überlieferung, daß Herkules in ihrem Land gewesen sei und sie preisen ihn mehr als alle anderen Helden in ihren Liedern, wenn sie in die Schlacht ziehen.*

*Bei ihnen findet man jene Art von Liedern, durch deren Gesang, den sie 'Bardit' nennen, sie in sich den Kampfgeist erwecken und durch den sie sogar den Verlauf der bevorstehenden Schlacht erahnen können – entsprechend dem verschiedenen Klang dieses Lärmens des Heeres drängen sie kühn vor oder weichen ängstlich zurück.*

*Das, was sie dabei äußern, ist auch nicht so sehr Gesang als vielmehr die Stimme und der Ausdruck des Kampfmutes. Sie streben vor allem einen starken und klingenden Ton an, der aus einem unterbrochenen und ungleichmäßigen Brummen heraus entsteht, bei dem sie sich ihre Schilde vor den Mund halten, damit die Stimme durch den Widerhall an ihnen noch kräftiger anschwillt.*

Herkules = Thor

Der Name „Bardit" dieses Kampfgesanges ist mit dem keltischen Wort „bardo" („Barde") für „Sänger" verwandt (germanisch: „Skalde"). „Bardo" bedeutet „Bärtiger", was mit dem namen des germanischen Dichtergottes Bragi übereinstimmt, dessen langer Bart sprichwörtlich war. Dieser Kriegs-Gesang wurde seinem Namen nach anscheinend von den Dichter-Priestern der Germanen angeleitet.

Die Schilderung dieses Gesanges zeigt, daß es sich bei ihm nicht um Lieder, sondern um das Intonieren entweder von beliebigen Vokalen oder eines einzelnen Wortes oder höchstens eines kurzen Verses gehandelt hat. Ähnliche Intonationen sind u.a. aus dem gregorianischen Gesang der katholischen Kirche oder aus dem tibetischen Buddhismus bekannt. Diese Art des Gesanges dient aus technischer Sicht dazu, eine stehende Welle aufzubauen, und aus magischer Sicht dazu, (Lebens-)Kraft zu konzentrieren und zu lenken. Daher ist aus dem Gelingen oder Mißlingen dieses Aufbaues der Lebenskraft auch ersichtlich, wie der Kampf ausgehen wird.

### VII 5. b)   Ibn Fadlans Reisebericht
*(922 n.Chr.)*

Um 922 n.Chr. nahm der arabische Forschungsreise Ahmad ibn Fadlan ibn al'Abbas ibn Raschid ibn Hammād an der Bestattung eines Wikingerfürsten an der Wolga teil.

In dieser Bestattung wird auch an einer Stelle ein „Schlagen der Schilde" beschrieben, das ursprünglich ein Ausdruck der Zustimmung und der Anteilnahme gewesen sein könnte und vermutlich mit dem Schild-Singen verwandt ist. Ob diesem Brauch eine magische Wirkung zugeschrieben wurde, ist jedoch unklar.

Dieses „Schlagen der Schilde" findet laut Ibn Fadlan statt, wenn die Sklavin getötet wird, die den toten Fürsten in das Jenseits begleiten soll. Ibn Fadlan bietet zwar diese sehr rationale Deutung dieses Brauches an, aber es zweifelhaft, oft er damit die Wurzeln dieses Brauches wirklich erfaßt hat.

*Die Männer begannen mit Stöcken auf ihre Schilde zu schlagen, damit die Schreie der Sklavin nicht gehört werden konnten, die sonst die anderen Sklavinnen erschreckt hätten, sodaß sie dann nicht mehr bereit gewesen wären, freiwillig mit ihren Herren ins Jenseits zu gehen.*

### VII 5. c)   Egil-Saga
*(950 n.Chr.)*

Zur Zeit des Skalden Egil Skallagrimsson ist aus dem von Tacitus beschriebenen Schild-Gesang u.a. eine Methode zur Induzierung der Berserker-Ekstase geworden.

*Sie fuhren los und kamen schon bald zu der Insel. Dort gab es eine schöne Ebene in der Nähe des Meeres, der der Ort des Zweikampfes sein sollte. Der Boden wurden mit Steinen, die in einem Kreis lagen, markiert. Dorthin kamen auch Ljot und seine Männer.*

*Da machte er sich für den Kampf bereit. Er hatte einen Schild und ein Schwert. Ljot war ein großer und starker Mann.*

*Und als er über das Feld zu dem Zweikampf-Ort herbeikam, wurde er von einem*

*Berserker-Anfall ergriffen: Er begann abscheulich zu brüllen und biß in seinen Schild.*

### VII 5. d)   Havamal: Odins Runenlied
*(1220 n.Chr.)*

Die Art von Schild-Gesang zur Zeit des Tacitus ist anscheinend weitgehend unverändert beibehalten worden, wie die elfte Runenstrophe zeigt:

*Ein elftes kann ich, wenn ich zum Angriff soll*
*Die treuen Freunde führen,*
*In den Schild sing ich's, so ziehn sie siegreich*
*Heil in den Kampf, heil aus dem Kampf,*
*Bleiben heil wohin sie auch ziehn.*

Die Runen sind in der Zeit von 100 v.Chr. bis 100 n.Chr. aus einem norditalienischen Alphabet entwickelt worden – also ungefähr zu Lebzeiten des Tacitus. Es wäre gut denkbar, daß bereits damals die Sol-Rune, zu der diese Runen-Strophe gehört, mit dem Sonnenschild und mit dem Schildgesang assoziiert gewesen ist – auch wenn das Runenlied selber erst deutlich später verfaßt worden ist.

### VII 5. e)   Saga über König Harald Hart-Rat
*(1220 n.Chr.)*

In dieser Saga wird wie in dem Reisebericht des Ibn Fadlan das „Schlagen der Schilde" geschildert, das in diesem Text von seiner Funktion her dem Schild-Gesang und dem „in den Schild beißen" der Berserker entspricht.

*In diesem Augenblick sprangen die Norweger auf, erhoben ihr Kriegsgeschrei und schlugen auf ihre Schilde. Und auch das Gotländer-Heer begann zu schreien.*

# VII 5 f)  Zusammenfassung

Es gab mindestens seit 100 n.Chr. einen magischen Gesang bzw. eine Intonierung, der zum einen als Steigerung und Bündelung der Lebenskraft vor dem Kampf und zum anderen als ein Schutz für den Schildträger aufgefaßt worden ist.

Dieses magische Summen-Brummen-Tönen lenkte man ursprünglich in den Schild, um es zu verstärken, woraus vermutlich die Vorstellung des Schild-Schutz-zaubers entstanden ist.

Dieses „Singen" wurde später zu dem Brüllen und „in den Schild beißen", mit dem die Berserker ihre Kampfekstase hervorriefen.

Als Alternative zu dem Singen scheint es auch ein Schlagen mit Stöcken auf den Schild gegeben zu haben, das die Kampfeswut anfeuern sollte, aber auch zum Kundtun von Zustimmung o.ä. benutzt wurde.

# VII 6.   Magische Schilde und Schild-Magie

Mit den Schilden waren mehrere Arten der Magie verbunden, die u.a. auch die Vorstellung von magischen Schilden entstehen ließen.

## VII 6 a)   Tacitus
### *(100 n.Chr.)*

In der „Germania" des römischen Historikers Tacitus wird gesagt, daß der Schild für die germanischen Krieger eine sehr große Wichtigkeit hatte:

*Es ist eine besonders große Schande, den eigenen Schild zu verlieren. Männer, an denen diese Schande haftet, dürfen nicht mehr an den religiösen Opferungen und an den Thing-Versammlungen teilnehmen. Aus diesem Grund bereiten viele, die den Krieg überleben, dieser Ehrlosigkeit durch den Strick ein Ende.*

Offensichtlich hat der Schild eine Bedeutung, die über seine Benutzung als Waffe hinausgeht, denn sonst hätte man sich einfach einen neuen Schild angefertigt.

Der Verlust der Ehre durch den Verlust des Schildes erfordert zu seiner Erklärung nicht notwendigerweise eine mythologische Bedeutung des Schildes, aber eine Assoziation des Schildes mit dem damaligen Göttervater Tyr würde einen solchen Zusammenhang plausibel machen. Allerdings sollte derselbe Zusammenhang dann auch in Bezug auf den Verlust des Schwertes bestehen.

## VII 6. b)   Gesta danorum
### *(1180 n.Chr.)*

In dieser zu einer Saga umgedeuteten Mythe über den Gott Freyr (König Frode) wird über einen magischen Schild berichtet, der gegen Drachenfeuer gefeit ist:

*Auf Hadding folgte sein Sohn Frode, der viele und sehr verschiedene Geschicke erlebte. Als seine Jugendjahre vorüber waren, zeigte er alle Kühnheit eines Kriegers, und weil er es verabscheute, daß diese durch Müßiggang vergeudet werden würde, wandte er seinen Geist von allen Vergnügungen fort und richtete ihn beharrlich auf die Waffen.*

Weil die Kriegsführung die Schatzkammer seines Vaters geleert hatte, fehlte es ihm an einem Vorrat an Geld, mit dem er seine Truppen unterhalten konnte. Daher suchte er überall nach Möglichkeiten, wieder zu den benötigten Reichtümern zu gelangen. Während er damit beschäftigt war, traf er einen Bauern, der seine Hoffnungen durch folgende Worte weckte:

„Nicht fern von hier liegt eine Insel, die sich in sanften Wellen erhebt, die in ihren Hügeln Schätze verbirgt, die eine reiche Beute wären. Dort wird ein stattlicher Hort von dem Besitzer des Hügels bewahrt, der eine Schlange ist, die sich in vielen Windungen schlängelt, oft über sich selber liegend, mit einem Schwanz, der sich in vielen Bögen erstreckt, und die die vielen Spiralen ihres Leibes kreisen läßt und Gift ausspuckt.

Wenn Du sie besiegen willst, mußt Du einen Schild benutzen und ihn mit einem Stierfell beziehen und Du mußt Deinen Körper mit einem Kuhfell bedecken und darauf achten, daß Deine Glieder nicht mit dem Gift in Berührung kommen, denn sein Speichel verbrennt alles, was er berührt. Auch wenn ihre dreigespaltene Zunge umherzüngelt, sie ihr Maul weit aufreißt und sie Dich mit schrecklichen Wunden bedroht, mußt Du Dir immer Deinen furchtlosen Geist bewahren. Laß Dich weder durch ihre gezackten Zähne beunruhigen noch durch die Ungeheuerlichkeit ihres Leibes und auch nicht durch das Gift, daß sie schnell aus ihrem Hals spuckt.

Auch wenn die Härte ihrer Schuppen Deine Speere wirkungslos abprallen läßt, so gibt es doch eine Stelle unter ihrem Bauch, die Du mit Deinem Schwert durchdringen kannst. Ziele mit Deinem Schwert dorthin und Du wirst die Schlange bis in ihre Mitte treffen. Dann gehe furchtlos den Hügel hinauf, nimm die Hacke, grabe und plündere die Höhle. Schon bald werden Deine Taschen voller Schätze sein, mit denen Du dann Dein Schiff beladen kannst."

Frode glaubte ihm und ging alleine zu der Insel, da er das Ungeheuer nicht mit einer stärkeren Begleitung angreifen wollte als mit der, mit der es für Helden üblich war, ein solches Ungeheuer anzugreifen.

Nachdem die Schlange Wasser getrunken hatte und zu ihrem Lager zurückkehrte, wies ihre rauhe und harte Haut Frodes Stahl ab. Auch die Speere, die er gegen sie warf, prallten wirkungslos ab – die Kraft des Werfers war vergeudet. Nachdem der harte Rücken der Schlange kein bißchen nachgab, achtete er genau auf ihren Bauch, dessen Weichheit seinem Stahl nicht widerstehen konnte.

Das Ungeheuer versuchte sich durch Bisse zu verteidigen, aber traf mit den scharfen Zähnen ihres Maules nur den Schild. Dann ließ es wieder und wieder seine zuckende Zunge vorschnellen und atmete zugleich ihr Gift und ihr Leben aus.

Die Beschreibung des Schatzes als in einer Höhle in einem Hügel auf einer Insel liegend zeigt deutlich, daß es sich hier um die Grabbeigaben in einem Hügelgrab handelt.

Das Stierfell und das Kuhfell könnten eine Erinnerung daran sein, daß bei den Bestattungen ein Herdentier geopfert wurde und der Tote dann in das Fell dieses Tieres eingewickelt wurde. Ein solches Fell wurde auch beim Utiseta, also bei den Beschwörungen der Ahnen als „fliegender Teppich" für die Jenseitsreise benutzt.

Die verbrennende Wirkung des Giftes der Schlange ist eine Mischform von Gift und Feuer, die sich auch in anderen Sagas findet.

Das Motiv des ungeschützten Bauches des Drachen ist in den germanischen Drachenerzählungen weit verbreitet. Vermutlich ist es eine Weiterentwicklung des Erstechens der Drachen aus einer Grube heraus, also „von unten her". Dieses „von unten her" aus einer Grube heraus ist wiederum eine Umdeutung des Tötens des Drachens „in einer Grube", d.h. in der Grabkammer eines Hügelgrabes.

Das häufige Motiv des Auflauerns auf den Drachen an seinem Weg zur Wasserstelle ist eine übliche Jagdtechnik, da man an Wasserstellen am sichersten das Jagdwild finden kann. Diese Jagdtechnik wurde auch auf das Töten eines Drachen übertragen.

Eine Deutung des Wassers als Wasserunterwelt wäre zwar auch denkbar, aber die Deutung als übliche Jagdmethode reicht zunächst einmal zur Erklärung aus.

Vielleicht ist die dreigespaltene Zunge ein Hinweis darauf, daß dieser Drache der ehemalige Sonnengott-Göttervater Tyr im Jenseits ist – die „3" symbolisierte sowohl bei den Germanen als auch allgemein bei den Indogermanen den endlosen Zyklus insbesondere der Sonne.


## VII 6. c)   König Ortnits Meerfahrt und Tod
### (1220 n.Chr.)

In diesem mittelhochdeutschen Vers-Epos erhält Königs Ortnit nach einem langen Kampf mit dem Zwerg Elberich von dem Zwerg u.a. einen magischen Schild.

*Da fiel er ihm zu Füßen / und fleht' ans Herzenskraft:*
*„Laß mich leben, Ortnit, / bei Deiner Ritterschaft!*
*So geb ich Dir zu Lohne / das beste Sturmgewand,*
*Das jemals auf Erden / jung oder alt wohl fand.*

*Wohl achtzigtausend Marken / ist die Brünne wert.*
*Zu diesem Halsberge / geb ich Dir ein Schwert,*
*Das jeden Panzer schneidet / als wär er nicht von Stahl;*
*Wie fest ein Helm auch wäre, / es schlüg ihm manch ein Mal.*

*Ich wähne, daß auf Erden / kein besser Schwert nun sei.*
*Ich bracht es aus dem Lande, / das heißet Almarei.*
*Es ist geziert mit Golde, / und lauter wie ein Glas;*
*Ich schufs in einem Berge, / der heißet Kaukasas.*

*Das Schwert will ich Dir geben: / Seine Farbe die ist licht;*
*Wie viel Du mit ihm streitest, / gewinnt es Scharten nicht.*
*Es ist geheißen Rose, / den Namen hat das Schwert;*
*Wo es Schwerter gilt zu ziehen, / da bist Du wohl bewehrt.*

*Zu dem Halsberge / gehört ein Beingewand,*
*All seine Ringe wirkt' ich / mit meiner eignen Hand.*
*Und geb ich Dir die Ringe, / so wirst Du ihnen hold:*
*Da ist kein Falsch zu finden, / es ist das lautre Gold.*

*Zu den lichten Ringen / wird Dir ein Helm so schön,*
*Daß man auf Kaisers Häupten / noch bessern nie gesehn.*
*Der solchen Helm darf tragen, / wie selig ist der Mann!*
*Da man in Meilenbreite / sein Haupt erschauen kann.*

*Zu allem dem Geschmeide / geb ich Dir einen Schild,*
*So festen und so starken, / gewiß, Du nennst mich mild,*
*Den kein Geschoß verwundet / und keines Schwertes Schlag;*
*Auch keines Feuers Hitze / ihn je durchdringen mag."*

Dieser magische Schild gibt seinem Träger eine Form der Unverwundbarkeit – diese Art von Schutz war das, was man von einem Schild erwartete. Sie entspricht der Unverwundbarkeit des Sigurd durch das Einreiben mit Drachenblut sowie der Unverwundbarkeit des Ragnar Lodenhose durch seine magische Kleidung und auch dem Schild des Königs Frode (Freyr) aus dem eben angeführten Abschnitt aus der Gesta danorum.

## VI 6. d)  Abingdon Chronicles
### (1250 n.Chr.)

Um ca. 1250 n.Chr. fand ein Orakel statt, das sich vermutlich auf den Korngott Sceaf („Getreide-Grabe") bezog. Dieses Orakel wurde wegen eines Streites zwischen dem Abt von Abingdon und den Männern von Oxfordshire um eine Insel-Weidefläche durchgeführt.

Um zu entscheiden, wem die Weide zukünftig gehören sollte, wurde eine Weizen-garbe („sceaf") auf einen Rundschild („scyld") gelegt und obenauf eine brennende Wachskerze. Diesen Schild ließ man dann die Themse hinabtreiben bis er zu der Insel kam und dann zwischen ihr und Iffley entlangtrieb – was dann den zukünftigen Herrn dieser Insel festgelegt hat.

Da ein Schild oft „Schiff des Ullr" genannt wurde und dieser Schild mit dem Runen-beschriebenen Knochen des Ullr identisch war, mit dessen Hilfe er wie auf einem Schiff in das Jenseits reisen konnte, wird die Auffassung eines Schildes als Schiff wohl schon älter sein. Möglicherweise geht sie auf eine Gleichsetzung des Sonnen-Schildes des ehemaligen Sonnengott-Göttervaters Tyr mit dessen Sonnenschiff zurück. Ullr ist ursprünglich sehr wahrscheinlich „Tyr im winterlichen Jenseits" gewesen.

Die Flamme der Kerze könnte ein Symbol der Sonne sein.


### VII 6. e)   Zusammenfassung

Es gibt in den Mythen zwei magische Schilde – der eine schützte vor Drachen-feuer und der andere vor Waffen.

Der von Tacitus berichtete Verlust der Ehre des Kriegers, wenn er seinen Schild verlor, scheint darauf hinzuweisen, daß der Schild zumindestens um 100 n.Chr. eine weitergehende Symbolik gehabt hat – möglicherweise die Verbindung der Kriegers zu dem Kriegsgott und Göttervater Tyr.

Schließlich wurde zumindestens einmal ein Schild als „Schiff" in einem Orakel verwendet. Dem liegt möglicherweise die Gleichsetzung des Sonnenschildes mit dem Schiff der Sonne zugrunde, wie sie auch aus den Mythen des Ullr (Tyr im Jen-seits) bekannt ist.

# VII 7.   Schilde im Kult

Über Schilde im Kult ist nur wenig zu finden. Die runden Bilder in den Stabkirchen lassen jedoch vermuten, daß die den Wänder Fürsten-Hallen hängenden Schilde auch zur Ausstattung der nordgermanischen Tempel gehört haben.

## VII 7. a)   Hildebrandts Sterbelied
*(820 n.Chr.)*

In diesem Lied liegt der Schild bei dem Kopf des toten südgermanischen Kriegers:

*Zu Häupten steht mir*
*zerhauen der Schild,*
*(geziert mit Bildern*
*und blinkendem Schmuck;)*
*achtzig sind dort*
*abgebildet,*
*alle Fechter,*
*die ich gefällt.*

Auf diesem Schild sind die getöteten Feinde des Hildebrandt verzeichnet – „Kerben im Griff des Colts" …

## VII 7. b)   Kormak-Saga
*(950 n.Chr.)*

Diese Saga wurde zwar erst gut 200 Jahre nach den in ihr geschilderten Ereignissen aufgeschrieben, aber ein so grundlegendes und markantes Element wie ein Bestattungsbrauch könnte durchaus unverändert überliefert worden sein.

*Dann legten sie seinen Schild zu seinen Füßen und sein Schwert an sein Haupt und legten seinen Mantel über ihn.*

Dieses Arrangement steht in der nordgermanischen Mythologie nicht isoliert da: Der Kopf des Gottes Heimdall wird als „Schwert" bezeichnet und der Riese Hrungnir steht auf seinem Schild – und beide sind Formen des ehemaligen Göttervaters Tyr, dessen Waffen Schwert und Schild sind.

Es wäre also denkbar, daß dieses Waffenarrangement bei der Bestattung einen mythologischen Hintergrund hat – sicher ist dies jedoch nicht.


## VII 7. c)  Wegtam-Lied
### (1220 n.Chr.)

In diesem Lied wird über einen Schild berichtet, der auf dem „Kelch" mit dem rituellen Met für Baldur im Jenseits liegt. Dieser „Kelch" ist offenbar ein Kessel, da sonst ein Schild als Deckel doch recht unpraktisch wäre.

Odin :
*„Ich heiße Wegtam, bin Waltams Sohn.*
*Wie ich von der Oberwelt, sprich von der Unterwelt.*
*Wem sind die Bänke mit Ringen bestreut,*
*Die glänzenden Betten mit Gold bedeckt?"*

Wala:
*„Hier steht dem Baldur der Becher eingeschenkt,*
*Der schimmernde Trank, vom Schild bedeckt.*
*Die Asen alle sind ohne Hoffnung.*
*Genötigt sprach ich, nun will ich schweigen."*

Man wird davon ausgehen können, daß dieser Schild nicht nur ein einfacher Deckel gewesen sein wird, sondern symbolisch zu dem Met und dem Kessel gehört haben wird. Der Kessel ist letztlich der Met-Kessel des Hymir, der der Vater des ehemaligen Göttervaters Tyr ist (als Riese ist Tyr sein eigener Vater Hymir). Der Deckel zu diesem Kessel wäre dann naheliegenderweise der Sonnenschild, der wiederum mit der Wiedergeburt der Sonne am Morgen bzw. im Frühjahr assoziiert ist. Und Baldur ist der Nachfolger des Tyr als Sommergott.

Der Sonnenschild war somit der passende Deckel für den Kessel mit dem Wiedergeburts-Met, den Baldur und jeder Tote im Jenseits zur „Begrüßung" erhielt.

## VII 7. d)   Miniatur-Schilde

Diese Schilde wurden vermutlich als Schutz-Amulette getragen. Es sind bisher 80 solcher Schilde gefunden worden.

38 Schilde stammen aus Schweden, 23 aus Dänemark, 7 aus Rußland, 6 aus Gotland (Schweden), 4 aus Scania (Schweden), 2 aus Norwegen und 1 aus Finnland.

Von diesen Schilden sind 56 aus Silber und 16 aus Kupfer-Legierungen gefertigt. Das Material der übrigen 8 ist in der Literatur nicht angegeben worden.

19 dieser Schilde stammen aus Frauen-Gräbern.

Das typische Schild-Amulett scheint demnach aus Silber gefertigt und von Männern getragen worden zu sein.


## VII 7. e)   Die Sol-Rune

Der altnordische Name der Rune „sol", die im Germanischen „sowilo" hieß, bedeutet „Sonne".

Diese Rune ist eine halbe, d.h. eine „zweiarmige" Swastika (die vier „Arme" hat), also ein halber „Sonnenwirbel": ᛐ . Somit ist dies die älteste Rune, da die Swastika bis zu den mesopotamischen Ackerbauern zurückverfolgt werden kann. Sie ist eng verwandt mit dem „Hrungnir-Herz"-Symbol und mit der keltischen Triskele, die eine dreiarmige Swastika ist.

Diese Rune ist ursprünglich ein Sonnensymbol gewesen und ist erst sekundär durch Halbierung zu einem Schriftzeichen in der Runenschrift geworden.

Man wird daher schon von dem Namen und dem Bild dieser Rune von einer starken Sonnen-Assoziation ausgehen können, die sich bei den Germanen bis zu den skandinavischen Felsritzungen zurückverfolgen läßt, die zwischen 1800 und 500 v.Chr. angefertigt worden sind.

Es ist allerdings zweifelhaft, daß davon einem normalen Wikinger noch viel bewußt gewesen ist.

Es hat auch eine starke Assoziation zwischen der Sonne und dem Schild gegeben – beide waren kreisrund. Auch die Sonne selber wurde auf ihrem Wagen als ein Schild angesehen, woraus in der Edda ein Schild vor der Sonne auf ihrem Wagen wurde.

Da Tyr bis 500 n.Chr. der Sonnengott-Göttervater der Nordgermanen gewesen ist, wird die Sol-Rune auch fest mit Tyr und mit seinem Sonnenschild assoziiert worden sein.

Die Rune Sowilo ist eine Sonnen-Rune. Da die Sonne auch als Schild angesehen wurde, war Sowilo auch eine Schildrune. Die Sowilo-Rune findet sich z.B. als

Lösung unter dem Schild-Rätsel aus dem Exeter-Buch (siehe Abschnitt „VII 2. p)").

Diese Rune wird wohl sowohl als Sonnen-Rune als auch als Schild-Rune eine Schutz-Rune gewesen sein: Diese Rune bewirkte sozusagen, daß der Betreffende von der Sonne, d.h. von Tyr wie durch einen Schild geschützt wurde.

Die Bedeutung „Sieg", die dieser Rune insbesondere im Dritten Reich beigelegt worden ist, findet sich in den alten Texten nirgendwo.


## VII 7. f)  Sigdrifa-Lied
*(1220 n.Chr.)*

In diesem Lied wird eine „Schild-Burg", also ein schützender Schild-Kreis beschrieben, in dessen Innerem sich die Walküre Brünhilde befindet. Da sie symbolisch gesehen im Jenseits weilte, könnte dieser Schildwall ein Teil der Bestattungsbräuche gewesen sein.

*Sigurd ritt hinauf nach Hindarfiall und wandte sich südwärts gen Frankenland. Auf dem Berge sah er ein großes Licht gleich als brennte ein Feuer, von dem es zum Himmel emporleuchtete. Aber als er hinzukam, stand da eine Schildburg und oben heraus ein Banner. Sigurd ging in die Schildburg und sah, daß da ein Mann lag und in voller Rüstung schlief. Dem zog er zuerst den Helm vom Haupt: da sah er, daß es ein Weib war.*


## VII 7. g)  Das dritte Lied über Sigurd Fafnir-Töter
*(1220 n.Chr.)*

In diesem Lied wird der gesamte Bestattungs-Scheiterhaufen („Burg") der Brynhild mit Schilden umstellt – eine Entsprechung zu der Schildburg, in dem Sigurd sie gefunden hatte.

Brynhild:
*„Die Burg umzieht mit Zelten und Schilden*
*Erlesnem Geleit und Leichengewand,*
*Und brennt mir der Hunnen Gebieter zur Seite."*

## VII 7. h)  Die Geschichte über Norna-Gest
*(1387 n.Chr.)*

In dieser Geschichte wird gesagt, daß die „Schild-Burg" rings um Brünhilde aus einem Kreis aus weißen und roten Schilden bestand.

*Er umgab mich mit Schilden, / Kante an Kante,*
*rot und weiß / in Skatlund.*
*Dann gebot er ihm / mich aus dem Schlaf zu reißen,*
*dem, der in keinem Land / Furcht kannte.*


## VII 7. i)  Zusammenfassung

Bei den Südgermanen scheint man den Schild zu Häupten der gefallenen Krieger gelegt zu haben, bei den Nordgermanen jedoch zu Füßen des Toten, während das Schwert stets beim Kopf lag.

Möglicherweise besteht bei diesem Bräuchen ein Zusammenhang zu dem Stehen des Tyr-Hrungnir auf seinem Schild und der Auffassung des Kopfes des Tyr-Heimdall als Schwert.

Um die Waberlohe und auch um den Scheiterhaufen der Walküre Brünhild wurde ein Schildwall gebildet, d.h. Schilde in einer Reihe dicht nebeneinander gestellt – abwechselnd ein weißer und ein roter.

# VII 8.   Schilde als Signal

Schilde dienten auch zum Signalisieren – insbesondere für den Kampf-Beginn und das Kampf-Ende.

## VII 8. a)   Der Seherin Ausspruch
### (1000 n.Chr.)

Hrym ist sehr wahrscheinlich ursprünglich der ehemalige Göttervater Tyr als Riese im Jenseits gewesen. Daher könnte „Hrym mit dem Schild" mit der Darstellung des Tyr mit Schwert und Schild auf einem der beiden Goldhörner von Gallehus überein-stimmen. Der Schild des Tyr wird zwar selten erwähnt, aber da er ausdrücklich „Schwertgott" genannt wird und Schwert und Schild damals zusammengehörten, ist Tyr auch der „Schildgott".

Das „Erheben des Schildes" ist auch eine Umschreibung für eine Kriegserklärung und für den Beginn eines Kampfes.

*Hrym fährt von Osten und hebt den Schild.*

## VII 8. b)   Gesta danorum:   Hedin
### (1080 n.Chr.)

Offensichtlich konnte man mithilfe der Schilde am Mast verschiedene Dinge signalisieren – wie mit den heutigen Signalwimpeln an den Mastleinen der Schiffe.

*Hedin signalisierte durch einen Schild am Mast das Nahen von Freunden.*

Möglicherweise wurde „Freund" durch einen weißen Schild signalisiert.

## VII 8. c)   Das erste Lied über Helgi Hunding-Töter
### (1100 n.Chr.)

In diesem Lied ist das Aufziehen eines roten Schildes am Mast ein Symbol für die Kampfbereitschaft bzw. eine Kriegserklärung.

*Da sprach Sinfiötli und schlug an der Rahe*
*Einen roten Schild auf, dessen Rand war von Gold;*
*Er war ein Sundwart, der sprechen konnte*
*Und Worte wechseln mit werten Männern.*

## VII 8. d)   Die Saga über Sturlaug den Mühen-Beladenen
*(1210 n.Chr.)*

In dieser Saga erscheint noch einmal das Hissen eines Schildes als Friedens-Signal – leider wieder ohne daß die Farbe des Schildes genannt wird.

*Sturlaug ließ den Friedens-Schild hissen und zog mit seinem gesamten Heer nach Aldeigjuborg.*

## VII 8. e)   Die Saga über Olaf den Ruhmreichen
*(1220 n.Chr.)*

Auch in dieser Saga wird das Hissen eines roten Schildes als Kampfbeginn genannt:

*Olaf nahm sein Kriegshorn und blies ein lautes Signal als Herausforderung. Zur selben Zeit wurde ein rot bemalter Schild an der Rahe hinaufgezogen.*

## VII 8. f)   Saga über Pfeile-Odd
*(1280 n.Chr.)*

Leider wird auch in dieser Saga nicht die Farbe des Friedens-Schildes genannt …

*Und danach rüsten sich beide Seiten, ordnen ihre Mannschaft zum Kampf, und dann kämpfen sie, solange es Tag ist. Da wird der Friedensschild emporgehoben, und Hjalmar fragt Odd, wie er denke, daß es den Tag über gegangen sei.*
*Odd äußerte sich zufrieden.*
*„Willst Du das Spielchen öfter?" sagt Hjalmar.*
*„Ich habe nichts anderes vor," sagt Odd, „weil ich noch nie zuvor einen so streitbaren Kerl getroffen habe."*

*Danach verbinden die Männer ihre Wunden am Abend, und beide Seiten begeben sich zu den Feldzelten.*

*Aber am Morgen ordnen beide Seiten ihre Leute zur Schlacht, sie rüsten zum Kampf und schlagen sich den zweiten Tag. Am Abend wurde der Friedensschild emporgehoben, und da fragt Odd, wie er denke, daß es gegangen sei.*

*Hjalmar äußerte sich zufrieden: „Und willst Du dieses Spiel noch einen dritten Tag?"*

*„Ja," sagt Odd, „jetzt gilt es, zwischen uns die Entscheidung zu suchen."*

*Da sprach er: „Gibt es große Aussicht auf Beute auf Deinen Schiffen?"*

*„Das ist nicht der Fall," sagt Odd, „da wir den Sommer über keinen Besitz angesammelt haben."*

*„Ich habe noch nie von törichteren Männern gehört," sagt er, „als hier, weil wir uns nur aus Übereifer und Ehrgeiz schlagen."*

*„Was willst Du tun deswegen?" sagt Odd.*

*„Ich will," spricht er, „daß wir eine gemeinsame Streitmacht gründen."*

*„Das gefällt mir sehr," sagt Odd, „aber ich weiß nicht, was Hjalmar darüber denkt."*

*Hjalmar sprach: „Ich bestehe nur auf den Wikingergesetzen, die wir schon immer hatten."*

*Odd sagt: „Ich möchte sie hören, bevor ich zustimme."*


### VII 8. g)   Saga über Fridthjof den Kühnen
*(1280 n.Chr.)*

Auch hier wird der Friedensschild genannt – leider auch hier wieder ohne die Nennung der Farbe. Man wird jedoch mit einiger Sicherheit das Hissen der weißen Fahne als Kapitulationssignal oder als Zeichen eines Unterhändlers als die Weiterentwicklung des Erhebens des „weißen Schildes" ansehen können.

*Fridthjof hielt seinen Friedens-Schild empor und die Schlacht endete.*


### VII 8. h)   Geschichte über Styrbjarnar
*(1387 n.Chr.)*

Der rote Schild als Kampf-Symbol ist recht gut gesichert und erscheint auch in dieser Geschichte:

Als drei Jahre vergangen waren, kam Björn zur Jomsburg im Wendenland und wurde dort der Anführer. Während er mit seiner Mannschaft dort war, gab es ein seltsames Ereignis. Aus dem Graben, der um die Burg herum angelegt war, kam ein großes Finngalkn heraus und sprach das Folgende:

*"Die Hild des Kampfes*
*steht jeden Morgen unter dem roten Schild.*
*Jetzt haben die Siegmädchen*
*den Dänen hartes Schwertspiel bestimmt.*
*Wie alle müßt ihr mit dem Schwert*
*gegen Balders bösen, dunklen Vater kämpfen.*
*Der harte Odin*
*will die Gefallenen auswählen."*

Finngalkn = Tier mit großen Klauen und langem Schwanz und Menschenoberleib
Hild des Kampfes = Walküre
Siegmädchen = Walküren
Schwert-Spiel = Kampf
Baldurs Vater = Odin

## VII 8. i)   Zusammenfassung

Das Erheben eines roten Schildes signalisierte Feindschaft und den Kampfbeginn, das Erheben eines vermutlich weißen Schildes signalisierte Freundschaft und das Ende des Kampfes.

# VII 9.   Kenningar

In den Lieder und Sagas finden sich viele Kenningar für den Schild bzw. Kenningar, in denen das Wort „Schild" vorkommt. Anhand dieser Kenningar lassen sich verschiedene Dinge über die Schilde erkennen.

## VII 9. a)   Die Schilde waren ein Schutz

| | | | | | |
|---|---|---|---|---|---|
| Schild | Schutz | | | Snorri Sturluson | Thulur |
| Schild | Beschützer | | | Snorri Sturluson | Thulur |
| Schild | Schützer der Helm-Ebereschen | | | anonym | Olafs drapa Tryggvasonar |
| Schild | Unruhe(-Schutz) | | | Snorri Sturluson | Thulur |
| Schild | Bedecker | | | Snorri Sturluson | Thulur |
| Schild | Kampf-Versteck | | | Snorri Sturluson | Thulur |
| Schild | Unheil-Versteck | | | Snorri Sturluson | Thulur |
| Schild | Verhinderer | | | Snorri Sturluson | Thulur |
| Schild | Glücksbieger | dreht das Schicksal zu Gunsten des Schild-Trägers | | Snorri Sturluson | Thulur |
| Schild | Zaun der Kante des Tores des Thundr | Thundr = Odin; sein Tor = Schild; dessen Rand = Metallring außen am Schild; dessen Zaun = Bretter des Schildes | | Snorri Sturluson | Hattatal |
| Schild | Schlacht-Zaun | | | Einar Schreihals Helgason | Vellekla |
| Schild | Speer-Zaun | | | Einarr Schreihals Helgason | Vellekla |
| Schild | Zaun des Speer-Angriffs | | | Einarr Schreihals Helgason | Vellekla |
| Schild | Kampf-Gatter | Gatter = altnordisch „gard" = Gatter, Garten, Schutz, Einfriedung, befestigter Ort | | Einarr Schreihals Helgason | Vellekla |
| | | | | Einarr Skulason | Runhenda |
| Schild | Kriegs-Gatter | | | anonym | Lidsmanna-flokkr |

244

| Schild | Quer-Gatter des Sturmes der Schlachten-Halle | Schlachten-Halle = Schild; deren Sturm = Kampf | | Sigvatr Thordarson | Erfidrapa Olafs des Heiligen |
|---|---|---|---|---|---|
| Schild | Gatter der Speere | | | Einarr Schreihals Helgason | Vellekla |
| Schild | Stab-Gatter | 1. Stab = Mann (Schild = „Krieger-Gatter") oder: 2. Stab = Speer (Schild = „Speer-Schutz") | | Eyolf der tatkräftige Skalde | Bandadrapa |
| Schild | Haus des Sörli | Sörli = Sagenheld | | Einarr Schreihals Helgason | Vellekla |
| Schild | Haus des Reifnir | Reifnir = Seekönig | | Einarr Skulason | Geisli |
| Schild | Hof des Spitzen-Sturmes | | | Einarr Skulason | Geisli |
| Schild | Heim der Schilfrohre der Schilde | | | Arnorr Jarl-Skalde Thordarson | Hrynhenda, Magnussdrapa |
| Schild | blutige Heimstätte des Hroptr | Hroptr = Odin | | Thordr Kolbeinsson | Eiriksdrapa |
| Schild | Gedränge-Saal | Gedränge = Kampfgetümmel; Saal = Schutz | | Snorri Sturluson | Thulur |
| Schild | Speer-Dorf | | | Olaf der Heilige Haraldsson | Lausavisur |
| Schild | Schwert-Festung | Festung gegen die Schwerter | | Markus Skeggjason | Eiriksdrapa |
| Schild | gefärbte Festung des Schwert-Griffes | Farbe = Blut | | Einarr Skulason | Geisli |
| Schild | Kampf-Tempel | | | Glumr Geirason | Grafeldardrapa |
| Schild | Altar der zerstörenden Flammen des Windes der Schilde | Wind der Schilde = Kampf; Kampf-Flammen = Schwerter; auf den Altar werden Opfergaben gelegt – auf den Schild werden Schläge „gelegt" | | anonym | Olafs drapa Tryggvasonar |
| Schild | Ring-Altar | runder Altar – runde Schilde | | anonym | Lidsmannaflokkr |
| Schild | Farben-Wand | die Schilde waren bemalt | | Hromund | Landnahme-Buch |
| Schild | Schlachten-Wand | | | Sigvatr Thordarson | Vikingarvisur |
| | | | | Snorri Sturluson | Hattatal |

| Schild | harte Schlag-Wand | | | Hallfredr Ärger-Skalde Ottarsson | Erfidrapa Olfas Tryggvasonar |
|--------|-------------------|---|---|---------------------------------|------------------------------|
| Schild | Sigars Wand | Sigar = Held (Odins Sohn) | | Snorri Sturluson | Hattatal |
| Schild | Svolnirs Wand | Svolnir = Sonne/Odin | | anonym | Landnahme-Buch |
| | | | | Hastein | Landnahme-Buch |
| Schild | Schlachten-Wand | | | Snorri Sturluson | Hattatal |
| Schild | Schild-Wall | | | anonym | Beowulf |
| Schild | Wall des Svolnir | Svolnir = Odin | | Sturla Thordarson | Hakonarkvida |
| Schild | Wall der Hildr | | | Grettir | (Skaldskapar-mal) |
| Schild | Wall des Hedinn | Hedinn = Sagenheld (Tyr) | | Einarr Schreihals Helgason | Vellekla |
| Schild | Wall der Pferde des Meeres | | | Tindr Hallkelsson | Hakonardrapa |
| Schild | Rand-Wall | | | Hallfredr Ärger-Skalde Ottarson | Erfidrapa Olafs Tryggvasonar |
| Schild | Kriegs-Dach | | | Grettir | Grettir-Saga |
| Schild | Dach der Gunn | Gunn = Walküre | | Hastein | Landnahme-Buch |
| Schild | Schlachten-Tor | mit „Tor" ist der „Tor-Flügel" und nicht die Tor-Öffnung gemeint | | Eyvindr Skalden-Verderber Finnsson | Lausavisur |
| Schild | Thundrs Tor | Thundr = Odin; Tor = schützende Wand, | | Snorri Sturluson | Hattatal |
| Schild | Tür des Högni | Högni = Sagenkönig | | Magnus Barfuß Olafsson | Lausavisur |
| | | | | anonym | Lidsmannaflokkr |
| Schild | Tür des Hagbardi | Hagbard = Sagenheld | | Einar Schreihals Helgason | Vellekla |
| Schild | Schwert-zerborstene Tür des Geitir | Geitir = Seekönig | | Vigfuss Viga-Glumsson | Gedicht über Hakon Jarl |
| Schild | Speer-Brücke | es ist offenbar eine kleine Holzbrücke gemeint, die in etwa wie eine über einen Bach gelegte Tür geformt ist | | Einarr Schreihals Helgason | Vellekla |
| | | | | Sturla Thordarson | Hakonarflokkr |
| Schild | Kriegs-Wall-Brücke | Brücken und Schilde sind aus Holz | | Tjodolfr von Hvini | Haustlöng |

| | | | | |
|---|---|---|---|---|
| **Schild** | *Kampf-Zelt* | Schild und Zelt schützen | anonym | Brudkaupsvisur |
| **Schild** | *Schlacht-Zelt* | | Sturla Thordarson | Hrafnsmal |
| | | | Gamli Kanon | Harmsol |
| | | | Einarr Skulason | Haraldssona-kvädi |
| | | | | Runhenda |
| | | | anonym | Olafsdrapa |
| | | | anonym | Brudkaupsvisur |
| **Schild** | *Zelt des Odin* | | Snorri Sturluson | Skaldskaparmal |
| **Schild** | *Zelt der Walküre* | | Snorri Sturluson | Skaldskaparmal |
| **Schild** | *Zelt der Hlökk* | | Grettir | (Skaldskaparmal) |
| **Schild** | *Zelt der Högni-Tochter* | Högni-Tochter = Hild = Walküre; Zelt = Schutz | Snorri Sturluson | Hattatal |
| **Schild** | *Sturmzelt der Hrist* | Hrist = Walküre | Snorri Sturluson | Hattatal |
| **Schild** | *Zelt des Heer-Königs* | | Snorri Sturluson | Skaldskaparmal |
| **Schild** | *Damm* | | Snorri Sturluson | Thulur |
| **Schild** | *Schlachten-Land* | | Snorri Sturluson | Hattatal |
| **Schild** | *Schildbuckel-Land* | das, was den Schildbuckel umgibt | Schnecken-Halli | Lausavisur |
| **Schild** | *Ring-Land* | | Schnecken-Halli | Lausavisur |
| **Schild** | *Rand-Land* | Metall-Rand des Schildes | Hallfredr Ärger-Skalde Ottarsson | Erfidrapa Olfas Tryggvasonar |
| **Schild** | *Land der Schwertklinge* | | Glumr Geirason | Grafeldardrapa |
| **Schild** | *weite Länder der Buchten des Kampf-Feuers* | Kampf-Feuer = Schwert; Bucht des Schwert = Kerben | Guthorm Schlacke | Hakonardrapa |
| **Schild** | *Speer-Land* | | Snorri Sturluson | Hattatal |
| **Schild** | *Land des Lindenholz-Speeres* | | Thordr Kolbeinsson | Eiriksdrapa |
| **Schild** | *Land der Waffen* | | Snorri Sturluson | Skaldskaparmal |
| **Schild** | *Schlachten-Land* | | Snorri Sturluson | Hattatal |

| | | | | |
|---|---|---|---|---|
| **Schild** | *Land des Kampf-Schneesturmes* | | Jatgeirr Torfason | Lausavisur |
| **Schild** | *Land des Thridi* | Thridi = Odin | Halldor Nicht-Christ | Eiriksflokkr |
| **Schild** | *Land der Gunnr* | Gunnr = Walküre | Thorfinnr Mund | Lausavisur |
| **Schild** | *Land-Rippe* | mit „Rippe" sind vermutlich die Bretter gemeint, aus denen der Schild besteht | Olaf der Heilige Haraldson | Lausavisur |
| **Schild** | *Grund des Lauches der Mist* | Mist = Walküre; ihr Lauch = Schwert | Snorri Sturluson | Hattatal |
| **Schild** | *Flammen-Strand* | Flamme = Schwert; Brandung = Angriff; Strand = Endstation des Angriffs | Snorri Sturluson | Hattatal |
| **Schild** | *Stimmen-Klippe* | man sang vorm Kampf in den Schild, der dabei die Stimme verstärkte | Tjodolfr von Hvini | Haustlöng |
| **Schild** | *sich bewegende Klippe der Grenze* | Grenze = der Schild steht zwischen zwei Feinden | Tjodolfr von Hvini | Haustlöng (2x) |
| **Schild** | *Landzunge der Schwerter* | | Eyvindr Skalden-Verderber Finnsson | Hakonarmal |
| **Schild** | *Pfad des Schwertes* | | Hallar-Steinn | Rekstefja |
| **Schild** | *Pfad des Kampf-Leuchtfeuers* | Leuchtfeuer = Flamme = Schwert | Thorarinn der Lange | Tögdrapa |
| **Schild** | *dunkler Weg der Spitze* | Spitze = Pfeil, Speer, Schwert; Weg = Ziel = Schutz | Snorri Sturluson | Hattatal |
| **Schild** | *Speer-Nahrung* | die Speere zerstören, d.h. „fressen" den Schild | Einarr Schreihals Helgason | Hakonardrapa |
| **Schild** | *Bart* | das, was wie der Bart vor dem Krieger ist | Snorri Sturluson | Thulur |
| **Schild** | *Schutz-Bart* | | Snorri Sturluson | Thulur |
| **Schild** | *Bart-Licht* | Bart = Axt; Licht = Sonne = Schild | Snorri Sturluson | Thulur |
| **Schild** | *Schatten-Spender* | Schatten = Schutz | Snorri Sturluson | Thulur |

| | | | | |
|---|---|---|---|---|
| **Schild** | *Bretter* | | Snorri Sturluson | Thulur |
| **Schild** | *Doppel-Brett* | zwei Lagen Bretter | Snorri Sturluson | Thulur |
| **Schild** | *Kampf-Brett* | | Erik der Skalde | Heidarviga-Saga |
| **Schild** | *Kriegs-Brett* | | Thorbiorn Brunison | Heidarviga-Saga |
| **Schild** | *Linden-Brett* | | Erik der Skalde | Heidarviga-Saga |
| **Schild** | *Rand der Kriegs-Brettes* | Rand = rund | Thorbiorn Brnuison | Heidarviga-Saga |
| **Schild** | *Rotes Schlachten-Brett* | | Erik der Skalde | Heidarviga-Saga |
| **Schild** | *Planken des Kampf-Gletschers* | Gletscher = Eis = Metall (Glanz); Kampf-Gletscher = Schwert | Rögnvald-Jarl Kali Kolsson | Lausavisur |
| **Schild** | *krummbeinige Planke des Kampf-Gletschers* | krummbeinig = die Schild-Planken waren anscheinend z.T. gebogen | Olaf der Heilige Haraldsson | Lausavisur |
| **Schild** | *Speer-Planke* | | Einarr Schreihals Helgason | Vellekla |
| **Schild** | *Planke der Göndul* | Göndul = Walküre | Hallar-Steinn | Rekstafja |
| **Schild** | *Hilds hängende Planken* | Hild = Walküre; hängen: am Schild-Riemen | Hastein | Landnahme-Buch |
| **Schild** | *Planke des Jalkr* | Jalkr = Odin | Sigvatr Thordarson | Gedicht über Erlingr Skjalgsson |
| **Schild** | *Planken des Hamdir* | Hamdir = Sagenheld (Alcis) | anonym | Gydingsvisur |
| **Schild** | *Planke der Gefallenen* | | Hildr Tochter des Hrolf Nase | Lausavisa |
| **Schild** | *Weiß-Holz* | weiß bemalter Schild | Snorri Sturluson | Thulur |
| **Schild** | *Linde(-nholz-Schutz)* | | Snorri Sturluson | Thulur |
| **Schild** | *Holzdeckel* | | Snorri Sturluson | Thulur |
| **Schild** | *Sohlen-Planken des Hrungnir* | | Snorri Sturluson | Hattatal |

249

# VII 9. c)  Die Schilde waren rund

| Schild | | | | | |
|--------|--|--|--|--|--|
| Schild | *Rundschild* | | | Snorri Sturluson | Thulur |
| Schild | *Kreis* | | | Snorri Sturluson | Hattatal |
| Schild | *Kreis-Ebene* | | | Snorri Sturluson | Hattatal |
| Schild | *Ring* | | runder Schild | Snorri Sturluson | Thulur |
| Schild | *Ring-Wiese* | | runde Wiese | Gisla Illugason | Erfikvädi über Magnus Barfuß |
| Schild | *Rand-Rad* | | Rad = Sonnenrad = (Sonnen-)Schild | Hallar-Steinn | Rekstefja |
| Schild | *Mord-Rad* | | | Halldorr der Schwätzer | Utfarardrapa |
| Schild | *klingendes Rad des Högni* | | Högni = Sagen-held | Bragi Boddason der Alte | Ragnarsdrapa |
| Schild | *Sonne des Meeres* | | eigentlich: „Sonne des Meer-Rosses" | Bersi | Kormak-Saga |
| Schild | *Sonne des Schneeschuhs des Flusses* | Schneeschuh des Flusses = Schiff; Schiffs-Sonne = Schild an der Bordwand | | anonym | Styrbjarnar-Thattr |
| Schild | *Meer-Mond* | eigentlich: „Mond des Meer-Rosses" o.ä. | | Tind | Heidarviga-Saga |
| Schild | *Mond der Kriegerschar* | | | anonym | Styrbjarnar-Thattr |
| Schild | *Mond-Zelt* | | Zelt = Schutz | anonym | Egil-Saga |
| Schild | *Himmel des Schild-Randes* | | Rand = „Rand des Schildes" und „(runder) Horizont (Himmels-Rand)" | Eyvindr Skalden-Verderber Finnsson | Hakonarmal |
| Schild | *Rand-Himmel* | | | Hallfredr Ärger-Skalde Ottarsson | Erfidrapa Olfas Tryggvasonar |
| Schild | *Himmel des Gautr* | | Gautr = Odin | Sturla Thordarson | Hakonarkvida |
| Schild | *grimmiger Himmel der Göndul* | | Göndul = Walküre | Olaf der Weiße Skalde Thordarson | Hrynhenda |
| Schild | *Weiß-Mahlstein* | Snorri deutet 'hvit-mylingr' (irr-tümlich?) als Pfeil-Heiti, aber: 'mylingr' = Mahlstein/Sonne/Mond => eher weißes Schild als Pfeil | | Snorri Sturluson | Thulur |

| | | | | |
|---|---|---|---|---|
| **Schwert** | *Mahlstein-Beißer* | Beißer = Schwert; Mahlstein = runder Schild (Deutung unsicher) | Snorri Sturluson | Thulur |
| **Schild** | *Helm der Mitte* | Mitte = Brust/Bauch; Helm = runder Schutz | Snorri Sturluson | Thulur |
| **Schild** | *Kessel* | | Snorri Sturluson | Thulur |
| **Schild** | *Insel des Helm-Wolfes* | Helm-Wolf = Axt | Thorbiorn Brnuison | Heidarviga-Saga |
| **Schild** | *gebundene Ränder* | Metallring außen um die Holzplanken | anonym | Atli-Lied |
| **Schild** | *Schildring* | | Snorri Sturluson | Thulur |
| **Schild** | *Kampf-Schäre* | Schäre = Insel | Sigvatr Thordarson | Erfidrapa Olfas des Heiligen |
| **Schild** | *Schäre des Feuers der Skögul* | Sköguls = Walküre; ihr Feuer = Schwert | Hallar-Steinn | Rekstefja |
| **Schild** | *Schäre der Axt* | | Sigvatr Thordarson | Flokkr über Erlingr Skjalgsson |
| **Schild** | *Insel des Helm-Wolfs* | Helm-Wolf = Axt | Thorbiorn Brnuison | Heidarviga-Saga |
| **Schild** | *Schwert-Tal* | | Einarr Schreihals Helgason | Vellekla |

## VII 9. d)   Die Schilde waren flach

| | | | | |
|---|---|---|---|---|
| **Schild** | *Rand-Ebene* | | Eyolfr der tatkräftige Skalde | Bandadrapa |
| **Schild** | *Kampf-Segel* | | Einar Schreihals Helgason | Vellekla |
| **Schild** | *Ring-Segel* | rundes Segel (die Schilde der Nordgermanen waren rund) | Sturla Thordarson | Hakonarkvida |
| **Schild** | *Segel der Hlökk* | Hlökk = Walküre | Einar Schreihals Helgason | Vellekla |
| **Schild** | | | | (Skaldskaparmal) |
| **Schild** | *Schild-Segel der Hild* | „Schild" ist ein überflüssiger Zusatz bei dieser Kenning | Einarr | (Skaldskaparmal) |

| | | | | |
|---|---|---|---|---|
| **Schild** | *Schlachten-Tuch* | | Tjodolfr von Hvini | Haustlöng |
| **Schild** | *Blatt des Schiffes* | | Snorri Sturluson | Skaldskaparmal |
| **Schild** | *steifes Blatt der Kampf-Frau* | Blatt = Klinge; Kampf-Frau = Walküre | Sturla Thordarson | Hrafnsmal |
| **Schild** | *Blatt des Landes des Leifi* | Leifi = Seekönig; Land des Leifi = Meer; abgekürzte Kenning, eigentlich: „Blatt des Rosses des Landes des Leifi" o.ä. | Bragi Boddason der Alte | Ragnarsdrapa |

## VII 9. e)   Die Schilde waren stabil

| | | | | |
|---|---|---|---|---|
| **Schild** | *Ewiger* | Haltbarer, Stabiler | Snorri Sturluson | Thulur |
| **Schild** | *Wetter-Freudiger* | Wetter = Geschosse | Snorri Sturluson | Thulur |
| **Schild** | *harte, schützende Ränder* | | Thorfinn Mund | Lausavisur |
| **Schild** | *gebundene Ränder* | Metallring außen an den Holzplanken | anonym | Atli-Lied |

## VII 9. f)   Die Schilde hatten einen Schildbuckel

| | | | | |
|---|---|---|---|---|
| **Schild** | *Schildbuckel-Schild* | | Snorri Sturluson | Thulur |
| **Schild** | *Schildbuckel-Land* | das, was den Schildbuckel umgibt | Schnecken-Halli | Lausavisur |
| **Schild** | *Gewölbter* | Wölbung = Schildbuckel | Snorri Sturluson | Thulur |
| **Schild** | *Ziel-Buckel* | Ziel der Schwert-Hiebe | Saxo der Schriftkundige | Geschichte der Dänen |

## VII 9. g)  Die Schilde wurden mit der Sonne assoziiert

| Schild | Schild-Sonne | | | anonym | Liknarbraut |
|---|---|---|---|---|---|
| | | | | anonym | Placitusdrapa |
| **Sonne** | *Himmelsschild* | | | Eilifir Godrunason | Thorsdrapa |
| | | | | anonym | Leidarvisan |
| | | | | Kalfr Hallsson | Katrinardrapa |
| **Sonnen-scheibe** | *Schild des ewig brennenden Feuers* | ewiges Feuer = Sonne | | Eilifir Godrunason | Thorsdrapa |
| **Sonnen-göttin** | *schönen Göttin des Himmelsschildes* | Himmelsschild = Sonne | | Eilifir Godrunason | Thorsdrapa |
| **Sonne** | *Wolken-Schild* | | | anonym | Petrsdrapa |
| **Sonne** | *Schild des Erd-Tempels* | | | Gamli Kanon | Harmsol |
| **Schild** | *Sonne der Schlachten* | | | Thorvaldr Hjaltson | Lausavisur |
| **Schild** | *Kampf-Sonne* | | | Thorvaldr Hjaltson | Lausavisur |
| **Schild** | *Kriegs-Sonne* | | | anonym | Placidusdrapa |
| **Schild** | *Sonne des Stur-mes des Svölnir* | Svölnir = Odin (ursprünglich Tyr); Sturm des Svölnir = Kampf | | Hallar-Stein | Rekstefja |
| **Schild** | *Bart-Licht* | Bart = Axt; Licht = Sonne = Schild | | Snorri Sturluson | Thulur |
| **Schild** | *Sonne des Schiffes* | die Schilde hingen wie Sonnen an der Bordwand | | Einarr | (Skaldskaparmal) |
| | | | | Snorri Sturluson | Skaldskaparmal |
| **Schild** | *Sonne des Bug-Rosses* | | | Einarr Skulason | Geisli |
| **Schild** | *Sonne des Bug-Stieres* | | | Einarr Skulason | Geisli |
| **Schild** | *Sonne des Meeres* | eigentlich: „Sonne des Meer-Rosses" o.ä. | | Bersi | Kormak-Saga |
| **Schild** | *Sonne der Taue* | (Schiffs-)Taue = Schiff | | Tindr Hallkelsson | Hakonardrapa |
| **Schild** | *der an nichts mangeln-den Sonne des Streit-wagens der Brandung* | Brandungs-Streit-wagen = Schiff; an nichts mangeln = vollkommen | | Sturla Thordarson | Hrafnsmal |
| **Schild** | *Sonne des Gymir* | Gymir = Tyr mit Schwert und Schild als Riese in der Wasserunterwelt | | Tindr Hallkelsson | Hakonardrapa |

| Schild | Sonne des Wagens des Gymir | Gymir = Meeresriese (Tyr); sein Wagen = Schiff | | Tindr Hallkelsson | Hakonardrapa |
|---|---|---|---|---|---|
| Schild | Kerben-übersäte Sonne des Reitpferdes des Gripir | Gripir = Seekönig; sein Pferd = Schiff | | Thorbjörn Hornklaue | Glymdrapa |
| Schild | hervorstehende Sonnen der galoppierenden Rosse des Gripnir | Gripnir = Seekönig; seine Rosse = Drachenschiffe; an deren Bordwand die Schilde hängen (hervorstehen) | | Thorbjörn Hornklaue | Glymdrapa |
| Schild | Sonne des Skis des Flusses | | | Thovaldr Hjaltson | Lausavisur |
| Schild | Sonne des Schnee-schuhs des Flusses | Schneeschuh des Flusses = Schiff; Schiffs-Sonne = Schild an der Bordwand | | anonym | Styrbjarnar-Thattr |
| Schild | Juwelen der Bordwand | Juwel = Edelstein (ihr Glanz = Leuchten der Sonne); die Schilde hingen an der Bordwand der Drachenschiffe | | anonym | Placidus-drapa |
| Schild | Glanz des Schiffes | Glanz = Sonne = Schild | | Snorri Sturluson | Skald-skaparmal |
| Schild | Rand-Glanz des Schären-Schneeschuhs | Schären-Schneeschuh = Schiff; die Schilde glänzten an der Bordwand | | anonym | Egils-Saga |
| Schild | Glanz der Tieres des Heiti | Heiti = Seekönig; seine Tiere = Schiffe | | Hallfredr Ärger-Skalde Ottarson | Erfidrapa Olafs Trygg-vasonar |
| Schild | Glanz-Kessel | Kessel = rund; runder Glanz = (Sonnen-)Schild | | Gamli Kanon | Harmsol |
| Schild | blasses Ring-Eis | Eis = Metall (wegen dem Glanz); Ring = rund | | Tjodolfr von Hvini | Haustlöng |
| Schild | Geitirs Gesicht | Geitir = Tyr-Riese = Sonne (siehe „Geitir" in Band 6) | | Tjodolfr von Hvini | Haustlöng |
| Schild | Gestirn des Mädchens des Högni | Gestirne = Sonne und Mond = Schilde; Mädchen des Högni = Freya, die von Odin als Walküre zu Högni gesandt worden war | | Sturla Thordarson | Hakonar-kvida |

## VII 9. h)   Die Schilde wurden sekundär auch mit dem Mond assoziiert

| Schild | Ring-Mond | | runder Vollmond | Sturla Thordarson | Hakonarkvida |
|---|---|---|---|---|---|
| Schild | hoher Mond | hoher Mond = vermutlich „Vollmond"; unvollständige Kenningar, eigentlich „hoher Mond der Krieger" o.ä. | | Guthorm Schlacke | Hakonardrapa |
| Schild | Mond-Zelt | Zelt = Schutz | | anonym | Egil-Saga |
| Schild | Kampf-Mond | | | anonym | Brudkaupsvisur |
| | | | | Sigvatr Thordarson | Nesjavisur |
| Schild | Schlacht-Mond | | | Sigvatr Thordarson | Nesjavisur |
| | | | | anonym | Brudkaupsvisur |
| Schild | Sieg-Mond | | | Sigvatr Thordarson | Nesjavisur |
| Schild | Mond der Kriegerschar | | | anonym | Styrbjarnar-Thattr |
| Schild | roter Mond am Arm des Hedin | | Hedin = Sagen-Held; rot = Blut | Einar Schreihals Helgason | Vellekla |
| Schild | Mond des Helmes | unvollständige Kenning: eigentlich: „Mond des Helm-Baumes (Krieger)" | | Hallar-Steinn | Rekstefja |
| Schild | hoher Mond des Speeres | | Schild = Schutz gegen die Speere | Guthorm der Schwarze | Hakonardrapa |
| Schild | Mond der Bordwand | | | Jorunn der schlechte Skalde | Sendibitr |
| Schild | breiter Bordwand-Mond | | | Hallfredr Ärger-Skalde Ottarsson | Erfidrapa Olfas Tryggvasonar |
| Schild | klarer Mond der Schiffs-Wange | | Schiffswange = Bordwand | Refr | (Skaldskaparmal) |
| Schild | Mond der Land-zungen-Bordwand | Landzunge = etwas, das hervorragt = die Schilde hängen außen an der Bordwand („Landzunge" ist kein Bestandteil der Kenningar, sondern eine Art „Adjektiv"); schöner Reim: „tungl tangar tingla" | | Halldor Nicht-Christ | Eiriksflokkr |
| Schild | Mond des Schiffes | Schilde an der Bordwand | | Bragi Boddason | Ragnarsdrapa |
| | | | | Snorri Sturluson | Skaldskaparmal |

255

| | | | | |
|---|---|---|---|---|
| **Schild** | *Mond des Meeres* | eigentlich: „Mond des Meer-Rosses" o.ä. | Tind | Heidarviga-Saga |
| **Schild** | *schützender Mond des Pferdes des Bootshauses* | Pferd des Boots-hauses = Schiff | Thordr Säreksson | Thoralfsdrapa Skolmssonar |
| **Schild** | *Kampf-Monde der geneigten Schnee-schuh-Stöcke* | ungenaue Kenning: Schneeschuh (eigentlich „Meer-Schneeschuh" o.ä.) = Schiff ; geneigte Schiff-Stöcke = Ruder (schräg im Wasser); „Ruder" ist abgekürzt für „Ruder-Roß" o.ä. = Schiff; eigentlich: „Kampf-Monde des Rosses der geneigten Stöcke des Meer-Schneeschuhs" | Olaf der Weiße Skalde Thordarson | Hrynhenda |
| **Schild** | *Mond des Fahr-zeugs des Rär* | Rär =Seekönig; Fahrzeug des Rär = Schiff | Bragi Boddason der Alte | Ragnarsdrapa |
| **Schild** | *Gestirn des Mäd-chens des Högni* | Gestirn = Sonne und Mond = Schilde (eigentlich „Gestirne der Bordwand" o.ä.); Mädchen des Högni = Freya, die von Odin als Walküre zu Högni gesandt worden war | Sturla Thordarson | Hakonarkvida |

## VII 9. i)   Die Schilde wurden sekundär auch mit den Wolken assoziiert

Die Wolken sind vermutlich durch eine Ausweitung der Symbolik des Sonnenschildes über den Mondschild auf die Wolken als ein manchmal annähernd rundes Himmelsphänomen entstanden.

| | | | | |
|---|---|---|---|---|
| **Schild** | *Schildring-Wolke* | | Eyvindr Skalden-Verderber Finnsson | Hakonarmal |
| **Schild** | *Wolken-Rand-Rad* | keine Kenning, eher eine vierfache Anspielung: 1. Wolke = Schild; 2. Rand = Schild; 3. Rad = Schild; 4. Wolken-Rad = Sonne/Mond = Schild | Hallar-Steinn | Rekstefja |
| **Schild** | *Wolke des Schwert-Lärms* | | Hallar-Steinn | Fragment |

| Schild | Wolke des Speer-Schauers | | anonym | Egils-Saga |
|--------|--------------------------|---|--------|-----------|
| **Schild** | *Wolke des Schneiden-Sturmes* | | Sturla Thordarson | Hrafnsmal |
| **Schild** | *Wolke der Schild-Schlange* | Schild-Schlange = Schwert | Hallar-Steinn | Rekstefja |
| **Schild** | *Streit-Wolke* | | Arnorr Jarlaskald Thordarson | Magnussdrapa |
| **Schild** | *Kampf-Wolken* | | Arnorr Jarlaskald Thordarson | Haraldsdrapa |
| | | | Einarr Skulason | Geisli |
| | | | Tindr Hallkelsson | Hakonardrapa |
| | | | Arnorr | (Skaldskaparmal) |
| **Schild** | *dünn gewordene Wolke des Kampfes* | | Einarr Skulason | Geisli |
| **Schild** | *Schlachten-Wolke* | | Sturla Thordarson | Hakonarkvida |
| | | | Thjodolfr Arnorsson | Magnusflokkr |
| | | | Einarr Skulason | Geisli |
| | | | Tinkl Hallkelsson | Hakonardrapa |
| **Schild** | *Speer-Wind-Wolken* | Speer-Wind = Kampf | Snorri Sturluson | Hattatal |
| **Schild** | *Kriegs-Wolke* | | Hallfredr Ärger-Skalde Ottarsson | Erfidrapa Olfas Tryggvasonar |
| **Schild** | *Schreckens-Wolke* | | Sturla Thordarson | Hakonarflokkr |
| **Schild** | *Mord-Wolke* | | Tinkl Hallkelsson | Hakonardrapa |
| **Schild** | *Todes-Wolke* | | Tindr Hallkelsson | Hakonardrapa |
| **Schild** | *Brün-nen-Wolke* | Brünne ist hier eher eine Assoziation zu Schild als eine Kenning; eigentlich: „Wolke der Brünnen-Bäume" o.ä. | Sturla Thordarson | Hrafnsmal |
| **Schild** | *Wolke des Throttr* | Throttr = Odin | anonym | Olafs drapa Tryggvasonar |
| **Schild** | *Wolke der Skögul* | | Thorleifr Jarl-Skalde Raudfeldarson | Gedicht über Hakon |
| **Schild** | *Wolke der Skuld* | Skuld = Walküre | anonym | Brudkaupsvisur |

257

## VI 9. j)   Die Schilde leuchteten

Dieses „Leuchten" der Schilde läßt sich am ehesten mit der Assoziation zwischen den Schilden und der Sonne erklären, da die Schilde nicht vollständig mit (glänzendem) Metall beschlagen waren.

| Schild | *Leuchtender* | Leuchten = Sonne = Schild | Snorri Sturluson | Thulur |
|--------|---------------|---------------------------|------------------|--------|

## VII 9. k)   Die Schilde glänzten

Dieser Glanz kann sich sowohl auf Metallbeschläge, dem metallenen Rand des Schildes als auch die Assoziation zwischen dem Schild und der Sonne beziehen.

| Schild | *glänzender Wächter des Schiffes* | die Schilde hingen an der Bordwand | anonym | Egil-Saga |
|--------|-----------------------------------|-----------------------------------|--------|-----------|
| Schild | *Glänzend-Dunkelfarbiger* | blau/schwarz bemalt | Snorri Sturluson | Thulur |

## VII 9 l)   Die Schilde waren weiß

Das Adjektiv „weiß" bezeichnete im Altnordischen wie in sehr vielen anderen Sprachen auch die Qualität „glänzend, strahlend, von metallischen Glanz".

| Schwert | *Flammen der weißen Schilde* | | Hallar-Steinn | Rekstefja |
|---------|------------------------------|--|---------------|-----------|
| Krieger | *Baldur der Flamme der weißen Schilde* | | Hallar-Steinn | Rekstefja |
| Schild | *Weiß-Holz* | | Snorri Sturluson | Thulur |
| Schild | *Weiß-Mahl-stein* | Snorri deutet 'hvit-mylingr' (irrtümlich?) als Pfeil-Heiti, aber: 'mylingr' = Mahlstein/Sonne/Mond => eher ein weißer Schild als ein Pfeil | Snorri Sturluson | Thulur |

258

## VII 9. m)   Die Schilde waren rot

Da die Germanen das Gold als „rot" bezeichneten, kann die Farbe „rot" auch bedeuten, daß die Schilde golden waren.

| Krieger | *Ebereschen der roten Schilde* | | Bjarni Bischof Kolbeinsson | Jomsvikingadrapa |
|---------|-------------------------------|---|----------------------------|------------------|
| Schild  | *Rotes Schlachten-Brett*      | | Erik der Skalde            | Heidarviga-Saga  |


## VII 9. m)   Der Rand der Schilde war rot

Da die Germanen das Gold als „rot" bezeichneten, kann die Farbe „rot" auch bedeuten, daß der Schild-Rand golden war.

| Schild | *Rot-Rand* | rot = golden = Metallrand um den Schild | anonym | das andere Gudrun-Lied |
|--------|-----------|------------------------------------------|--------|------------------------|


## VII 9. n)   Walhalla wird von goldenen Sonnen-Schilden bedeckt

Die Sonnenschilde auf Walhalls Dach sind der von Odin vervielfältigte Sonnen-Schild des Tyr.

| Schild | *Dachziegel von Odins Halle* | | Snorri Sturluson | Skaldskaparmal |
|--------|------------------------------|---|------------------|----------------|
| Schild | *Dach des Odin* | | Snorri Sturluson | Skaldskaparmal |
| Schild | *Dach-Sonne des Odin* | | Thorain | Eyrbyggja-Saga |
| Schild | *(Schindeln der) Halle des Sveigdir* | Sveigdir, Fiölnir, Giljadr = Odin | Guthorm Schlacke | Hakonardrapa |
| Schild | *Fjolnirs Dachschindel* | | Halldorr der Schwätzer | Utfarardrapa |
| Schild | *Fiölnirs Dachraum* | | Halldorr der Schwätzer | Utfarardrapa |
| Schild | *Fjölnirs Dach* | | Halldor der Schwätzer | Utfarardrapa |
| Schild | *die von dem Dach des Giljadr* | | Guthorm Schlacke | Hakonardrapa |

| | | | | |
|---|---|---|---|---|
| **Schild** | *Schindel der Halle des Svafnir* | Svafnir, Heer-König = Odin | Thoirbjörn Hornklaue | Hrafnsmal |
| **Schild** | *Dach des Heer-Königs* | | Snorri Sturluson | Skaldskaparmal |
| **Schild** | *Halle des Odin* | verkürzte Kenning für „Schindel des Daches der Halle des Odin" o.ä. | Snorri Sturluson | Skaldskaparmal |
| **Schild** | *Halle des Heer-Königs* | | Snorri Sturluson | Skaldskaparmal |
| **Schild** | *Wand des Odin* | | Snorri Sturluson | Skaldskaparmal |
| **Schild** | *Wand des Heer-Königs* | | Snorri Sturluson | Skaldskaparmal |
| **Schild** | *Boden des Odin* | | Snorri Sturluson | Skaldskaparmal |
| **Schild** | *Boden des Heer-Königs* | | Snorri Sturluson | Skaldskaparmal |
| **Schild** | *Halle der Walküre* | | Snorri Sturluson | Skaldskaparmal |
| **Schild** | *Dach der Walküre* | | Snorri Sturluson | Skaldskaparmal |
| **Schild** | *Wand der Walküre* | | Snorri Sturluson | Skaldskaparmal |
| **Schild** | *Boden der Walküre* | | Snorri Sturluson | Skaldskaparmal |

## VII 9. o)  Der Sonnen-Schild des Tyr-Riesen Hrungnir

Der Schild, auf den sich der Tyr-Riese Hrungnir gestellt hat, als er mit Thor gekämpft hat, ist eine Umdeutung der Sonne, die am Morgen aus der Erde zurückkehrt – der Thor-Priester Thialfi hatte Hrungnir eingeredet, daß die Thor ihn aus der Erde heraus angreifen werde (siehe „Hrungnir" in Band 5).

| | | | | |
|---|---|---|---|---|
| **Schild** | *allgemein: „Sonne" (u.ä.) der Füße des Hrungnir* | | Snorri Sturluson | Skaldskaparmal |
| **Schild** | *Sohlen-Planken des Hrungnir* | | Snorri Sturluson | Hattatal |
| **Schild** | *Sohlen-Klinge* | „Klinge" ist eine Assoziation zu „Schild" | Bragi Boddason der Alte | Ragnarsdrapa |
| **Schild** | *Boden der Fußsohle des Vertrauten des Aurnir* | Aurnir = Riese = Tyr-Hrungnir; Boden = Schild; Fußsohle = er steht auf dem Schild | Sturla Thordarson | Hakonarkvida |

| Schild | *Brücke der Sohlen* | eigentlich „Brücke des Kampfes" = Schild; Sohle = er steht auf dem Schild | | Tjodolfr von Hvini | Haustlöng |
|---|---|---|---|---|---|
| Schild | *flache Boden-Kreise* | | Hrungnirs Schild ist rund | Hromund | Landnahme-Buch |

## VII 9. p)   Die Schilde wurden mit dem Gott Ullr assoziiert

Der Gott Ullr ist wahrscheinlich ursprünglich der Göttervater Tyr im winterlichen Jenseits gewesen und entspricht somit dem Tyr-Riesen Hrungnir.

| Kampf | *Sturm der Schiffe des Ullr* | Schiffe des Ullr = Schilde; Ullr Schild = Ullrs Schiff | | Thjodolfr Arnorsson | Bruchstücke |
|---|---|---|---|---|---|
| | | | | Hallar-Steinn | Rekstefja |
| **Ullr** | *Schild-Ase* | | | Snorri Sturluson | Skaldskaparmal |
| **Kampf** | *Schnee-Böen der Eschen-Schiffe des Ullr* | Schnee-Böen = Pfeil-Hagel; Schiff des Ullr = Schild = Krieger (ursprünglich der Schild des Tyr; Ullr = Tyr im Jenseits) | | Snorri Sturluson | Skaldskaparmal |
| **Schild** | *Schiff des Ullr* | ursprünglich der Schild des Tyr; Ullr = Tyr im Jenseits | | Hallar-Steinn | Rekstefja |
| | | | | Thjodolfr Arnorsson | Fragmente |
| | | | | Sturla Thordarson | Hrynhenda |
| | | | | Eyvindr Skalden-Verderber Finnsson | Lausavisur |
| | | | | Snorri Sturluson | Skaldskaparmal |
| **Schild** | *kahles Schiff des Bogen-Gottes* | Bogen-Gott = Ullr; kahl = kein Mast, Segel usw. = glatt | | Sturla Thordarson | Hakonarkvida |
| **Schild** | *Axtklingen-Schiff* | eigentlich: Axtklingen-Schiff des Ullr" (Schild = Schutz gegen Äxte) | | Gamli Kanon | Harmsol |
| **Schild** | *Tragegurt-Schiff* | eigentlich „Tragegurt-Schiff des Ullr" = Tragegurt des Schildes | | Gamli Kanon | Harmsol |
| **Schild** | *Freyrs Schiffe des Ullr* | | | Hallar-Steinn | Rekstefja |
| **Schild** | *Schneeschuh des Flusses der Hügelgrab-Totengeister* | Fluß der Totengeister im Hügelgrab = Jenseitsfluß; Schneeschuh = Schiff; Jenseitsfluß-Schiff = Ullrs Schild | | Thorfinnr Mund | Lausavisur |

### VII 9. q)   Die Schilde waren dunkelfarbig

| Schild | *Glänzend-Dunkelfarbiger* | blau/schwarz bemalt | | Snorri Sturluson | Thulur |
|---|---|---|---|---|---|
| Schild | *dunkler Weg der Spitze* | Spitze = Pfeil, Speer, Schwert; Pfeil-Weg =Schild; dunkel = Blut-verschmiert | | Snorri Sturluson | Hattatal |

### VII 9. r)   Die Schilde waren bemalt

| Schild | *Farben-Wand* | | Hromund | Landnahme-Buch |
|---|---|---|---|---|
| Schild | *Bild der Schlacht* | | Gamli Kanon | Harmsol |

### VII 9. s)   Die Schilde waren beschnitzt

| Schild | *Geschnitzter* | | Snorri Sturluson | Thulur |
|---|---|---|---|---|
| Kampf | *Furcht-Schauer von Reihen von gravierten Schilden* | Furcht-Schauer = Speerwürfe; Reihen von gravierten Schilden = Heer | Arnor Jarl-Skalde Thordarson | Rognvaldsdrapa |
| Schwert | *Feile der gravierten Schilde* | die Schilde waren bemalt oder ge-schnitzt und die Schwerter „schnitzten" Kerben in die Schilde | Arnorr Jarl-Skalde Thordarson | Rögnvaldsdrapa |

### VII 9. t)   Die Schilde hingen an den Bordwänden der Drachenschiffe

| Schild | *Schiffs-Zaun* | die Schilde hingen an der Bordwand der Drachenschiffe | | anonym | Placidusdrapa |
|---|---|---|---|---|---|
| Schild | *Schiffs-Zaun* | | | anonym | Placitusdrapa |
| Schild | *Zaun des Schären-Schneeschuhs* | Schären-Schneeschuh = Schiff | | anonym | Egils-Saga |
| Schild | *Zaun des Rosses des Glammi* | Glammi = Seekönig | | Glumr Geirason | Grafeldardrapa |

| | | | | | |
|---|---|---|---|---|---|
| **Schild** | *Zaun der Kante des Tores des Thundr* | Thundr = Odin; sein Tor = Schild; dessen Rand = Metallring außen am Schild; dessen Zaun = Bretter des Schildes | | Snorri Sturluson | Hattatal |
| **Schild** | *Gatter des Schiffes* | | die Schilde hingen an der Bordwand | Snorri Sturluson | Skaldskaparmal |
| **Schild** | *Schiffs-Schutz* | | | anonym | Placitusdrapa |
| **Schild** | *Schutz der Bordwand* | | | Arnorr Jarl-Skalde Thordarson | Magnussdrapa |
| **Schild** | *Einfriedung der Rosse des Virfill* | | Virfill, Glammi = Seekönige; ihre Rosse = Schiffe | Eyolfr der tatkräftige Skalde | Bandadrapa |
| **Schild** | *Einfriedung des Rosses des Glammi* | | | Glumr Geirason | Grafeldardrapa |
| **Schild** | *Gürtel der Schiffe* | | | Brusi | Landnahme-Buch |
| **Schild** | *Blut-bespritzter Gürtel des Schiffes* | | | Snorri Sturluson | Skaldskaparmal |
| **Schild** | *Wangen des Mädchens des Högni* | keine Kenning, sondern ein Gleichnis: „hlyrna" bedeutet sowohl „Wange" als auch „Bordwand" (die als „Wange" aufgefaßt wurde); diese „Wangen" sind auch die Schilde; Freya begegnete Högni als Walküre, die einen endlosen Krieg brachte; Gleichnis: Schild der Bordwand = Wangen der Freya | | Sturla Thordarson | Hakonarkvida |
| **Schild** | *Roß-Lade* | Roß = eigentlich: Meer-Roß = Schiff | | Snorri Sturluson | Thulur |
| **Schild** | *glänzender Wächter des Schiffes* | | | anonym | Egil-Saga |
| **Schild** | *Juwelen der Bordwand* | Juwel = Edelstein (ihr Glanz = Leuchten der Sonne); die Schilde hingen an der Bordwand der Drachenschiffe | | anonym | Placidusdrapa |
| **Schild** | *Glanz des Schiffes* | Glanz = Sonne = Schild | | Snorri Sturluson | Skaldskaparmal |
| **Schild** | *Rand-Glanz des Schären-Schneeschuhs* | Schären-Schneeschuh = Schiff; der Rand des Schildes war mit Metall verstärkt | | anonym | Egils-Saga |
| **Schild** | *Glanz der Tieres des Heiti* | Heiti = Seekönig; seine Tiere = Schiffe | | Hallfredr Ärger-Skalde Ottarson | Erfidrapa Olafs Tryggvasonar |

## VII 9. u)  Sonstiges

| Schild | Kampf(-Gerät) | | Snorri Sturluson | Thulur |
|---|---|---|---|---|
| Schild | Getragener | | Snorri Sturluson | Thulur |
| Schild | Erklingender | bei Schwerthieben | Snorri Sturluson | Thulur |
| Schild | Beschmutzter | mit Blut | Snorri Sturluson | Thulur |
| kämpfen | einen Schild gegen jemanden tragen | | Saxo der Schriftkundige | Geschichte der Dänen |
| Berserker | grimmiger Schildrand-Beißer | | anonym | Egil-Saga |
| Gedicht | Holz mit dem Blech der Sprache | Vergleich mit einem hölzernen Schild, der mit Goldblech bedeckt und bemalt ist; Sprache = Gold (weil drei Riesen Gold im Mund trugen) | Egil Skallagrimsson | Sonatorrek |
| Gott | ruhmreicher Herabblicker aus dem Heimat-Gefilde des Himmels-Schildes | Himmels-Schild = Sonne | anonym | Leidarvisan |

## VII 9. v)  Zusammenfassung

Im einzelnen verteilen sich die Schild-Motive in den Kenningarn wie folgt auf die verschiedenen Themen:

| Eigenschaften der Schilde in den Kenningarn | | | | |
|---|---|---|---|---|
| *Eigenschaft* | | | *Häufigkeit* | |
| | | | *Anzahl* | *%* |
| Sonnen-schild (50,30%) | Sonne = Schild = Mond = Wolken = rund (33,83%) | sie wurden mit der Sonne assoziiert | 37 | 10,98 |
| | | sie waren rund | 29 | 8,61 |
| | | sie wurden mit den Wolken assoziiert | 25 | 7,42 |
| | | sie wurden mit dem Mond assoziiert | 23 | 6,82 |
| | Sonnen-schild-Mythen (12,47%) | Wallhalla wird von Schilden bedeckt | 20 | 5,93 |
| | | Wallhalla wird von Sonnen-Schilden bedeckt | 1 | 0,30 |
| | | Ullr ist ein Schild-Ase | 14 | 4,16 |
| | | Hrungnir steht auf seinem Schild | 7 | 2,08 |
| | golden, leuchtend (3,00%) | sie waren weiß (= glänzend) | 4 | 1,20 |
| | | sie glänzten | 2 | 0,60 |
| | | sie waren rot (= golden) | 2 | 0,60 |
| | | sie leuchteten | 1 | 0,30 |
| | | sie hatten einen roten (= goldenen) Rand | 1 | 0,30 |
| Waffe (46,32%) | Schutz-Waffe (40,68%) | sie dienten dem Schutz | 99 | 29,38 |
| | | sie wurden aus Holzbrettern angefertigt | 19 | 5,64 |
| | | sie hatten einen Schildbuckel | 4 | 11,20 |
| | | sie waren haltbar | 4 | 1,20 |
| | | sie waren flach | 11 | 3,26 |
| | Ort (5,64%) | sie hingen an den Bordwänden der Drachenschiffe | 19 | 5,64 |
| Sonstiges (2,40%) | | | 8 | 2,40 |
| Aussehen (2,10%) | | sie waren beschnitzt | 3 | 0,90 |
| | | sie waren glänzend-dunkelfarbig | 2 | 0,60 |
| | | sie waren bemalt | 2 | 0,60 |
| **gesamt** | | | **337** | **100,00** |

Diese Kenningar beinhalten kurzgefaßt die folgenden Informationen:

Der Schild wird in den Kenningarn etwa zur Hälfte als Waffe und zur Hälfte als Sonne aufgefaßt. Dies zeigt, daß die Assoziation zwischen dem Schild und der Sonne damals sehr alt und fest verwurzelt gewesen sein muß.

Die mit der Schild-Sonne assoziierten Götter sind der ehemalige Göttervater Tyr als Hrungnir-Riese im Jenseits, der Gott Ullr, der ebenfalls der Göttervater Tyr im winterlichen Jenseits ist, sowie Tyrs Nachfolger Odin.

# VII 10.  Personennamen

Es gibt gut ein Dutzend Personennamen, die mit dem Wort „Schild" gebildet worden sind und daher auch über die Symbolik des Schildes Auskunft geben können.

Die beiden in diesen Namen verwendeten Worte für Schild sind „rand" („Rand"; nicht verwandt mit „rund") und „skjöld" („Schild, Brett").

| Mit „Schild" gebildete Personennamen | | |
|---|---|---|
| **Personennamen** | | **Bedeutung** |
| *Männer* | *Frauen* | |
| | Rand | Schild |
| | Sköld | Schild |
| | Randalin (Walküre) | Schild-Schützerin |
| | Randgnid (Walküre) | Schild-Schutz |
| | Randgrid (Walküre) | Schild-Schutz |
| | Skjaldgerdr | Schild-Schutzort |
| | Skjalddis | Schild-Göttin |
| | Skjaldvör | Schild-Göttin |
| Randver | | Schild-Krieger |
| Herirand, Hiarränder, Kjeran, Jarand, Kjerand, Tjärand (althochdeutsch) | | Heer-Schild |
| Randulf, Röndolfr | | Schild-Wolf |
| Skjöldulfr | | Schild-Wolf |
| Skaldbjörn | | Schild-Bär |
| Raudumskialdi | | roter (blutiger) Schild |
| Bertrand | | Licht-Schild |
| | Islinde | eiserner Lindenschild oder Lindenspeerschaft |

Das Auffälligste an diesen Schildnamen ist, daß offenbar die Göttinnen und Walküren als Beschützerinnen des Schildes des Kriegers angesehen worden sind.

Von den übrigen Schild-Namen ist noch der althochdeutsche Männername „Licht-Schild" interessant, da er zeigt, daß auch die Südgermanen die Sonne als Schild angesehen haben.

Generell scheint die Schild-Symbolik bei den Nordgermanen deutlich stärker ausgeprägt gewesen zu sein, da es bei den Südgermanen nur den ganz an der praktischen Bedeutung des Schildes angelehnten Männernamen „Heer-Schild" gab.

Odin trug den Beinamen „Biflindi", d.h. „der mit dem bemalten Schild".

# VII 11.  Zusammenfassung

Die Symbolik des Schildes hat innerhalb der germanischen Überlieferung zwei Wurzeln: die Benutzung des Schildes im Kampf sowie die Symbolik der Sonne.

Die Sonne wurde seit den frühesten Anfängen der Germanen um 1800 v.Chr. als ein Kreis mit einem Kreuz in ihm dargestellt, der einem vierspeichigen Rad gleicht. Spätestens ab 1400 v.Chr. wird auch die Auffassung der Sonne als Rad dadurch deutlich, daß in der Sonnenscheibe („rollende") Spiralen eingezeichnet wurden. Zugleich wurde die Sonne jedoch auch als Scheibe auf einem von einem Pferd gezogenen Wagen angesehen.

Zu der Vierteilung des Sonnensymboles gesellen sich manchmal noch 4, 8 oder 16 Punkte, die eine weitere Differenzierung dieses Motives mithilfe der Verdopplung darstellt.

In dem Hügelgrab von Kivik, das um 1000 v.Chr. errichtet wurde, erscheint zweimal ein Paar von „Kreuz-Kreisen", das wohl die Sonne im Diesseits und im Jenseits darstellen wird.

Aus der Zeit um 750 v.Chr. sind knapp 20 Ritualschilde mit Darstellungen eines Hügelgrabes einschließlich Eingang, Grabkammer und Totenlager bekannt. Da diese Schilde z.T. paarweise gefunden wurden, werden sie wie die ebenfalls paarweise auftreten Kreis-Kreuze in dem Hügelgrab von Kivik einen Zusammenhang mit der Morgen- und Abend-Sonne haben.

Um 100 n.Chr. werden zum ersten mal die Schilde selber beschrieben: Sie sind entweder schwarz oder sorgfältig, d.h. wohl mehrfarbig bemalt. Diese Tradition ist reicht sehr wahrscheinlich noch weiter in frühere Zeiten zurück.

Es gab einen Zaubergesang bzw. eine Intonation, den man man vor dem Kampf in den Schild hinein tönte, um die Lebenskraft zu sammeln und zu bündeln und dadurch stärker zu werden.

Da es damals als eine sehr große Schande galt, den eigenen Schild zu verlieren, ist der Schild möglicherweise schon damals mit dem Kriegsgott und Sonnengott-Göttervater Tyr assoziiert gewesen, der Schwert und Schild als seine Waffen trug.

In der Völkerwanderungszeit (375-568 n.Chr.) setzte Odin unter Mithilfe von Thor den bisherigen germanischen Göttervater Tyr um ca. 500 n.Chr. ab und nahm dessen Stellung ein.

Aus dem Anfang dieser Zeit (400 n.Chr.) stammt die erste bildhafte Darstellung des Tyr mit Schwert und Schild – auf diesem Schild ist eine strahlende Sonne abgebildet. Neben ihm befindet sich eine zweite, sehr ähnliche Männergestalt, die entweder den Mond oder die schwarze Sonne in der Unterwelt verkörpert. Diese beiden werden den paarweisen Schilden und den paarweisen Kreuz-Kreisen aus der Zeit von 1000-750 v.Chr. entsprechen – d.h. daß sie zu Beginn der Völkerwanderungszeit bereits eine 1500-jährige Tradition hatten.

Spätestens ab dieser Entwicklungsphase wurde auch die Sonne selber nicht nur als Scheibe und Rad, sondern auch als Schild aufgefaßt. Dies ist möglicherweise auch durch die vielen Kriege während dieser 200 Jahre dauernden Völkerwanderungszeit mitverursacht worden.

Während der ersten 300 Jahre der Wikingerzeit (516-1066 n.Chr.), also in der Zeit von ca. 500 n.Chr. bis 800 n.Chr., wurde der Sonnenschild des Tyr auf mehrere Weisen umgedeutet:

    - Er gelangte in den Beuteschatz des Odin (der Tyr abgesetzt hatte), den der Schild vervielfältigte und als Dachschindeln für Walhalla benutzte.

    - Der goldene Sonnenschild wurde im Besitz des Tyr-Riesen Ägir zu dem „leuchtendem Gold", mit dem er seine Halle erhellte: die Sonne in der nächtlichen Wasserunterwelt.

    - Der Tyr-Riese Hrungnir stellte sich bei seinem Kampf mit Thor (der Odin geholfen hatte, Tyr abzusetzen) auf seinen Schild: die am Morgen im Osten „aus der Erde" aufsteigende Sonne.

    - Er wurde zu dem Schild-Schiff des Gottes Ullr, der sehr wahrscheinlich der Gott Tyr im winterlichen Jenseits ist.

Die ab dieser Zeit bekannten goldenen Schilde sind sicherlich Sonnenschilde – was dafür spricht, daß die ursprüngliche Symbolik des Sonnenschildes, also der Schilde des Göttervaters Tyr, noch nicht ganz in Vergessenheit geraten war.

Aus dieser Zeit sind auch die ersten verzierten Schilde bekannt: Es finden sich auf ihnen metallene Ornamente, Vögel (Adler) und Schlangen (Drachen?, Fische?).

In den zweiten Hälfte der Wikingerzeit, d.h. ungefähr zwischen 800 n.Chr. und 1000 n.Chr., wurden die einzelnen Motive der ersten Hälfte der Wikingerzeit zu der Darstellung von Szenen aus den Mythen und Sagen erweitert. Diese Schilde wurden in den Fürstenhallen und möglicherweise auch in den Tempeln an die Wand gehängt.

Aus dieser Zeit sind die ersten roten und weißen Schilde bekannt.

In dieser Epoche wurde auch das alte Sonnensymbol des Kreuz-Kreises wieder aufgenommen und an sehr vielen Runensteinen angebracht.

Bei den Südgermanen legte man den Schild zu Häupten der gefallenen Krieger.

Bei den Nordgermanen legte man ihn hingegen zu Füßen der Toten und das Schwert zu Häupten der Gefallenen. Möglicherweise gibt es hier einen Zusammenhang zu der Auffassung des Schwertes als „Kopf des Heimdall" und auch zu dem Schild unter den Füßen des Hrungnir – sowohl Heimdall als auch Hrungnir sind eine Form des ehemaligen Göttervaters.

Es ist schwierig einzuschätzen, ab wann es die Signal-Symbolik des roten und des vermutlich weißen Schildes gegeben hat: „rot = Kampf" und „weiß = Frieden". Da ab ca. 800 n.Chr. rote und weiße Schilde erwähnt werden, „rot Schilde" als Angriffs-signale überliefert sind und Weiß als „Friedens-Farbe" sehr naheliegend ist, wird es diese Symbolik spätestens ab dieser Zeit, vermutlich jedoch schon deutlich länger gegeben haben.

Ab 900 n.Chr. wurden aus den Einzelmotiven allmählich persönliche Wappen. Aus dieser Zeit stammt auch die erste Erwähnung eines Schildes, auf dem der Besitzer die Namen aller von ihm getöteten Männer verzeichnet hat. Diesen Brauch gab es sowohl bei den Nordgermanen als auch bei den Südgermanen.

Seit der Christianisierung um ca. 1000 n.Chr. wurden die Kreuz-Kreise auf den Runensteinen zunehmend als das christliche Kreuz angesehen.

Ungefähr ab dieser Zeit scheint es zumindestens bei Fürstenbestattungen den Brauch gegeben zu haben, rings um den Bestattungs-Scheiterhaufen einen Schild-wall, d.h. einen Kreis aus Schilden zu legen bzw. zu stellen. Sie waren vermutlich abwechselnd rot und weiß bemalt.

Es ist zumindestens denkbar, daß diese beiden Farben auch eine Wurzeln der rot-weißen dänischen Flagge sind.

Um 1200 n.Chr. wurde aus dem Sonnenschild ein Schild vor der Sonne, wobei vermutlich auch das Motiv des Schildes des Sonnengott-Göttervaters Tyr mitgewirkt haben wird.

In den frühen Stabkirchen finden sich die „Mythen-Schilder" der früheren Fürsten-hallen und evtl. auch Tempel als Darstellung von christlichen Szenen in breiten, run-den Rahmen an der Decke und an den Wänden des Innenraumes wieder.

Die Vorstellung eines magischen Schild-Gesanges hat sich sich von der Römerzeit (Tacitus) bis nach dem Ende der Wikingerzeit gehalten. Dieser Gesang wurde u.a. zu dem Brüllen und das „in den Schild beißen", durch das die Berserker ihre Kampf-ekstase hervorriefen, weiterentwickelt.

Es gab auch ein Schlagen mit Stöcken auf den Schild zum Anfachen des Kampfes-willens, zum Kundtun von Zustimmung u.ä.

In den späten Sagen gab es auch magische Schilde, die vor Waffen oder vor Drachenfeuer schützten.

Der Kessel im Jenseits mit dem für die Wiedergeburt der Toten benötigten rituellen Met gehörte vor dessen Raub (um 500 n.Chr) durch Odin dem ehemaligen Göttervater Tyr bzw. dem Tyr-Riesen Hrungnir. Auf diesem Kessel lag ein Schild als Deckel, der der Sonnenschild des Tyr gewesen sein wird.

Da ca. die Hälfte aller Schild-Kenningar auf die Gleichsetzung von Sonne und Schild anspielen, muß die Symbolik des Sonnenschildes in der Vorstellungswelt der Germanen sehr fest verankert gewesen sein, woran auch die Absetzung des ehemaligen Göttervaters Tyr durch Odin und Thor nichts geändert hat.

Die mit dem Wort „Schild" gebildeten Personennamen zeigen, daß die Sonnenschild-Symbolik nur bei den Nordgermanen populär gewesen ist. Zudem ist es auffällig, wieviele Frauennamen auf die Funktion der Göttinnen und der Walküren als „Schild-Schützerin" hinweisen. Möglicherweise ist dies eine Erinnerung an die Jenseitsgöttin (Freya), die am Morgen die als Schild aufgefaßte Sonne (Tyr) wiedergebiert.

# VIII   Der Schild bei den Indogermanen

Der Schild scheint außer bei den Kelten, den Germanen und den Griechen kaum eine mythologische Bedeutung gehabt zu haben.

## VIII 1.   Der Schild bei den West-Indogermanen

### VIII 1. a)   Kelten

#### Die Geschichte des irischen Königs Cormac mac Art

*Als Cormac Mac Art, der rechtmäßige Erbe des irischen Thrones, noch ein Junge war, lebte er verborgen in Tara, denn der Thronräuber „Fergus mit den schwarzen Zähnen", Sohn des Con, saß auf dem Thron, so daß Cormac es nicht zu zeigen wagte, wer er wirklich war.*

*Zu dieser Zeit lebte in der Nähe von Tara eine Brauerin mit Namen Bennaid, deren Schafe in das Gelände des Königs einbrachen und dort das ganze Färberwaid auffraßen, daß die Königin dort angebaut hatte. Die Königin verlangte eine Entschädigung und der Fall wurde vor den König gebracht, der, nachdem er sich alles angehört hatte, entschied, daß die Schafe die Wiedergutmachung für das Färberwaid sein sollten.*

*„Nein," rief der junge Cormac, der auch bei der Gerichtsverhandlung war und sein Gerechtigkeitsempfinden nicht zurückhalten konnte, „das, was auf den Schafen wächst, sollte genug Entschädigung für das sein, was auf dem Feld wächst – die Wolle für das Färberwaid – denn beide werden wieder wachsen."*

*„Das ist ein gerechtes Urteil," riefen alle, „und der, der es ausgesprochen hat, ist ohne Zweifel der Sohn eines Königs!" – denn von den Königen nahm man an, daß sie auf inspirierte weise Recht sprachen. Und so entdeckten sie, wer Cormac wirklich war, und nach einer kurzen Zeit, nachdem sie Fergus mit den schwarzen Zähnen verjagt hatten, setzten sie Cormac Mac Art auf den irischen Thron.*

*Cormacs Herrschaft wurde im ganzen Land gerühmt und er vereinte von seinem hölzernen Palast aus, der auf einem flachen Hügel stand, der das Tal des Flusses Boyne in der Nähe von Tara überblickte, den größten Teil von Irland.*

*Cormacs Erscheinung vor der Versammlung war voller Schönheit; fließend und leicht gewellt war sein goldenes Haar; einen roten Schild mit goldenen Sternen und*

*Tieren und mit silbernen Verzierungen; ein weiter, dunkelroter Mantel in weiten, herniederströmenden Falten um ihn, der an seinem Hals mit Edelsteinen gehalten wurde; ein goldener Torque um seinen Hals; ein weißes Hemd mit einem vollen Kragen und einem Muster aus einem rotgoldenen Faden an seinem Rand; ein Gürtel aus Gold, eingelegt mit Edelsteinen, umgab seine Hüfte; zwei wundervolle Schuhe aus Gold mit goldenen Riemen, waren an seinen Füßen; zwei Speere mit goldenen Spitzen und vielen goldenen Ziernieten in seinen Händen, und er selber war zudem schön und ebenmäßig an Gestalt, ohne Fehl oder Makel.*

Schon die Beschreibung des Aussehens des Königs zeigt, daß er eigentlich der Sonnengott ist – oder ihm zumindestens vollkommen gleicht. Daraus kann man folgern, daß die Brauerin Bennaid die Jenseitsgöttin ist, die den Met der Wiedergeburt braut. „Fergus mit den schwarzen Zähnen" könnte die sterbende Abendsonne repräsentieren.

Die Übersetzung von „Cormac" ist unsicher: der zweite Teil bedeutet „Sohn", der erste Teil möglicherweise „Beschmutzer". Fergus bedeutet „Mannesstärke". Die Bedeutung von „Bennaid" ist unklar.

Im Verlauf der nun folgenden Geschichte reist Cormac in das Jenseits (Die vollständige Geschichte mit der Deutung der Motive findet sich in meinem Buch „Cernunnos").

Der Schild des Sonnengottes bzw. Königs Cormac ist *„rot mit goldenen Sternen und Tieren und mit silbernen Verzierungen"*. Dieser Schild ist wie die germanischen Schilde aus der Vendelzeit mit aus Gold- oder Silberblech ausgeschnittenen Figuren verziert gewesen.


# VIII 2.   Der Schild bei den Ost-Indogermanen


## VIII 2. a)   Griechen


Illias 11, 32:
*Drauf den gewaltigen Schild, den ringsbedeckenden, hob er,*
*Schön von Kunst: ihm liefen umher zehn eherne Kreise;*
*Auch umblinkten ihn zwanzig von Zinn gewölbete Nabel,*
*Weiß, und der mittlere war von dunkeler Bläue des Stahles.*
*Auch die Schreckensgestalt der Gorgo drohete schlängelnd,*
*Mit wutfunkelndem Blick, und umher war Graun und Entsetzen.*

*Silbern war des Schildes Gehenk; und gräßlich auf diesem*
*Schlängelt' ein bläulicher Drache dahin; drei Häupter des Scheusals*
*Waren umhergekrümmt, aus einem Halse sich windend.*

Dieser von Homer geschilderte Schild ist anhand des Hauptes der Gorgo auf ihm als Sonnenschild erkennbar, da der Kopf mit den drei Beinen („Gorgo") die Sonne darstellt (siehe das Kapitel über die „3" in Band 47).

Illias 18, 468:
*Dieses gesagt, verließ er sie dort, und ging in die Esse,*
*Wandt' in das Feuer die Bälg' und hieß sie mit Macht arbeiten.*
*Zwanzig bliesen zugleich der Blasebälg' in die Ösen,*
*Allerlei Hauch aussendend des glutanfachenden Windes,*
*Bald des Eilenden Werk zu beschleunigen, bald sich erholend,*
*Je nachdem es Hephästos befahl zur Vollendung der Arbeit.*
*Jener stellt' auf die Glut unbändiges Erz in den Tiegeln,*
*Auch gepriesenes Gold, und Zinn, und leuchtendes Silber;*
*Richtete dann auf dem Block den Amboß, nahm mit der Rechten*
*Drauf den gewaltigen Hammer, und nahm mit der Linken die Zange.*
*Erst nun formt' er den Schild, den ungeheuren und starken,*
*Ganz ausschmückend mit Kunst. Ihn umzog er mit schimmerndem Rande,*
*Dreifach und blank, und fügte das silberne schöne Gehenk an.*
*Aus fünf Schichten gedrängt war der Schild selbst; oben darauf nun*
*Bildet' er mancherlei Kunst mit erfindungsreichem Verstande.*
*Drauf nun schuf er die Erd', und das wogende Meer, und den Himmel,*
*Auch den vollen Mond, und die rastlos laufende Sonne;*
*Drauf auch alle Gestirne, die rings den Himmel umleuchten,*
*Drauf Plejad' und Hyad', und die große Kraft des Orion,*
*Auch die Bärin, die sonst der Himmelswagen genannt wird,*
*Welche sich dort umdreht, und stets den Orion bemerket,*
*Und allein niemals in Okeanos' Bad sich hinabtaucht.*

Dieser Schild, der „Ägis" genannt wurde, hat ursprünglich dem Zeus gehört, der ursprünglich der griechische Sonnengott-Göttervater (Germanen: Tyr) gewesen ist. Hephaistos ist wie Wieland der Sonnengott-Göttervater in der Unterwelt, der dort anscheinend nicht nur sein Schwert, sondern auch seinen Schild neugeschmiedet hat.

Später hat Zeus diesen Schild seiner Tochter Athene gegeben.

Diese Schilderung des von dem Schmiedegott Hephaistos selber geschmiedeten Schildes erinnert an die Sonnenscheibe von Nebra, auf der Sonne, Mond und Sterne dargestellt sind:

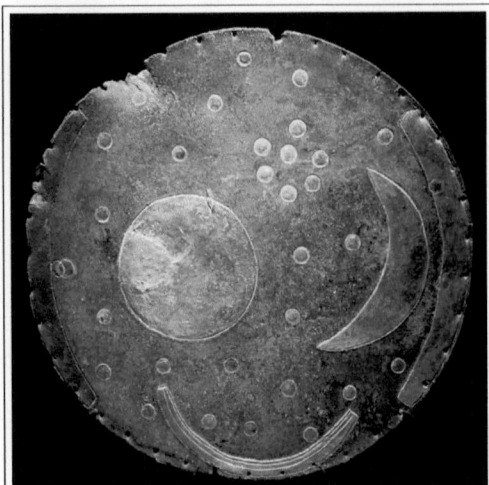

*Sonnenscheibe von Nebra
(2000 v.Chr., Sachsen-Anhalt;
vorgermanisch)*

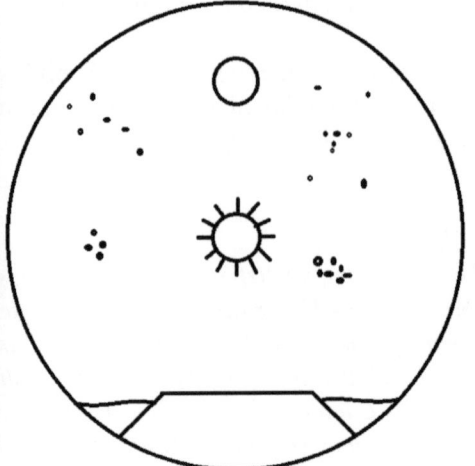

*Schild des Hephaistos (Phantombild)
unten die Erde im Meer, darüber die
Sonne, oben der Mond, rechts oben der
Orion, links oben der Große Bär, links
Mitte die vier Hyaden, rechts Mitte die
sieben Plejaden*

## VIII 3. Der Schild bei den Indogermanen

Der Schild ist bei den Germanen und Griechen sowie möglicherweise auch bei den Kelten ein Symbol für die Sonne gewesen – die Sonne wurde vermutlich als der Schild des Sonnengott-Göttervaters aufgefaßt.

# IX   Lyrische Zusammenfassung

Die folgenden Strophen sind kein überlieferter Text, sondern eine Zusammenfassung im germanischem Stil von dem, was über die Schild-Symbolik bekannt ist.

Wenn diese Verse für Meditationen, Magie, Anrufungen u.ä. verwendet werden, sollten sie entsprechend den eigenen Vorstellungen gekürzt, erweitert und umgschrieben werden, damit sie optimal wirksam sein können.

## IX 1.   Die Suche nach dem Sonnen-Schild

Solbiart[50]:
*„Weiser Priester, ich will wissen,*
*welcher Schild am besten schützt.*
*Wohin soll ich mich in Midgard wenden,*
*wenn ich diesen Schutz erlangen will?"*

Priester:
*„Ich will Dir Rat und Reime geben,*
*Ich will Dir ein Rätsel stellen,*
*Rate es richtig, dann wirst Du es finden:*
*Warum sind die Schilde rund?"*

Solbiart:
*„Sind die Schilde runde Scheiben?*
*Sind die Schilde rollende Räder?*
*Sind die Schilde des Rund der Rindr[51]?*
*Nein, die Schilde sind die Sonne."*

---

50  Solbiart = „Sonnenlicht" (Männername)
51  Rindr = Erdgöttin; ihr „Rund" = Horizont = Erde

Priester:
*„Wenn Du schützende Schilde finden willst,*
*dann frage die Sonne nach ihrer Weisheit.*
*Frage Sol[52], der den Streitwagen lenkt,*
*den Schnellen, am hohen Himmel. "*

Solbiart:
*„Sol, ich suche meinen Schild,*
*den Schutz in meinen Kämpfen;*
*kannst Du mir künden und mir sagen,*
*wo ich Kurils Klippe[53] finde? "*

Sol:
*„Auf meinem Sonnen-Wagen steht kein Schild,*
*nur der runde, gold'ne Feuerschein;*
*Alswid und Arwakr[54] ziehen immerdar*
*das Alfen-Rad[55] durch den Wolken-Tempel[56]. "*

Solbiart:
*„Gibt es keinen schützenden Schild?*
*Gibt es keinen schirmenden Wall?*
*Ist Belis Wand[57] im Kampf zerbrochen?*
*Ist Billings Brett[58] verbrannt? "*

Sol:
*„Wenn Du Fornjots Festung[59] finden willst,*
*frage Odin, den Fürsten von Walhall.*
*Steige den steilen Bifröst[60] empor,*
*bis Du die Stimmen in Asgard hörst. "*

---

52 Sol = ursprünglich die Sonne, in den neueren Mythen ist er jedoch nicht mehr die Sonne
   selber, sondern der Lenker des Sonnenwagens
53 Kuril = Tyr-Riese; seine Klippe = Schild (beides ist senkrecht)
54 Alswid und Arwakr = die beiden Alcis-Söhne des Tyr, die in der Gestalt von zwei
   Schimmeln den Sonnen-Streitwagen ziehen
55 Alfen-Rad = Sonne
56 Wolken-Tempel = Himmel
57 Beli = Beiname des Tyr als Sonnengott; seine Wand = Schild (beides ist senkrecht)
58 Billing = Tyr-Riese; sein Brett = Schild
59 Fornjot = Tyr-Riese; seine Festung = sein Schutz = sein Schild
60 Bifröst = Regenbogenbrücke

Solbiart:

„Herian[61], ich kam hierher zu Dir,
weil Sol mich heute zu Dir sandte;
Ich suche einen Schild für mich –
er sagte, Daß Du viel darüber weißt."

Odin:

„Öffne Deine Augen in der Asen-Halle!
Alfen und Wanen kennen den Schild.
Siehst Du ihn nicht, den goldenen Schein,
der in Allvaters[62] Halle schimmert?"

Solbiart:

„Ich sehe Speere als Sparren im Dach
und Schilde als Schindeln hoch oben.
Solch ein Dach sah ich noch nie,
selten ist solch ein Bauwerk!"

Odin:

„Diese Balken, diese Schlachten-Bretter[63]
sind die Beute meiner vielen Siege;
ich bin reich an Ruhm in allen Welten,
ich, der Nährer der Raben und Wölfe[64]."

Solbiart:

„Wem gehörten diese Schilde, Widrir[65]?
Was bedeuten sie für mich?
Woher kommen diese Sonnen[66], Vakr[67]?
Wie bringen sie mir meinem Schutz?"

---

61  Herian = Odin
62  Allvater = Odin
63  Schlachten-Bretter = Schilde
64  Nährer der Raben und Wölfe (mit Leichen ) = Krieger, hier: Odin
65  Widrir = Odin
66  Sonne = Schild
67  Vakr = Odin

Odin:
*"Wer kennt, was vergangen ist?*
*Wer kennt die Geschichte aller Dinge?*
*Wer kennt, was verkündet wurde?*
*Wer kennt das Wissen der Wyrd[68]?"*

Solbiart:
*"Wer sollte derart weise sein?*
*Kein Lebender kann soviel wissen!*
*Niemand der lebt? Nein – sie nicht ...*
*Doch die in Nid-Heim[69], in der Halle der Hel."*

Odin:
*"Fahre nieder in das ferne Reich,*
*über Gjallars[70] Fluten, durch den Dunkel-Forst,*
*im Verborgenen findest Du das Verborgene:*
*das, was das Rätsel lange verbarg."*

Solbiart:
*"Herrin der hohen Halle im tiefen Tal[71],*
*Hnikar[72] hat mich zu Dir gesandt:*
*Du weißt, sagt er, die Herkunft aller Dinge –*
*ich suche den Schild, der mich schützt."*

Hel:
*"Dann schaue, ob Du ihn schnell findest:*
*Er ist nicht in den Schatten verborgen,*
*Er ist nicht in der Zwergenhalle[73] verhüllt,*
*Er ist nicht unter hohem Gras vergraben."*

---

68 Wyrd = Schicksal, die „Ur-Norne" Urd
69 Nid = Niederes, Tiefe; Nid-Heim = Unterwelt
70 Gjallar = Jenseitsfluß
71 Tiefental = Jenseits
72 Hnikar = Odin
73 Zwergenhalle = Hügelgrab

Solbiart:

*„Ich sehe einen Schild hier liegen*
*auf dem großen Kessel – schützend?*
*Was ist in diesem großen Gefäß?*
*Ist das Met? Das Geschenk für die Götter?"*

Hel:

*„Das ist das, was Baldur braucht,*
*um zur Gjallar-Brücke[74] zu gelangen.*
*Wer noch sucht nach diesem Saft,*
*den ich aus der Bienen Schatz[75] braute?"*

Solbiart:

*„Er ist der Trank, der das Alter vertreibt,*
*er gibt die zweite Geburt den Toten;*
*das ist das Ziel der Reise in Dein Reich –*
*wer sollte den Schatz der Rindr[76] nicht wollen?"*

Hel:

*„Wer hält den Schild, wer kennt Die Schatten,*
*Wer reist ins Jenseits ohne Schlitten, ohne Schiff,*
*nur auf Runen – den ganzen rauhen Weg?*
*Wer kennt diese Reise von den Asen?"*

Solbiart:

*„Schild und Schatten, Rätsel und Runen?*
*Ein Schiff-loser Ase auf Gjallars Fluten?*
*Ein Kenner der Tore in der Tiefe?*
*Das ist Ullr aus dem Eiben-Tal."*

Hel:

*„Schaue bei Ullr nach Deinem Schild,*
*Er kennt das Geheimnis dieses Schatzes:*
*der stille Regin[77] des Runen-Knochens[78],*
*der als Bogenschütze alle überragt."*

---

74 Gjallar-Brücke = Brücke über den Jenseitsfluß
75 Schatz der Bienen = Honig
76 Rindr = Erdgöttin
77 Regin = „König" = Gott
78 Runen-Knochen = magisches Schiff des Ullr

Solbiart:

*„Weit war mein Weg zu Dir, Ullr,*
*ich war bei Sol, bei Odin und Hel;*
*Sie wiesen mich zu Dir: Du seist weise*
*und weißt vieles über meinen Schild."*

Ullr:

*„Mein Schild ist mein Schiff, das Wogen-gewandte,*
*Mein Schild ist ein Knochen voller Runen,*
*Mein Schiff hat kein Segel und keinen Mast,*
*Mein Schiff ist schneller als jeder Drache."*

Solbiart:

*„Ein Schild-Schiff voll Runen, aus Knochen?*
*Das scheint mit ein seltsames Ding ...*
*Wie kann mir das helfen, den Weg zu finden,*
*wie führt mich das zu meinem Schild?"*

Ullr:

*„Die Kraft des Schildes liegt im Strahlen,*
*und scheint stets aus dem Gold heraus;*
*Verstehe Heimdalls helle Zähne[79],*
*Betrachte Hrungnirs lichten Helm."*

Solbiart:

*„Wie kann mir das weiterhelfen?*
*Was soll ich denn suchen?*
*Den Schatz der Drachen in den Schatten?*
*Die schönen Locken der Sif[80]?"*

Ullr:

*„Du suchst einen Schild für Dich,*
*der golden strahlt, den Hel gut kennt:*
*den großen Schatz mit einem guten Zauber –*
*Wo gibt es scheinendes, magisches Gold?"*

---

79 Heimdall hat goldene Zähne, die (anstelle des goldenen Helmes) die Sonne symbolisieren.
80  Sif = Erd- und Korngöttin; ihre Locken = reifes, goldenes Getreide = Gold

Solbiart:
*„Du fragst, wo es Gold der Götter gibt?*
*In Grimnirs[81] Saal, in Ägirs[82] Halle,*
*da weiß ich, daß dort Schätze warten,*
*doch bei Odin bin ich schon gewesen.“*


Ullr:
*„Dann suche bei Ägir nach Deinem Schild,*
*in seiner Halle im Land der Schiffe[83],*
*in seinem Saal des Sonnen-Lagers[84],*
*in seinem Heim der Meeres-Schlangen[85].“*


Solbiart:
*„Herr der Halle im Reich der Wale,*
*hierher sandte mich Ullr aus Ydalir:*
*Du sollst etwas wissen über meinen Schild,*
*und das Rätsel des goldenen Schatzes.“*


Ägir:
*„Du suchst Deinen besten Schild?*
*Dann schaue nach dem Runden.*
*Du strebst nach dem strahlenden Gold?*
*Dann spüre nach der Wärme.“*


Solbiart:
*„Ich sehe rundes Gold hier ruhen,*
*auf der Rindr[86] Deiner Halle;*
*leuchtend, Licht-voll, scheinend,*
*ein Labsal ist es, das zu sehen!“*

---

81  Grimnir = Odin
82  Ägir = Tyr-Riese in der Wasserunterwelt, sekundär der Meeresgott
83  Land der Schiffe = Meer
84  Sonnen-Lager = goldener Grabschatz; dessen Saal = Hügelgrab
85  Meeres-Schlangen = Fische; deren Heim = Meer
86  Rindr = Erdgöttin, Erde

Ägir:
*„Schaue, was Du siehst im Gold,*
*Was ist sein wahres Wesen?*
*Spüre, was es will –*
*was siehst Du noch?"*

Solbiart:
*„Es ist ein Wanderer auf weiten Wegen:*
*Neun Monde im Winter fast verborgen,*
*Drei Monde im Sommer kraftvoll strahlend,*
*Ein stetes Kommen und Gehen."*

Ägir:
*„Der Wechsel ist das Wesen des Goldes*
*und zugleich bewahrende Beständigkeit:*
*Damit will ich Dir Deine Wege weisen.*
*Gibt es denn etwas, das Dich wundert?"*

Solbiart:
*„Warum liegt das Gold auf dem Grund?*
*Warum liegt solch kostbare Gabe im Staub?*
*Warum liegt das Runde auf Rindrs Leib?*
*Warum liegt solch rares Gut im Sand?"*

Ägir:
*„Wo liegt das Gold auf dem Grund?*
*Wo liegt solch kostbare Gabe im Staub?*
*Wo liegt das Runde auf Rindrs Leib?*
*Wo liegt solch rares Gut im Sand?"*

Solbiart:
*„Das Runde, Gold'ne auf dem Grund?*
*Und nicht in Deiner großen Halle?*
*Das ist Hrungnirs heller Schild,*
*auf dem er stand, als ihn der Hammer traf*[87]*."*

---

87 Der Tyr-Riese Hrungnir stand in den neuen, Odin-zentrierten Mythen auf seinem Schild,
als er von Thor mit dessen Hammer getötet wurde.

Ägir:

*„Dann frage Hrungnir in seiner Halle,*
*warum er seinen Schild nicht erhebt.*
*Dann heische von dem Hünen[88] Antwort*
*auf Deine Frage nach dem Himmels-Rad[89]. "*

Solbiart:

*„Hüne mit dem Herz aus Stein[90]*
*Ägir schickt mich hier zu Dir:*
*Ich suche einen Schild für mich,*
*Gymir[91] riet mir Dich zu suchen. "*

Hrungnir:

*„Nun, dann schau hier meinen Schild:*
*Was kannst Du sehen und erkennen?*
*Du bist den größten Teil des Wegs gewandert,*
*Dein Ziel ist nicht mehr weit entfernt. "*

Solbiart:

*„Ich sehe den Schild, er ist aus Stein,*
*er liegt strahlend zu Deinen Füßen;*
*Er ist kein Schutz vor dem Reich der Schatten[92],*
*in das Du gesendet worden bist. "*

Hrungnir:

*„Wo ist Stein und finst're Schatten?*
*Wo liegt der Schild zu Füßen des Toten?*
*Wo ist Schwere und wo ist Schweigen?*
*Wo ist das Licht in Stille verborgen? "*

---

88 Hüne = Riese
89 Himmels-Rad = Sonne, Schild
90 Hrungnirs Herz ist das dreieckige, steinerne „Hrungnir-Herz"-Symbol.
91 Gymir = Ägir
92 Reich der Schatten = Jenseits

Solbiart:
*„Der Stein ist die Kammer der Schatten[93],*
*Im Stein liegt der Drache auf seinem Gold,*
*Im Hügel schweigt der Tote in der Stille,*
*In die Erde geht, wessen Leben schwindet."*

Hrungnir:
*„Was kommt aus der Kammer der Erde hervor?*
*Was strahlt aus dem kalten Stein heraus?*
*Was verläßt den hohen Hügel?*
*Was scheint durch Lehm zum Himmel?"*

Solbiart:
*„Das ist das Sonnen-Schwert des Tyr,*
*das am Morgen auf dem Hügel erscheint –*
*in der Hand des Helgi[94] in Glasisvellir[95],*
*wenn Hraesvelgr[96] im Osten erwacht."*

Hrungnir:
*„Weißt Du, welche Waffen Thiazi[97] trägt?*
*Weißt Du, was er in seinen Händen hält?*
*Weißt Du, womit er gegen Loki kämpft?*
*Weißt Du, was er sich selbst geschmiedet hat?"*

Solbiart:
*„Er trägt ein Schwert und einen Schild*
*und beide strahlen wie die Sonne.*
*Er trägt einen Helm auf seinem Haupt*
*und eine harte Brünne um seine Brust."*

---

93 Kammer der Schatten = Grabkammer im Hügelgrab
94 Helgi = Beiname des Tyr
95 Glasisvellir = „Glanzgefilde" = Jenseits in den ehemaligen Tyr-Mythen
96 Hraesvelgr = Adler-Seelenvogel des Tyr
97 Thiazi = Tyr als Riese im Jenseits

Hrungnir:
*„Siehe, ich bin Tyr, ich bin Thiazi,*
*Ich bin Thrym[98] und ich bin Ägir;*
*Dies ist mein Schild, sieht Du die Bilder?*
*Schaue genau – was sagen sei Dir?"*

Solbiart:
*„Ich sehe den Schild im Hügel –*
*und sehe den Hügel auf dem Schild ...*
*und Dich im Hügel und die Nornen –*
*liegt dort im Hügel mein eigener Schild?"*

Tyr:
*„Wenn Du das Geheimnis des Hügels suchst,*
*dann gehe in den Hügel hinein.*
*Wenn Du die Gabe des Schildes ersehnst,*
*dann stelle Dich in die Mitte des Saales[99]."*

Solbiart:
*„Ich sehe den Schild, das Schwert,*
*den Helm und die Brünne – sonnenhell!*
*Sie scheinen und strahlen und leuchten golden,*
*sie glühen mit einem wärmenden Schimmer!"*

Tyr:
*„Setze Dir den Helm auf Dein Haupt,*
*kleide Dich mit der harten Brünne,*
*nimm hier Schild und Schwert in die Hand*
*und steige auf den hohen Hügel empor."*

Solbiart:
*„Ich sehe den Kreis, ich sehe das Kreuz[100],*
*ich sehe an Rindrs Kante[101] die Sonne wandeln;*
*Ich sehe den Tag, ich sehe die Nacht,*
*ich sehe Leben und Tod."*

————————————

98  Thrym = Tyr
99  Saal = Grabkammer im Hügelgrab
100 Kreis mit Kreuz in ihm = Sonnensymbol (der Horizont und die vier Richtungen)
101 Rindr = Erdgöttin; ihre Kante = Horizont

Tyr:
*„Gehe wieder hinab in das Grab in dem Hügel,*
*siehe Gefions Gabe[102] in der dunklen Gruft:*
*Verstehst Du, was Du vor Dir siehst?*
*Verlangt Dich nach dem, was dort ist?"*

Solbiart:
*„Ich sehe die goldene Sonne,*
*ich sehe die schwarze Sonne[103] ...*
*Sind das zwei verschiedene Schilde*
*oder zwei Formen desselben Schildes?"*

Tyr:
*„Öffne wieder das stumme, steinerne Tor*
*Steige wieder auf den Hügel empor,*
*Was siehst Du nun? Was ist nun anders?*
*Was kannst Du nun in Midgard erkennen?"*

Solbiart:
*„Ich stehe hier oben und sehe goldene Fäden:*
*Die Spirale der Sonne, das rollende Rad,*
*den endlosen Kreis mit dem vierspeichigen Kreuz,*
*Die Kuppe des Hügels ist die Mitte des Wandels."*

Tyr:
*„Gehe wieder in das Dunkel des Grabes hinab,*
*gib acht auf Deine Gefühle und Bilder:*
*Was geschieht nun in Dir, Weisheits-Sucher?*
*Wo spürst Du das Rufen des Schildes?"*

Solbiart:
*„Ich sehe die Sonne in meinem Herzen,*
*spüre ihre Geburten und Tode;*
*ihr beständiges Licht, ihr Leuchten,*
*ihr Leben, das mich erwärmt."*

---

102 Gefions Gabe = die Waffen, die der ehemalige Sonnengott-Göttervater Tyr bei seiner
Wiedergeburt von der Erd- und Jenseitsgöttin erhält
103 schwarze Sonne = Sonne im Jenseits

Tyr:

*„Gehe dorthin, wo Du die Sonne siehst,*
*um Deinen goldenen Schild zu finden;*
*schaue in Dich selber, um Schutz zu finden,*
*Surturs[104] Feuer ist in Dir."*

Solbiart:

*„Ich sehe meine Seele in meinem Herzen,*
*meine Fylgia[105] scheint und leuchtet golden:*
*Das bin ich, das ist mein Born[106],*
*Das ist das, was mich beschützt."*

Fylgia:

*„Dein schützender Schild ist nicht im Außen –*
*er ist der Schein Deines Herzens,*
*der schimmernd nach außen strahlt*
*und Dich umschließt und erfüllt."*

Solbiart:

*„Ich brauche keinen schützenden Schild?*
*Ich bin mein eigener goldener Schild?*
*Ich finde in mir meinen schimmernden Schild?*
*Ich trage in meinem Herzen die Kraft eines Schildes?"*

Fylgia:

*„Wenn Du Deiner Fylgia folgst,*
*geschieht das, was für Dich das Beste ist;*
*Wenn Du Dein Lied wieder singst,*
*wird er zum schützenden Zaubergesang."*

Solbiart:

*„Ich lasse Wort den Worten folgen[107],*
*ich spüre Wissen, Weisheit und ein Lied,*
*mein Singen läßt ein Schwingen entstehen,*
*und eine Brünne, Schild und Helm."*

---

104 Surtur = Tyr
105 Fylgia = Seele
106 Born = Quelle
107 Wort den Worten folgen lassen = improvisiert und von der Seele inspiriert singen

Fylgia:
*„Dein Schild, Dein Schutz ist Licht,*
*ist Licht der Sonne, Leuchten Deiner Seele –*
*Singe weiter: Was will knospen?*
*Was will sprießen? Was will wachsen?"*

Solbiart:
*„Ich sehe Bilder von Schlangen auf Schilden*
*und schwimmende Fische und Drachen,*
*Ich sehe Baldur, den Adler des Sonnen-Asen,*
*die Mythen der Wanen und Alfen und Menschen."*

Fylgia:
*„Frage den Schild und frage das Leuchten,*
*was Franangs Schatz[108] sein Feuer verleiht.*
*Frage die Sonne und frage den Ring,*
*wo Du die Wurzeln der Flammen findest."*

Solbiart:
*„Das ist der Drache der Sonne, Surturs Feuer,*
*Es entspringt aus dem Leib der Skadi[109];*
*Er steigt in mir strahlend empor,*
*Er ist eine Schlange in mir."*

Fylgia:
*„Wem folgt dieser Feuer-fauchende Fafnir[110]?*
*Wer führt ihn auf seinem Weg?*
*Wer weist ihm den Pfad, der weise ist?*
*Wohin drängt es die Adler-Schlange[111]?"*

---

108 Franang = Wasserfall als Eingang zum Jenseits; der Schatz in ihm = der Sonnenring
　　Draupnir bzw. Andvarinaut
109 Skadi = Erdgöttin
110 Fafnir = Drache (Tyr)
111 Adler-Schlange = geflügelter Drache

Solbiart:
*„Er schaut nach dem Licht an meiner Stirne,*
*zu der Stelle zwischen meinen Brauen[112] –*
*die Bilder dort lenken seine Bewegung:*
*Bild und Kraft werden zu Begeisterung."*

Fylgia:
*„Was ist das Schlängeln des Sonnendrachen?*
*Wohin steigt die Schlange in Dir auf?*
*Was will das strahlende Feuer erschaffen?*
*Wohin wollen sich die Flammen weiten?"*

Solbiart:
*„Das ist mein Lebenstanz, mein Lebenslied!*
*In ihm bin ich geschützt, erfüllt, voll Freude!*
*Das bist Du, meine Mitte, mein Herz!*
*Aus Dir heraus will ich in Midgard wandern!"*

---

112 Stelle zwischen den Augenbrauen = „Drittes Auge" (Chakra)

# D  Die Fessel

# X  Die Fessel in der germanischen Überlieferung

Aus den Mythen der Germanen sind vor allem die Fesseln bekannt, mit denen die Götter Loki und den Fenris-Wolf gebunden haben.

## X 1.  Die Fesselung des Loki

### X 1. a)  Der Seherin Ausspruch

Dieses Lied ist vermutlich die älteste Beschreibung der Fesselung des Loki.

*In Ketten lag im Quellenwalde*
*In Unholdgestalt der arge Loki.*
*Da sitzt auch Sigyn unsanfter Gebärde,*
*Des Gatten Waise: Wißt ihr, was das bedeutet?*

Der „Quellenwald" könnte der Wald bei der Quelle der Nornen sein und wäre dann eine Umschreibung für das Jenseits.
„Des Gatten Waise" bedeutet „die ihren Gatten verloren  hat".

### X 1. b)  Lokasenna

Lokis Fesselung wird in diesem Lied über einen Beleidigungs-Wettstreit ausführlicher beschrieben:

*Darauf nahm Loki die Gestalt eines Lachses an und entsprang in den Wasserfall Franang. Da fingen ihn die Asen und banden ihn mit den Gedärmen seines Sohnes Nari. Sein anderer Sohn Narfi aber wurde in einen Wolf verwandelt. Skadi nahm eine Giftschlange und hing sie auf über Lokis Antlitz. Der Schlange enttäufelte Gift.*

*Sigyn, Lokis Weib, setzte sich neben ihn und hielt eine Schale unter die Gifttropfen. Wenn aber die Schale voll war, trug sie das Gift hinweg: unterdessen träufelte das Gift in Lokis Angesicht, wobei er sich so stark wand, daß die ganze Erde zitterte. Das wird nun Erdbeben genannt.*

In diesem Lied wird Lokis Fesselung mit einem seiner Söhne, der zu einem Wolf wurde, assoziiert. Da Loki bereits den Fenris-Wolf zum Sohn hat, könnte ursprünglich dieser Wolfs-Sohn gemeint gewesen sein. Dies wäre dann eine Verbindung zwischen der Fesselung des Loki und der Fesselung des Fenrir.

Die beiden Söhne des Loki erscheinen nur hier und im Hymir-Lied sowie in einer Kenning im Ynglingatal. Sie werden vermutlich eine Parallelbildung zu den beiden Alcis-Söhnen des Tyr sein.

## X 1. c)   Gylfis Vision

*Nun war Loki friedlos gefangen. Sie brachten ihn in eine Höhle und nahmen drei lange Felsenstücke, stellten sie auf die schmale Kante und schlugen in jedes ein Loch.*

*Dann wurden Lokis Söhne, Wali und Nari oder Narwi, gefangen. Den Wali verwandelten die Asen in Wolfsgestalt: da zerriß er seinen Bruder Narwi. Da nahmen die Asen seine Därme und banden den Loki damit über die drei Felsen: der eine stand ihm unter den Schultern, der andere unter den Lenden, der dritte unter den Kniegelenken; die Bänder aber wurden zu Eisen.*

*Da nahm Skadi einen Giftwurm und befestigte ihn über ihm, damit das Gift aus dem Wurm ihm ins Antlitz träufelte.*

## X 1. d)   Skaldskaparmal

*Warum wird Gold „Sifs Haar" genannt?*
*Loki, Laufeyjas Sohn, hatte der Sif in hinterlistiger Weise alles Haar abgeschoren.*
*Als Thor das gewahrte, ergriff er Loki und würde ihm alle Knochen zerschlagen haben, wenn er nicht geschworen hätte, von den Schwarzelfen zu erlangen, daß er der Sif Haare von Gold machte, die wie anderes Haar wachsen sollten.*

Sif ist Thors Frau.

*Darauf fuhr Loki zu den Zwergen, die Iwaldis Söhne heißen.*

„Iwaldi" ist derselbe Name wie „Ölwaldi" und bedeutet „Allherrscher". Die Zwerge, zu denen Loki geht, sind folglich die beiden Alcis-Söhne des Tyr.

*Diese machten das Haar und zugleich Skidbladnir und den Spieß Odins, der Gungnir heißt.*
*Da verwettete Loki sein Haupt mit dem Zwerge, der Brock heißt, daß dessen Bruder Sindri nicht drei ebenso gute Kleinode machen könnte, wie diese wären.*

Die Söhne des Iwaldi-Tyr sind somit Brock („Metallklumpen") und Sindri („Funken"). Diese zwei Söhne des Tyr gehen auf die beiden Pferde-Söhne des indogermanischen Göttervaters zurück, die seinen Streitwagen ziehen. Diese beiden Schimmel starben am Abend zusammen mit ihrem Vater und wurden dadurch zu Totengeistern, d.h. zu Zwergen.

Anfangs schmiedete der Göttervater wie in den Mythen anderer indogermanischer Völker auch sein am Abend zerbrochenes Schwert selber wieder neu. In dieser Funktion heißt Tyr bei den Germanen „Wieland", d.h. „kunstfertiger Handwerker". Nach einer Weile übernahmen die beiden Söhne des Tyr jedoch diese Aufgabe und wurden so zu Schmieden.

Da das Schwert des Tyr ein magisches Schwert war, wurden die beiden Söhne des Tyr zauberkundige Schmiede. Es lag nahe, sie auch als die Hersteller aller anderen magischen Gegenstände der Götter anzusehen.

Als der Reiter Odin den Streitwagenfahrer Tyr als Göttervater ablöste, wurden aus den beiden Schimmel-Söhnen des Göttervaters das achtbeinige „Doppelpferd" Sleipnir.

Die Wette des Loki mit dem Alcis-Zwerg Brock ist interessant, da es eigentlich keinen Grund für diese Wette gab und auch der Einsatz des Zwerges nicht genannt wird. Loki begibt sich hier unnötig und ohne Aussicht auf Gewinn in Gefahr, was vermuten läßt, daß hier eine ältere Mythe umgedeutet ist – vermutlich eine, in der Loki und die beiden Alcis bzw. deren Vater Tyr aufgetreten ist.

*Und als sie zu der Schmiede kamen, legte Sindri eine Schweinshaut in die Esse und gebot dem Brock zu blasen und nicht eher aufzuhören, bis er aus der Esse nähme, was er hineingelegt hatte. Aber sobald Sindri aus der Schmiede gegangen war und Brock blies, setzte sich eine Fliege auf seine Hand und stach ihn. Dennoch hörte er nicht auf mit Blasen bis der Schmied das Werk aus der Esse nahm. Da war es ein Eber mit goldenen Borsten.*

Die Fliege ist natürlich Loki, der die Wette gegen Sindri gewinnen will – Loki hat sich auch beim Raub von Freyas Brisingamen erst in eine Fliege und dann in einen Floh verwandelt.

*Darauf legte er Gold ins Feuer und gebot ihm, zu blasen und nicht eher mit Blasen abzulassen, bis er zurückkäme. Er ging hinaus; aber die Fliege kam wieder, setzte sich jenem auf den Hals und stach nun noch einmal so stark; doch fuhr er fort zu blasen bis der Schmied aus der Esse einen Goldring zog, der Draupnir heißt.*

*Darauf legte er Eisen in die Esse und hieß ihn blasen und sagte, alles sei vergebens, wenn er mit Blasen innehielt. Da setzte sich ihm eine Fliege zwischen die Augen und stach ihm in die Augenlider, und als das Blut ihm in die Augen troff, daß er nichts mehr sah, griff er schnell mit der Hand zu, während der Blasbalg ruhte, und jagte die Fliege fort.*

*Da kam der Schmied zurück und sagte, beinahe wäre das nun völlig verdorben, was in der Esse läge. Darauf zog er einen Hammer aus der Esse.*

Möglicherweise dient Lokis Wette mit den Zwergen auch dazu, die Kürze des Stieles von Thors Hammer zu erklären. Da es auch in der Mythe über „Des Hammers Heimholung" eine Verbindung zwischen Loki und dem Hammer Mjöllnir gibt, wäre es durchaus denkbar, daß die Wette des Loki mit den Zwergen die Weiterentwicklung eines älteren Motives ist, in der Loki auf andere Weise den kurzen Stiel von Thors Hammer verursacht hat.

Allerdings würde diese Vermutung nicht die komplexe Wette erklären, da für die Erklärung des kurzen Stieles ein Stören des Schmiedes beim Hammer-Schmieden völlig ausgereicht hätte.

*Alle diese Kleinode legte er darauf seinem Bruder Brock in die Hände und hieß ihn damit gen Asgard fahren, die Wette zu lösen.*

*Als nun er und Loki ihre Kleinode brachten, setzten sich die Götter auf ihre Richterstühle, und es sollte das Urteil gelten, das Odin, Thor und Freyr sprächen.*

Dies sind die drei Götter, die in Uppsala verehrt worden sind. Die von Snorri Sturluson in der Edda überlieferte Fassung dieser Mythe ist daher recht wahrscheinlich die Variante, die von den Priestern des skandinavischen Haupttempels in Uppsala erzählt wurde. Vermutlich ist die Herstellung der sechs magischen Gegenstände der beiden Zwerge für die drei Götter ein Ergebnis der Bemühungen der Priester von Uppsala, die Mythen der Germanen entsprechend dem Kult von Odin, Thor und Freyr in Uppsala zu ordnen und zu systematisieren.

Diese drei Götter sind auch die einzigen, die in den Mythen einen Priester als Diener/Begleiter haben: Thor den Thialfi (und Röskwa), Freyr den Skirnir und Odin den Hermod. Die Priester von Uppsala haben sich auch selber in ihre Fassung der Mythen miteinbezogen und sich in ihnen als handelnde Personen auftreten lassen ...

Das Herstellen der sechs magischen Gegenstände der neuen Herren von Uppsala durch die beiden Alcis wird eine Umdeutung des Schmiedens des Schwertes des ehemaligen Göttervaters Tyr durch seine beiden Alcis-Söhne sein.

*Da gab Loki dem Odin den Spieß Gungnir, dem Thor das Haar für die Sif und dem Freyr den Skidbladnir und nannte die Eigenschaften dieser Kleinode, daß der Spieß nie sein Ziel verfehle, das Haar wachse, sobald es auf Sifs Haupt komme, und Skid-bladnir immer Fahrwind habe, sobald die Segel aufgezogen würden, wohin man auch fahren wollte; und zugleich könne man das Schiff nach Belieben zusammenfalten wie ein Tuch und in der Tasche tragen.*

*Darauf brachte Brock seine Kleinode hervor und gab dem Odin den Ring und sagte, in jeder neunten Nacht würden acht ebenso kostbare Ringe von ihm nieder-träufeln.*

*Dem Freyr gab er den Eber und sagte, er renne durch Luft und Wasser Tag und Nacht, schneller als irgendein Pferd, und nie wäre es so finster in der Nacht oder im Dunkelwald, daß es nicht hell genug würde, wohin er auch führe, so leuchteten seine Borsten.*

*Dem Thor gab er den Hammer und sagte, er möge so stark damit schlagen, als er wolle, was ihm auch vorkäme, ohne daß der Hammer Schaden nähme; und wohin er ihn auch werfe, so solle er ihn doch nicht verlieren, und nie solle er so weit fliegen, daß er nicht in seine Hand zurückkehre, und wenn es ihm beliebe, solle er so klein werden, daß er ihn im Busen verbergen könne. Er habe nur den Fehler, daß sein Stiel zu kurz geraten sei.*

| Die drei Götter von Uppsala | | | | |
|---|---|---|---|---|
| **Gott (und Göttin)** | | **Geschenk des Brock** | **Geschenk des Sindri** | **Priester(-in)** |
| *Thor und Sif* | Thor | | Hammer Mjöllnir | Thialfi |
| | Sif | Getreide: goldenes Haar | | Röskwa |
| *Odin* | | Speer Gungnir | Ring Draupnir | Hermodr |
| *Freyr* | | Schiff Skidbladnir | Eber Gullinborsti | Skirnir |

*Da urteilten die Götter, der Hammer sei das Beste von allen Kleinoden und die beste Wehr gegen die Hrimthursen, und sie entschieden die Wette dahin, daß der Zwerg gewonnen habe.*

Dieses Urteil der Asen läßt vermuten, daß der Hammer das zentrale Element in dieser Mythe ist – auch die Statue des Thor stand in Uppsala in der Mitte und Odin links neben ihm und Freyr rechts neben ihm. Loki könnte daher auch schon vor der vorliegenden Fassung der Mythe, die aus Uppsala stammen wird, mit der Entstehung des Hammers des Thor oder zumindestens mit der Kürze des Stieles dieses Hammers zu tun gehabt zu haben.

*Da erbot sich Loki, sein Haupt zu lösen; aber der Zwerg antwortete, darauf dürfe er nicht hoffen.*
*„So nimm mich denn,“ sagte Loki.*
*Aber als jener ihn fassen wollte, war er schon weit fort, denn Loki hatte Schuhe, die ihn durch Luft und Wasser trugen.*
*Da bat der Zwerg den Thor, ihn zu ergreifen, und dieser tat es.*

Thor ist generell der einzige, vor dem Loki weicht und von dem er besiegt werden kann.

*Da wollte der Zwerg Lokis Haupt abhauen, aber Loki sagte, nur das Haupt sei sein, nicht der Hals.*

Spitzfindigkeiten sind eine der Spezialitäten des Loki …

*Da nahm der Zwerg einen Riemen und ein Messer und wollte Löcher in Lokis Lippen schneiden und ihm den Mund zusammennähen, aber das Messer schnitt nicht.*
*Da sagte er, besser wäre es, wenn er seines Bruders Ahle hätte, und in dem Augenblick, als er sie nannte, war sie bei ihm und durchbohrte jenem die Lippen.*
*Da nähte er ihm den Mund zusammen und riß den Riemen am Ende der Naht ab. Der Riemen, womit er dem Loki den Mund zusammennähte, hieß Wartari („Lippenreißer“).*

Eigentlich ist das Zunähen des Mundes eine seltsame Strafe. Sie erinnert an die Goldzähne im Mund des Heimdall und an das Gold in dem Mund drei Söhne des Riesen Ölwaldi, zu denen auch Tyr-Thiazi zählt.

In der Mythe wird nicht gesagt, warum der Zwerg Sindri dem Loki den Mund zunähen will. Es wäre naheliegend, daß er ihn daran hindern will, durch weitere Wetten, Lügen und Spitzfindigkeiten Unheil anzurichten, aber das Gold im Mund des Heimdall sowie des Tyr-Thiazi und seiner beiden Brüder läßt eher einen Zusammenhang mit der Sonne vermuten.

Der Verdacht liegt nahe, daß Loki in irgendeiner Weise als der Verursacher der Sonnenuntergänge und der Winter angesehen worden ist.

Die Tatsache, daß diese „Fessel“ sogar einen eigenen Namen („Wartari“) hat, spricht dafür, daß dies ein eher altes Motiv ist.

Der Beginn dieser Mythe ist das Scheren der Haare der Sif durch Loki, das ein

Gleichnis für das Ernten des reifen Getreides ist. Das spricht dafür, daß auch der Rest der Mythe eine Umdeutung einer Jahreszeiten-Mythe ist – sehr wahrscheinlich des Kampfes zwischen dem Wintergott Loki und dem Sommergott Tyr, der in der neuen Fassung der Mythe durch seine beiden Alcis-Söhne vertreten wird.

Die Priester von Uppsala waren offenbar darum bemüht, die alten Jahreszeiten-Mythen des Tyr und des Loki, die Jahreszeiten-Mythen der Sif und des Loki (Ullr ist der uneheliche Sohn der beiden) und die Schmied-Mythen des Tyr bzw. der Alcis zu einer neuen Mythe umzubauen, die die Herkunft der magischen Gegenstände des Thor, der Sif, des Odin und des Freyr erklärt.


## X 1. e)   Der Herdstein von Snaptun

Das Motiv des zugenähten Mundes des Loki muß von größerer Bedeutung gewesen sein, da es es eine Darstellung von Loki mit zugenähtem Mund auf einem Herdstein gibt.

Dieser wurde um ca. 1000 n.Chr. an der dänischen Ostküste in Snaptun hergestellt. Dieser Herdstein hat ein von vorne nach hinten durchgehendes Loch, dessen Außenseite sich unter dem Kinn des Loki befindet. Um den Herd stärker anzufeuern, steckte man das Mundstück eines Blasebalges in dieses Loch und blies Luft in das Feuer.

Die Darstellung des Loki zeigt eine große, lockige Haarpracht: ein weitausladender, geschwungener Schnauzbart, buschige Augenbrauen, lockiges Haupthaar, das die obere Hälfte seiner Stirn bedeckt, und langes Haar, das in Locken bis über seine Schultern herabfällt und unten an den beiden Seiten des Steines zu sehen ist.

Diese Locken machen einen „luftigen" Eindruck – und die Funktion des Steines ist auch, dem Feuer Luft zuzuführen. Von den Haaren her betrachtet, ist es somit wohl nicht Loki der Gefangene, der hier dargestellt ist, sondern Loptr der Luftige.

Die „Locken" am unteren Rand des Steines könnten auch Widderhörner sein, da Loki hat mit Tyr-Heimdall in der Gestalt zweier Robben gekämpft hat und Heimdall auch die Gestalt eines Widders annehmen konnte, was vermuten läßt, daß auch Loki zu einem Widder werden konnte.

Es ist deutlich zu sehen, daß der Mund des Loki mit sieben Stichen zugenäht worden ist: drei Stiche in der Oberlippe und vier in der Unterlippe.

## Loki auf dem Stein von Snaptun

*Loki mit zugenähmtem Mund*

# X 2.   Die Fesselung des Fenrir

## X 2. a)   Gylfis Vision

In dieser ausführlichsten Schilderung der Fesselung des Fenrir brauchen die Asen drei Versuche, um den starken Fenrir zu fesseln. Erst mit der letzten, von den Zwergen hergestellten magischen Fessel gelingt es ihnen, den Riesenwolf zu binden.

*„Loki hatte noch andere Kinder. Angurboda hieß ein Riesenweib in Jötunheim: mit der zeugte Loki drei Kinder: das erste war der Fenriswolf, das andere Jörmungandr, das dritte war Hel.*

*Als aber die Götter erfuhren, daß diese drei Geschwister in Jötunheim erzogen würden, und durch Weissagung erkannten, daß ihnen von diesen Geschwistern Verrat und großes Unheil bevorstehe, da glaubten sie von ihnen Böses erwarten zu müssen – schon wegen des Wesens ihrer Mutter, aber noch mehr wegen des Wesens ihres Vaters.*

*Da sandte Allvater die Götter aus, daß sie diese Kinder nähmen und zu ihm brächten.*

*Als sie aber zu ihm kamen, warf er die Schlange in die tiefe See, die alle Länder umgibt, wo die Schlange zu solcher Größe heranwuchs, daß sie mitten im Meer rings um alle Länder liegt und sich in den eigenen Schwanz beißt.*

*Die Hel aber warf er hinab nach Niflheim und gab ihr Gewalt über neun Welten (Unterwelt), daß sie denen Wohnungen anwiese, die zu ihr gesendet würden: solchen nämlich, die vor Alter oder an Krankheiten starben. Sie hat da eine große Wohnstätte und der Wall ringsum ist außerordentlich hoch und die Tore sind groß. Ihr Saal heißt 'Elend', ihre Schüssel 'Hunger', ihr Messer 'Gier', ihr Knecht 'Träge', ihre Magd 'Langsam', ihre Schwelle, über die man eintreten muß, 'Einsturz', ihr Bett 'Kümmernis' und ihr Vorhang 'drohendes Unheil'. Sie ist halb schwarz, halb menschenfarbig – also leicht zu erkennen – und sie ist eher ernst und finster.*

*Den Wolf erzogen die Götter bei sich und Tyr allein hatte den Mut, zu ihm zu gehen und ihm zu Essen zu geben.*

*Und als die Götter sahen, wie sehr er jeden Tag wuchs, und alle Vorhersagen meldeten, daß er zu ihrem Verderben bestimmt sei, da faßten die Asen den Beschluß, eine sehr starke Fessel zu machen, welche sie Läding hießen. Die brachten sie dem Wolf und baten ihn, seine Kraft an der Kette zu versuchen. Der Wolf hielt das Band nicht für überstark und ließ sie damit machen, was sie wollten. Aber das erstemal, daß der Wolf sich streckte, brach das Band und er war frei von Läding.*

*Darauf machten die Asen eine andere noch halbmal stärkere Fessel, die sie Droma* nannten. Sie baten den Wolf, auch diese Kette zu versuchen, und sagten, er würde seiner Kraft wegen sehr berühmt werden, wenn ein so starkes Geschmeide ihn nicht halten könnte.

Der Wolf bedachte, daß dieses Band viel stärker sei, daß aber auch seine Kraft gewachsen sei, seit er das Band Läding gebrochen hatte; zugleich erwog er, daß er sich entschließen müsse, einige Gefahr zu bestehen, wenn er berühmt werden wolle. Er ließ sich also das Band anlegen. Als die Asen damit fertig waren, schüttelte sich der Wolf und reckte sich und schlug das Band an den Boden, so daß die Stücke weit davon flogen. So brach er sich los von Droma.

Es wurde danach sprichwörtlich, sich aus Läding zu lösen, oder aus Droma zu befreien, wenn von einer schwierigen Sache die Rede ist.

Danach fürchteten die Asen, daß sie den Wolf nicht würden binden können. Da schickte Allvater den Jüngling Skirnir, der Freys Diener war, zu einigen Zwergen in Schwarzalfenheim, und ließ das Band Gleipnir verfertigen. Dieses war aus sechserlei Dingen gemacht: aus dem Schall des Katzentritts, dem Bart der Weiber, den Wurzeln der Berge, den Sehnen der Bären, der Stimme der Fische und dem Speichel der Vögel. Hast Du auch diese Geschichte nie gehört, so magst Du doch bald finden, daß sie wahr ist und wir Dich nicht belügen, denn da Du wohl bemerkt haben wirst, daß die Frauen keinen Bart, die Berge keine Wurzeln haben und der Katzentritt keinen Schall gibt, wirst Du mir wohl glauben, daß das übrige ebenso wahr ist, was ich Dir gesagt habe, wenn Du auch von einigen dieser Dinge keine Erfahrung hast."

Da sprach Gangleri: „An den Dingen, die Du zum Beispiel anführst, kann ich allerdings die Wahrheit erkennen; aber wie war das Band beschaffen?"

Har antwortete: „Das kann ich Dir wohl sagen: das Band war schlicht und weich wie ein Seidenband und so stark und fest, wie Du sogleich hören sollst. Als das Band den Asen gebracht wurde, dankten sie dem Boten für das wohl verrichtete Geschäft und fuhren dann auf die Insel Lyngwi im See Amswartnir, riefen den Wolf herbei, zeigten ihm das Seidenband und baten ihn, es zu zerreißen. Sie sagten, es wäre wohl etwas stärker, als es nach seiner Dicke das Aussehen habe. Sie gaben es einer dem anderen und versuchten ihre Stärke daran, allein es riß nicht. Doch sagten sie, der Wolf werde es wohl zerreißen mögen.

Der Wolf antwortete: 'Um dieses Band dünkt es mich so, als wenn ich wenig Ehre damit einlegen möchte, wenn ich auch eine so starke Fessel entzweireiße; falls es aber mit List und Betrug gemacht ist, obgleich es so schwach scheint, so kommt es nicht an meine Füße.'

Da sagten die Asen, er möge leicht ein dünnes Seidenband zerreißen, da er zuvor die schweren Eisenfesseln zerbrochen habe, 'wenn Du aber dieses Band nicht zerreißen kannst, so haben die Götter sich nicht vor Dir zu fürchten und wir werden Dich dann lösen.'

Der Wolf antwortete: 'Wenn ihr mich so fest bindet, daß ich mich selbst nicht lösen

301

kann, so spottet ihr meiner, und es wird mir spät werden, Hilfe von euch zu erlangen: darum bin ich nicht gesonnen, mir dieses Band anlegen zu lassen. Ehe ihr mich aber der Feigheit zeiht, so lege einer von euch seine Hand in meinen Mund zum Unterpfand, daß es ohne Fälsch hergeht.'

Da sah ein Ase den andern an, die Gefahr däuchte sie doppelt groß und keiner wollte seine Hand herleihen, bis Tyr zuletzt seine Rechte darbot und sie dem Wolfe in den Mund legte. Und da der Wolf sich reckte, da erhärtete das Band, und je mehr er sich anstrengte, desto stärker ward es. Da lachten alle außer Tyr, denn er verlor seine Hand.

Als die Asen sahen, daß der Wolf völlig gebunden sei, nahmen sie den Strick am Ende der Kette, der Gelgia hieß, und zogen ihn durch einen großen Felsen, Gjöll genannt, und festigten den Felsen tief im Grund der Erde. Auch nahmen sie noch ein anderes Felsenstück, Thwiti genannt, das sie noch tiefer in die Erde versenkten und das ihnen als Widerhalt diente.

Der Wolf riß den Rachen furchtbar auf, schnappte nach ihnen und wollte sie beißen; aber sie steckten ihm ein Schwert in den Gaumen, daß das Heft wider den Unterkiefer, und die Spitze gegen den Oberkiefer stand: damit ist ihm das Maul gesperrt. Er heult entsetzlich, und Geifer rinnt aus seinem Maul und wird zu dem Fluß, den man Wan nennt. Also liegt er bis zur Götterdämmerung."

Da sprach Gangleri: „Wahrlich, üble Kinder zeugte Loki, und dieses ganze Geschlecht ist furchtbar. Aber warum töteten die Asen den Wolf nicht, da sie doch Übles von ihm erwarteten?"

Har antwortete: „Die Asen halten ihre Heiligtümer und Freistätten so sehr in Ehren, daß sie sie mit dem Blut des Wolfs nicht beflecken wollten, obgleich Weissagungen verkündeten, daß er Odins Mörder werden solle."

Die Herstellung der dritten Fessel aus lauter „Unmöglichkeiten" sowie ihre Anfertigung durch die Zwerge, also durch die Totengeister im Jenseits, zeigt, daß diese Fessel eng mit dem Jenseits assoziiert wurde. Auch der Felsen Gjöll, der dem Namen des Jenseitsflusses „Gjallar" („Tosender") entspricht, weist darauf hin, daß Fenrir in der Unterwelt gefesselt wurde.

Der Name der Insel „Lyngwi", auf der Fenrir gefesselt wurde, bedeutet „Heide" und war eine häufige Bezeichnung für das Jenseits wie z.B. die „Geizheide", auf der der Drache Fafnir wohnte.

Der Name des Sees „Amswartnir", in dem diese Insel lag, bedeutet in etwa „Wächter der Rückseite", wobei mit „Rückseite" evtl. die verborgene Seite der Welt, also das Jenseits gemeint sein könnte.

Fenrir wurde also in der Unterwelt gefesselt.

Es ist bemerkenswert, daß Tyr der einzige ist, der sich traut, den jungen Fenrir zu füttern, daß nur Tyr dem erwachsenen Fenrir seine Hand ins Maul zu legen wagt, und schließlich auch noch, daß Fenrir mit einem Schwert am Beißen gehindert wird und das Schwert die Waffe des Tyr ist. Fenrir ist offenbar eng mit Tyr verbunden gewesen – sehr wahrscheinlich auch schon vor der Entstehung dieser Mythe.

## X 2. b)   Gylfis Vision

Diese Geschichte wird in ihren Grundzügen durch den folgenden Text bestätigt:

*Har versetzte: „Da ist noch ein Ase, der Tyr heißt. Er ist sehr kühn und mutig und herrscht über den Sieg im Krieg: darum ist es gut, daß Kriegsmänner ihn anrufen. Wer kühner ist als andere und sich vor nichts scheut, von dem sagt man sprichwörtlich, er sei tapfer wie Tyr. Er ist auch so weise, daß man von Klugen sagt, sie seien weise wie Tyr.*

*Ein Beweis seiner Kühnheit ist dies: Als die Asen den Fenriswolf überredeten, sich mit dem Bande Gleipnir binden zu lassen, traute er ihnen nicht, daß sie ihn wieder lösen würden, bis sie zum Unterpfand Tyrs Hand in seinen Mund legten. Und als die Asen ihn nicht wieder lösen wollten, biß er ihm die Hand an der Stelle ab, die nun Wolfsglied heißt. Seitdem ist Tyr einhändig, gilt aber den Menschen nicht für einen Friedensstifter.“*

## X 2. c)   Der Seherin Ausspruch

In diesem alten Lied wird Fenrir „Freki“ genannt, was ansonsten der Name eines der beiden Wölfe des Odin ist. Es könnte daher auch ein Zusammenhang zwischen Fenrir und den beiden Wölfen des Odin bestehen, die ursprünglich die beiden Alcis-Söhne des Tyr als Wolfskrieger gewesen sind.

*Yggdrasil zittert, die Esche, doch steht sie,*
*Es rauscht der alte Baum, da der Riese frei wird.*
*(Sie bangen alle in den Banden Hels*
*Bevor sie Surturs Flamme verschlingt.)*
*Gräßlich heult Garm vor der Gnipahöhle* (Hügelgrab),
*Die Fessel bricht und Freki rennt.*

## X 2. d)  Das andere Lied über Helgi Hunding-Töter

Der Name des Waldes „Fiöturlund", der in den folgenden Sätzen als Ortsname genannt wird und „Fesselwald" bedeutet, könnte eine Anspielung auf Fenrirs Fesselung sein – aber das ist sehr unsicher.

Da Helgi eine Saga-Variante des Tyr ist, könnte hier wieder eine Verbindung zwischen Fenrir und Tyr bestehen.

*Helgi empfing Sigrun zur Ehe und zeugte Söhne mit ihr. Aber Helgi ward nicht alt. Dag, Högnis Sohn, opferte dem Odin für Vaterrache. Da lieh Odin ihm seinen Spieß. Dag fand den Helgi, seinen Schwager, bei Fiöturlund; er durchbohrte Helgi mit dem Spieß.*

## X 2. e)  Grimm:  Deutsche Mythologie

Die Mythe des „angebundenen Tages", über die Jakob Grimm berichtet, wird auf das Motiv des gefesselten Sommergottes/Tagesgottes Tyr und des gefesselten Wintergottes/Nachtgottes Loki zurückgehen. Damit es Tag bzw. Frühling wird, muß sich der Tag/Sonne/Tyr erst einmal aus seinen Fesseln befreien.

*Einigemal scheint es, als sei der tag, denke man ihn in gestalt eines menschen oder thiers, angebunden und zu anbrechen gehindert: ligata, fune ligata dies („mit einer Schnur gebundener Tag"), er kann nur langsam nahen, weil ihn die bande hemmen. ›ein nacht doch nicht gepunden ist an einen stekchen, hoer ich sagen‹. gehört hierher: ›quam die dach ghestrict in die sale‹?*

*In einem ungrischen märchen werden mitternacht und morgendämmerung angebunden, daß sie nicht weiter können und nun bei den leuten nicht anlangen.*

## X 2. f)  Tyr und Loki

In den alten, Tyr-zentrierten Mythen vor 500 n.Chr. führten der Sommergott Tyr und der Wintergott Loki, die Brüder waren, einen endlosen Kampf gegeneinander, der die Jahreszeiten entstehen ließ.

Im Winter lag Tyr in der Unterwelt gefangen und im Sommer lag Loki in der Unterwelt gefangen.

Die Fesselung des Loki durch die Asen könnte auf dieses alte Jahrezeiten-Motiv zurückgehen. Eine Variante dieses Motivs ist das Festkleben des Loki an der Leimrute des Tyr-Thiazi und das Festkleben des Loki in Falkengestalt an der Wand der Halle des Tyr-Geirröd.

Fenrir wird in der „Vision der Seherin" „Freki" genannt, was ansonsten der Name eines der beiden Wölfe des Odin ist. Diese beiden Wölfe sind ursprünglich die beiden Alcis-Söhne des Tyr als Wolfskrieger gewesen. Odins Raben sind entsprechend eine Umdeutung der beiden Alcis als Seelenvögel und Odins achtbeiniges „Doppelpferd" ist eine Umdeutung der beiden Rosse Alswid und Arwakr, die einst den Sonnen-Streitwagen des Tyr gezogen haben.

Tyr als Vater der beiden Alcis-Wolfskrieger und allgemein als Gott der Ulfhedinn-Krieger wird auch selber ein Wolfskrieger gewesen sein – natürlich der größte aller Wölfe, d.h. der Fenris-Wolf. Fenrirs Name erinnert an die Halle Fensalir („Sumpf-saal") der Frigg, die die Wasserunterwelt darstellt. Dieser „Sumpfsaal" wird schon im Beowulf-Epos beschrieben – in dieser Unterwasser-Halle wohnen Tyr-Grendel und seine Mutter (Freya-Frigg).

Vermutlich gehört auch die Verwandlung des Loki-Sohnes Narfi in einen Wolf zu diesen Umdeutungen. Wahrscheinlich sind die beiden Söhne des Loki eine Parallel-bildung zu den beiden Alcis-Söhnen des Tyr.

Es ist bemerkenswert, daß mit den beiden einzigen mythologisch relevanten Fesseln in der germanischen Überlieferung der Sommergott Tyr-Fenrir und der Wintergott Loki gefesselt werden.

Weiterhin fällt auf, daß beide in der Unterwelt gefesselt werden: Loki in einer Höhle und Fenrir auf der Jenseitsinsel.

Schließlich spielt beide Male die „3" eine Rolle: Loki wird auf drei Felsen gebun-den und Fenrir kann erst mit der dritten Fessel gefangen werden. Die „3" ist ein Symbol für endlose, zyklische Vorgänge, insbesondere für den Sonnenlauf und für die Jahreszeiten gewesen und ist daher mit Tyr und Loki verbunden.

In der Umdeutung der ursprünglichen Mythe sind die verschiedenen Aspekte des Tyr gegeneinander gerichtet worden, um den ehemaligen Sonnengott-Göttervater Tyr endgültig zu entmachten: Tyr-Fenrir beißt dem Asen Tyr die Hand ab (statt daß Loki sie ihm abschlägt), Tyr hilft Tyr-Fenrir zu fesseln, vermutlich stellen Tyrs Alcis-Söhne die dafür benutzte amgische Fessel her, und Tyrs Schwert wird benutzt, um Tyr-Fenrir am Beißen zu hindern.

Die Priester von Uppsala sind gründlich gewesen, als sie Thor, Odin und Freyr zu den neuen Herren ihres Tempels erhoben haben …

# X 3.  Sonstige Fesseln

### X 3. a)  Havamal – Odins Runenlied

Diese Strophe ist ein Zauberspruch zum Lösen von Fesseln und ist völlig unabhängig von den beiden Mythen über die Fesselung des Loki und des Fenrir.

*Ein viertes weiß ich, wenn der Feind mir schlägt*
*In Bande die Bogen der Glieder,*
*So bald ich es singe, so bin ich ledig,*
*Von den Füßen fällt mir die Fessel,*
*Der Haft von den Händen.*

### X 3. b)  Kenningar

In einer Kenningar in einer Lausavisur des Skalden Rögnvald-Jarl Kali Kolsson wird eine Fessel als *„gebogenes Eisen"* umschrieben.

### X 3. c)  Personennamen

Der Männername „Herfiötur" lautet wörtlich übersetzt „Heerfessel" und bedeutet vermutlich „der das gegnerische Heer besiegt und fesselt".

# X 4.  Zusammenfassung

Die natürliche oder magische Fessel wird von den Asen zur Bindung von Loki und von Tyr-Fenrir benutzt.

Die Fesselung des Loki entspricht seinem Namen, der „Eingesperrter" bedeutet. Loki war im Sommer in der Unterwelt gefangen und Tyr war als „Utgardloki" während des Winter im Jenseits eingesperrt. Dadurch entstanden die Jahreszeiten: Tyr herrschte im Sommer im Diesseits und Loki im Winter.

Das Abbeißen der Hand des Tyr durch den Fenrir-Wolf sowie die Fesselung des Fenrir wird ursprünglich Tyrs Niederlage gegen Loki gewesen sein, durch die dann der Winter begann. Bei dem Sieg des wiedergeborenen, jungen Tyr gegen Loki im Frühling wurde dann Loki gefesselt.

Der Ausbruch des Loki und des Fenrir aus ihrer Gefangenschaft beim Ragnarök ist vor allem der zu einer riesigen Götterschlacht erweiterte Kampf des Loki gegen Tyr im Herbst, bei der Tyr stirbt und der Winter („Fimbulwinter") beginnt.

Das Zunähen des Mundes des Loki, das auf einem Herdstein abgebildet worden ist, könnte ein magisches Hilfsmittel gewesen sein, um Loki zu binden und dadurch den Winter zu beenden – sodaß der Herd dann weitgehend ruhen kann.

Odin kannte einen Zauberspruch, mit dessen Hilfe er sich von Fesseln befreien konnte.

Auch Tyr war während seiner Zeit in der Unterwelt gefangen, woran noch sein Riesen-Name „Utgardloki" („im Jenseits Gefangener") erinnert.

Auch das Motiv, daß sich die Sonne bzw. der Tag erst einmal befreien müssen, bevor sie in das Diesseits gelangen können, wird aus dieser Tyr/Loki-Mythe stammen.

# XI  Die Fessel bei den Indogermanen

Die einzige Fessel in den indogermanischen Mythen, die eine deutliche Ähnlichkeit mit der Fessel hat, mit Loki bzw. Tyr in der Unterwelt gefesselt worden sind, ist die Kette, mit der Prometheus von Zeus an den Kaukasus gefesselt worden ist. Zeus ist mit Tyr identisch und Prometheus entspricht hier offenbar dem Loki.

# XI  Lyrische Zusammenfassung

Um Strophen dichten zu können, die die bekannten Fessel-Motive aus der Tyr/Loki-Mythe zusammenfassen, hilft es, zunächst einmal alles, was darüber bekannt ist, möglichst übersichtlich zusammenzufassen.

Einige Motive sind nicht überliefert, aber lassen sich sicher ergänzen – diese Angaben sind in der folgenden Liste *kursiv* gedruckt.

| Loki | Tyr-Fenrir |
|---|---|
| Zeit: Wintergott, Nachtgott | Zeit: Sommergott, Tagesgott, Sonnengott |
| Zeitraum: in den 3 Sommermonaten gefesselt | Zeitraum: in den 9 Wintermonaten gefesselt |
| Zeitpunkt: *Loki am Frühlingsanfang fesseln* | Zeitpunkt: *Tyr-Fenrir am Herbstanfang fesseln* |
| Befreiung im Herbst bzw. am Abend: die Nacht (Winter) von ihren Fesseln befreien | Befreiung im Frühjahr bzw. am Morgen: den Tag (Sommer) von seinen Fesseln befreien |
| Herbst: Loki schert Sifs Haar (Getreide) | Frühjahr: Sindri erschafft neues Haar (Getreide) für Sif |
| Jenseitswald (Myrkvid): im Quellenwald gefesselt | Jenseitswald (Myrkvid): in Fjöturlund (Fesselwald) gefesselt |
| Jenseitsinsel: Loki versteckt sich in dem Wasserfall (Jenseitstor) Franang („Glitzernder") vor den Asen, aber wird von ihnen gefangen | Jenseitsinsel: den gefesselten Tyr-Fenrir auf die Jenseitsinsel Lyngwi („Heide") im See Amswartnir („Wächter der Rückseite") bringen |
| Hel: in einer Höhle gefesselt | Hel: in der Gnipahöhle („Höhle mit überragenden Felsen" = Grabkammer im Hügelgrab) gefesselt |

| Loki | Tyr-Fenrir |
|---|---|
| auf Felsen gefesselt: drei Felsen werden auf ihrer schmale Kante aufgerichtet; in jeden wird ein Loch geschlagen; Loki wird darauf gefesselt | auf Felsen gefesselt: mit dem Strick Gelgia auf den Felsen Giöll gefesselt und diesen Felsen mit dem Stein Thwitti als Widerhalt verankert |
| die besondere Fessel: Lokis Sohn Wali wird von den Asen in einen Wolf verwandelt, der dann den seinen Bruder Narfi zerreißt, mit dessen Därmen Loki dann an Schultern, Lenden (Hüften) und Kniekehlen auf die drei Felsen gefesselt wird. Die Därme verwandeln sich zu Eisen. | die besondere Fessel: Odin sendet Skirnir zu den Zwergen (Alcis), um eine magische Fesseln anfertigen zu lassen, die aus 1. dem Schall des Katzentritts, 2. dem Bart der Weiber, 3. den Wurzeln der Berge, 4. den Sehnen der Bären, 5. der Stimme der Fische und 6. dem Speichel der Vögel besteht. |
| „3": Loki auf drei Felsen fesseln | „3": Tyr -Fenrir mit dem 3. Strick fesseln: 1. Strick „Läding", 2. Strick „Droma", 3. Strick (Seidenband) „Gleipnir" |
| Ahle am Mund: mit der Ahle des Brock Tyr-Sohn (entspricht Tyrs Schwert) und mit dem Faden Wartari (Lippenreißer) Lokis Mund zunähen | Schwert im Maul: ein Schwert (Tyrs Schwert) zwischen die Kiefer des Fenrir klemmen; der Griff des Schwertes ist am Unterkiefer, die Spitze oben |
| Gift der Schlange: Skadi hängt eine Schlange über Lokis Gesicht, deren Gift herabtropft, aber die meiste Zeit von Sigyn in einer Schale aufgefangen wird | Geifer des Wolfes: der Geifer des Fenrir wird zu dem Fluß Wan |
| Körperteil: Loki verwettet sein Haupt gegen Sindri | Körperteil: Tyr legt seine Hand zum Pfand in Fenrirs Maul |
| Falle (Seelenvogel): Tyr-Thiazi-Geirröd fängt Loki in Falkengestalt mit einer Leimrute | Falle (Seelenvogel): die Asen verbrennen Tyr-Thiazi in Adlergestalt, als er nach Asgard fliegt (Idun-Mythe) |

| Loki | Tyr-Fenrir |
|---|---|
| Falle (Lachs): Loki erschlägt Tyr-Otr (und indirekt auch eine Lachs) in Ottergestalt mit einem Stein in einem Fluß (Völsungen-Saga) | Falle (Lachs): Thor fängt (anstelle von Tyr) Loki in Lachsgestalt mit einem Netz in einem Fluß |
| Söhne: Wali (Wolf) und Narfi (Analogie-Bildung zu den beiden Alcis-Söhnen des Tyr) | Söhne: Alcis als Wolfs-Krieger |

Die alten Tyr-Loki-Mythen sind offenbar sehr symmetrisch aufgebaut gewesen – was ja bei einer Jahreszeitmythen, die vor allem den Wechsel von Sommer und Winter beschreiben, nicht anders zu erwarten ist.

Die einzigen „unsymmetrischen" Informationen sind: Tyr füttert Fenrir; Fenrir beißt Tyrs Hand ab; Fenrir ist der Sohn des Loki und der Angrboda (Hel); das Handgelenk wird „Wolfsglied" genannt; und Fenrir wurde auch „Freki" genannt.

Mithilfe dieser Aufstellung läßt sich nun ein „symmetrisches Lied" über den Sommergott Tyr und den Wintergott Loki sowie ihre abwechselnde Fesselung verfassen.

# XI 1.  Die Fesseln des Tyr und des Loki

## XI 1. a)  Lokis Fesseln

*Der Winter-Ase[113] wirft seine Fesseln ab,*
*wird wiedergeboren von Freya der Schönen;*
*Loki erschlägt stolz mit einem Stein*
*Otter und Lachs[114] im strömenden Fluß.*

*Loki schor listig das Haar der Sif[115],*
*ließ keinen Halm des Getreides steh'n;*
*kalt und kahl wurde die Welt,*
*kühle Winde wehten von Norden.*

*Dem Flügelschuh-Asen[116] folgten*
*auf den Fersen Eis und Schnee;*
*es nahte die lange, frostige Nacht,*
*Nebel überzogen das Land.*

*Der leichtsinnige Loptr[117] – an Mittwinter –*
*legt sein Haupt in die Wette mit Sindri:*
*Doch der Zwerg kann das Sif-Haar schmieden ...*
*schon naht der Frühling dem Eis-Land.*

*Thiazi[118] legt die Leimrute aus*
*um den listigen Falken[119] zu fangen;*
*Der Adler-Ase[120] zerrt den Falken umher:*
*Loki schreit aus aller Kraft!*

---

113 Winter-Ase = Loki
114 Otter/Lachs = Tyr in Tier-Gestalt
115 (goldenes) Haar der Sif = reifes Getreide im Herbst
116 Flügelschuh-Ase = Loki
117 Loptr = Loki
118 Thiazi = Tyr
119 Falke = Seelenvogel des Loki
120 Adler-Ase = Tyr

*Die Asen fischen mit Netzen im Fjord:*
*Loki verbirgt sich in den Glitzer-Fällen[121];*
*Tyr fängt den listigen Lachs[122] in den Wogen*
*Loptr ist friedlos gefangen.*

*In einer Höhle, in der Halle der Hel,*
*im hohlen Hügel[123] steht Tyr:*
*fesselt den Friedensfeind[124]*
*fest auf drei Felsen mit Löchern.*

*Die Asen verwandeln Wali Loki-Sohn*
*in einen Wolf, der seinen Bruder Narfi zerreißt;*
*fesseln den frechen Loki mit Narfis Därmen*
*in der finsteren Halle der Hel.*

*Dreifach ist der Felsen, dreifach die Fessel,*
*dreifach gebunden an Schulter, Hüfte und Knie;*
*denn dreifach ist der Wandel des Lebens,*
*dreifach der Wechsel von Sommer und Winter.[125]*

*Die Ahle ist das wirksame Werkzeug,*
*das dem Loki das Sprechen verwehrt:*
*verschlossen, vernäht ist sein Mund,*
*kein Unheil kann er mehr verbreiten.*

*Loki liegt in festen Fesseln*
*Licht-los im Quellenwald*
*drei milde Monde lang:*
*Midgard genießt den Sommer.*

*Über Loptrs listigem Haupt*
*schlängelt sich der Lindwurm der Skadi:*
*Sigyn fängt das Gift in einer Schale,*
*schüttet es in die Halle der Hel.*

---

121 Wasserfall „Franang" = „Glitzernder" = Jenseitstor
122 listiger Lachs = Loki in Lachs-Gestalt
123 hohler Hügel = Hügelgrab
124 Friedensfeind = Loki
125 Die Zahl „3" symbolisierte bei den (Indo-)Germanen den endlosen Zyklus insbesondere
    des Sonnenlaufes und der Jahreszeiten.

## XI 1. b)  Tyrs Fesseln

*Der Sommer-Ase[126] schüttelt die Fesseln ab,*
*Freya die Schöne schenkt ihm ein neues Leben;*
*Tyr fängt Loki den flüchtigen Lachs*
*mit einem Leid-bringenden Netz im Fluß.*

*Sindri erschafft neues Haar für Sif,*
*Schenkt der Erde keimendes Korn;*
*warm und hell wurde die Welt,*
*wohlige Winde wehten von Süden.*

*Dem Sonnenschild-Asen[127] folgten*
*schon bald Knospen und Blüten;*
*lange, warme Tage belebten die Jörd,*
*laue Lüfte durchzogen das Land.*

*Der tapfere Tyr – an Mittsommer –*
*trägt seine Hand als Pfand zu Fenrirs[128] Maul:*
*Doch der Wolf kann die Fessel nicht weiten ...*
*nicht mehr weit ist der Herbst dem Licht-Land.*

*Die Asen schichten Hobelspäne*
*um den schnellen Adler[129] zu fangen;*
*Der Falke[130] entzündet rasch das Feuer*
*Tyr brennt in den heißen Flammen!*

*Loki bringt den gefesselten Fenrir nach Lyngwi[131]:*
*reglos ruht Freki[132] auf der Insel im Jenseits;*
*Loptr lacht spöttisch vor dem Wolf,*
*lauthals schmäht er seinen Feind.*

---

126 Sommer-Ase = Tyr
127 Sonnenschild-Ase = Tyr
128 Fenrir = Tyr als Gott/König der Wolfskrieger (Ulfhedinn)
129 Adler = Seelenvogel des Tyr
130 Falke = Loki
131 Lyngwi = „Heide" = Jenseits
132 Freki = Fenrir

*In einer Höhle, in der Halle der Hel,*
*im hohlen Hügel[133] steht Loki:*
*fesselt den Fenris-Wolf*
*fest auf dem Felsen Giöll mit Gelgia[134].*

*Die Zwerge spinnen ein magisches Seil*
*aus den Wurzeln der steilen Berge[135];*
*fesseln den flüchtigen Fenrir den Großen*
*in der finsteren Halle der Hel.*

*Dreifach ist das Seil, dreifach die Fessel,*
*Dreifach gebunden mit Läding, Droma und Gleipnir*
*denn dreifach ist der Wandel des Lebens,*
*dreifach der Wechsel von Sommer und Winter.[136]*

*Das Schwert ist die wuchtige Waffe,*
*Die dem Wolf das Beißen verwehrt:*
*versperrt, verriegelt ist sein Maul,*
*keine Gefahren kann er mehr verbreiten.*

*Tyr friert in Fesseln*
*Licht-los im Fesselwald*
*neun mächtige Monde lang:*
*Midgard fürchtet den Winter.*

*Mit Fessel-wundem Haupt*
*wütet der graue Wolf des Tyr:*
*Der Geifer sammelt sich auf Gefions Gliedern[137],*
*ergießt sich nach Niflheim[138] als Giallar-Fluß[139].*

---

133 hohler Hügel = Hügelgrab
134 Gelgia = ein Strick
135 Insgesamt haben die Zwerge sechs Dinge zu dem magischen Seil verwoben.
136 Die Zahl „3" symbolisierte bei den (Indo-)Germanen den endlosen Zyklus insbesondere
  des Sonnenlaufes und der Jahreszeiten.
137 Gefion = Erdgöttin; ihre Glieder = Erdoberfläche
138 Niflheim = Jenseits
139 Giallar = Jenseitsfluß

## XI 1. c)  Vergleich der beiden Lieder

Im folgenden sind die beiden Teile des Liedes noch einmal nebeneinander aufgeführt, da sich die parallele Bildung der Strophen auf diese Weise besser erkennen läßt.

| Loki | Tyr-Fenrir |
|---|---|
| Der Winter-Ase wirft seine Fesseln ab, <br> wird wiedergeboren von Freya der Schönen; <br> Loki erschlägt stolz mit einem Stein <br> Otter und Lachs im strömenden Fluß. | Der Sommer-Ase schüttelt die Fesseln ab, <br> Freya die Schöne schenkt ihm ein neues Leben; <br> Tyr fängt Loki den flüchtigen Lachs <br> mit einem Leid-bringenden Netz im Fluß. |
| Loki schor listig das Haar der Sif, <br> ließ keinen Halm des Getreides steh'n; <br> kalt und kahl wurde die Welt, <br> kühle Winde wehten von Norden. | Sindri erschafft neues Haar für Sif, <br> Schenkt der Erde keimendes Korn; <br> warm und hell wurde die Welt, <br> wohlige Winde wehten von Süden. |
| Dem Flügelschuh-Asen folgten <br> auf den Fersen Eis und Schnee; <br> es nahte die lange, frostige Nacht, <br> Nebel überzogen das Land. | Dem Sonnenschild-Asen folgten <br> schon bald Knospen und Blüten; <br> lange, warme Tage belebten die Jörd, <br> laue Lüfte durchzogen das Land. |
| Der leichtsinnige Loptr – an Mittwinter – <br> legt sein Haupt in die Wette mit Sindri: <br> Doch der Zwerg kann das Sif-Haar schmieden … <br> schon naht der Frühling dem Eis-Land. | Der tapfere Tyr – an Mittsommer – <br> trägt seine Hand als Pfand zu Fenrirs Maul: <br> Doch der Wolf kann die Fessel nicht weiten … <br> nicht mehr weit ist der Herbst dem Licht-Land. |
| Thiazi legt die Leimrute aus <br> um den listigen Falken zu fangen; <br> Der Adler-Ase zerrt den Falken umher: <br> Loki schreit aus aller Kraft! | Die Asen schichten Hobelspäne <br> um den schnellen Adler zu fangen; <br> Der Falke entzündet rasch das Feuer <br> Tyr brennt in den heißen Flammen! |
| Die Asen fischen mit Netzen im Fjord: <br> Loki verbirgt sich in den Glitzer-Fällen; <br> Tyr fängt den listigen Lachs in den Wogen <br> Loptr ist friedlos gefangen. | Loki bringt den gefesselten Fenrir nach Lyngwi: <br> reglos ruht Freki auf der Insel im Jenseits; <br> Loptr lacht spöttisch vor dem Wolf, <br> lauthals schmäht er seinen Feind. |
| In einer Höhle, in der Halle der Hel, <br> im hohlen Hügel steht Tyr: <br> fesselt den Friedensfeind <br> fest auf drei Felsen mit Löchern. | In einer Höhle, in der Halle der Hel, <br> im hohlen Hügel steht Loki: <br> fesselt den Fenris-Wolf <br> fest auf dem Felsen Giöll mit Gelgia. |
| Die Asen verwandeln Wali Loki-Sohn <br> in einen Wolf, der seinen Bruder Narfi zerreißt; <br> fesseln den frechen Loki mit Narfis Därmen <br> in der finsteren Halle der Hel. | Die Zwerge spinnen ein magisches Seil <br> aus den Wurzeln der steilen Berge; <br> fesseln den flüchtigen Fenrir den Großen <br> in der finsteren Halle der Hel. |

| Loki | Tyr-Fenrir |
|---|---|
| Dreifach ist der Felsen, dreifach die Fessel, dreifach gebunden an Schulter, Hüfte und Knie; denn dreifach ist der Wandel des Lebens, dreifach der Wechsel von Sommer und Winter. | Dreifach ist das Seil, dreifach die Fessel, Dreifach gebunden mit Läding, Droma und Gleipnir denn dreifach ist der Wandel des Lebens, dreifach der Wechsel von Sommer und Winter. |
| Die Ahle ist das wirksame Werkzeug, das dem Loki das Sprechen verwehrt: verschlossen, vernäht ist sein Mund, kein Unheil kann er mehr verbreiten. | Das Schwert ist die wuchtige Waffe, Die dem Wolf das Beißen verwehrt: versperrt, verriegelt ist sein Maul, keine Gefahren kann er mehr verbreiten. |
| Loki liegt in festen Fesseln Licht-los im Quellenwald drei milde Monde lang: Midgard genießt den Sommer. | Tyr friert in Fesseln Licht-los im Fesselwald neun mächtige Monde lang: Midgard fürchtet den Winter. |
| Über Loptrs listigem Haupt schlängelt sich der Lindwurm der Skadi: Sigyn fängt das Gift in einer Schale, schüttet es in die Halle der Hel. | Mit Fessel-wundem Haupt wütet der graue Wolf des Tyr: Der Geifer sammelt sich auf Gefions Gliedern, ergießt sich nach Niflheim als Giallar-Fluß. |

# Verzeichnis der Themen

*(die Zahl ist die Nummer des Bandes, in dem sich das Thema findet)*

Eugel 7
Eule 40
Eyrgjafa 35
**Faden** 55
Fafnir (Zwerg) 32
Fährmann 49
Fala 35
Falkenkleid:
- der Freya 40
- der Frigg 40
Falke 40
Fallar 32
Farbauti 6
Farn 45
Farseti 6
Faulheit =>
Feuersitzen 55
Feima 35
Fenchel 45
Fenja 28
Fenrir 6
Fenrir 43
Fernhypnose 64
Ferse 63
Fessel 66
Fessel-Zauber 64
Feuer 55
Feuersitzen 55
Feuerzauber 64
Fialar 32
Fid 32
Fieberkraut 45
Fili 32
Fimafeng 39
Fimbulwinter 55
Finger 63
Finnalf 5
Finnar 32
Finnmark-Riese 34
Fiölkald 34
Fiölmor 39
Fiölnir 20

Fiölvör 35
Fiörgyn 20
Fiörgyn 23
Fisch 44
Fjölverkr 34
Fjötra 29
Flachs 45
Flegda 35
Fleur-de-lys 55
Fleggr 34
Fliege 40
Fluch 68
Flügel des Wieland 40
Flügelschuhe 67
Flugschuhe des Loki 40
Fluß 49
Freya 22
frühe Skaldenlieder 78
Freyr 15
Fried 29
Friedenszauber 6
Fridr 29
Frigg 21
Folde 20
Fonn 34
Forat 35
Forelle 44
Fornjotr 6
Forseti 19
Frägr 32
Franmar 37
Frar 32
Freki 43
Frosti 32
Frosti 34
Fruchtbarkeit 64
Fuchs 43
Frauenhaarfarn 45
Frühling 54

Frühlingstagund-nachtgleiche 54
Fulla 29
Fullas Haarreif 60
Fullafle 34
Fundin 32
Fuß 63
Fylgia 50
Fynir 6
Fynir 34
**Galar** 32
Galarr 34
Galdr 64
Gallapfel 45
Gandalf 32
Ganglati 34
Ganglot 6
Gangr 34
Gangr 33
Gans 40
Gänsefuß 45
Garm 43
Gautan 39
Gautrek-Saga => Snotra
Geban 20
Geburts-Orakel 64
Gefäße 57
Gefion 20
Gefion-Geliebter 6
Gefiun 20
Gefjon 20
Geist 50
Geier 40
Geirahöd 31
Geiravör 31
Geirdriful 31
Geirönul 31
Geirröd 5
Geirrota 31
Geirskögul 31
Geitir 6

Geitla 35
Geitir 35
gelb 46
Geliebter der Gefion 6
Gerber-Schaber 67
Gerdr 28
Geri 43
Gespenst 50
Gestaltwandel => Verwandlung
Gesang 68
Gestilja 35
Getreide 45
Gewöhnlicher Flachbärlapp 45
Geysa 35
Gialar 32
Gift 70
Gifur 43
Gigas 6
Gilling 6
Gillings Frau 28
Ginnar 32
Ginnungagap 49
Gjalp 35
Glamr 34
Glatundshundr 43
Glaumar 34
Glaumarr 34
Glaumr 6
Glenr 48
Glitni 5
Glöd 35
Gloi 32
Glück 64
Glückstrank 70
Glumra 35
Glymra 35
Gna 29
Gneip 35
Gnepja 35

Goi 34
Gold 55
Goldalter 55
Goldemar 7
golden 46
Goldhelm 66
Goldhörner von
Gallehus 57
Göll 31
Golnir 5
Göndul 31
Gorr 34
Görsemi 29
Götter 36
Götterdämmerung 55
Götterkampf 55
Göttermet 69
Götter-Tiere 44
Gottesurteil 64
Gurgelbiß 55
Grab 49
Grani 6
grau 46
Grendel 5
Grendels Mutter 35
Greppur 34
Grer 32
Grid 28
Grid 35
Grim 5
Grim 39
Grima 35
Grimhild 31
Grimling 5
Grimnir 5
Grim Struppig-Wange
79
Grip 35
Gripir 34
Grissa 35
Groa 28
Grottintanna 35

Grotunagard 52
grün 46
Gryla 35
Gudr 31
Gudrun 31
Gudmund 5
Gullnir 5
Gullveig 29
Guma 35
Gundelrebe 45
Gunn 31
Gunnlöd 28
Gunnthinga 31
Gürtel 60
Gusir 6
Gygr 35
Gylfaginning 77
Gyllir 5
Gyllir 34
Gyma 20
Gymir 5
**Haarband** 60
Haare 63
Habicht 40
Hafle 34
Hafli 5
Hafthi 39
Hagen 16
Hahn 40
Hala 35
Halfdan 39
Halfdan Brana-
Ziehsohn 79
Halfdan Eisteinson 79
Hamdir 39
Hamingja 50
Hammer 66
Hand 63
Handschuhe 60
Hanf 45
Hannar 32
Hantel-Symbol 55

Har 32
Höra 35
Hardbeen 6
Hardgreip 35
Hardgreipir 34
Hardverkr 34
Harek Eisenkopf 6
Harfe 57
Harz 45
Hase 44
Hasel 45
Hastingi 34
Hati 5
Hati 43
Hattatal 77
Haudr 20
Haugspori 32
Haym 34
Hecht 44
Hedin 39
Hedin und Högni 79
Hefring 35
Heid 35
Heiddraupnir 5
Heide 49
Heidrek 39
Heidungi 6
Heilige Hochzeit =>
Wiederzeugung 55
Heiliger Hain =
Weltenbaum 52
Heilung 64
Heilziest 45
Heimdall 8
Heimir 39
Heinir 34
Heith 35
Heithdraupnir 5
Hel 26
Helblindi 20
Helgi 39
Helgi Thorisson 79

Hel-Haut 49
Helidi 27
Hellebarde 66
Helreginn 5
Helm 66
Hengikefta 35
Hengiköpt 6
Hengjankapta 35
Hepti 32
Herbst 54
Herbsttagundnacht-
gleiche 54
Herche 20
Herdentiere 42
Herdentierfell 42
Herfjötur 31
Hergrim Halbtroll 5
Hergunnur 35
Heri 32
Herja 31
Herkir 6
Herkja 35
Hermodr 37
Hertha 28
Hervor => Heidrek
Hervor und Heidrek
=> Heidrek
Herz 63
Hexe 58
Hianka 31
Hidde 34
Hild 31
Hildolf 5
Hildolf 20
Himingläva 35
Himmel 52
Himmelsrichtungs-
Mandala 54
Himmelsträger-
Zwerge 32
Hirsch 42
Hjaltrimul 31

Hjortrimul 31
Hjötra 28
Hjuki 29
Hläwang 32
Hlebard 6
Hleidr 35
Hler 10
Hlidolf 32
Hlif 29
Hlifthursa 29
Hlin 29
Hlodyn 20
Hlödyn 20
Hloi 34
Hlöll 31
Hlora 35
Hnoss 29
Hochsitz 57
Hochsitzsäulen 57
Hoddraupnir 5
Hoddrofnir 5
Hödur 19
Hofund 19
Höggstari 32
Högni 16
Högni 39
höhere Mächte 36
Holmgang =>
Zweikampf 55
Holunder 45
Homöopathie 64
Honig 40
Honigtau 45
Hönir 18
Horn 57
Horn (Riesin) 35
Hörn 29
Hörn 35
Horn-Neb 35
Hornbori 32
Hraesvelgr 6
Hrafnhild 35

Hraudnir 6
Hraudungr 5
Hrede 29
Hreidmar 7
Hremsa 35
Hrimgerdr 28
Hrimgerdr 35
Hrimgrimnir 34
Hrimnir 34
Hrim-Riesen 34
Hrimthurs 34
Hringi 5
Hringvölnir 5
Hripstodr 34
Hrist 31
Hrist 29
Hrisungr 6
Hroarr 5
Hrod 35
Hrodwitnir 5
Hrodwitnir 43
Hrökkvir 6
Hrönn 35
Hrossthjofr 34
Hrotti 5
Hruga 28
Hrungnir 5
Hrungnir-Herz 67
Hryggda 35
Hyria 35
Hrym 34
Hrund 31
Hügelgrab 49
Hugin 40
Huhn 40
Huldar 28
Hund 43
Hundalfr 6
Hunding 16
Hvalr 6
Hvedra 35
Hvedrungr 16

Hymir 6
Hymnen an die Götter
80
Hyndla 26
Hypnose 64
Hyrrokkin 26
**Idi** 34
Idun 25
Igel 44
Illugi Grid-Ziehsohn
79
Ilmr 29
Ima 35
Imd 35
Imgerdr 35
Imr 6
Imsigul 34
Imth 35
In 20
Ingibjörg 29
Ingibiörg 31
Intuition 64
Inzest 51
Irmin 20
Irpa 29
Istwas 20
Itrek 5
Itreksjod 5
Itreksjod 20
Ividja 35
Iwaldi 5
Iwalt 5
Iwiedie 29
**Jari** 32
Jamtaland-Zwerg 7
Jarngerdr 28
Jarnglumra 35
Jarnhauss 6
Jarnnef 34
Jarnsaxa 28
Jarnvidja 35
Jenseits 49

Jenseitsbarke 49
Jenseitsberge 49
Jenseitsbrücke 49
Jenseitsfährmann 49
Jenseitsfluß 49
Jenseitsgrenzen-
Landkarte 49
Jenseitshalle 49
Jenseitsinsel 49
Jenseitsleiter 49
Jenseitsmauer 49
Jenseitsreise 49
Jenseitstor 49
Jenseitstor-Gitter 49
Jenseitstor-Hund 49
Jenseitswächter 49
Jenseitswald 49
Jenseitswasser =>
Wasser 49
Jenseitsweg 49
Johanniskraut 45
Jokul 34
Jokul Eisenrücken 34
Jörd 23
Jomali 20
Jörmungandr 41
Jörmunrek 39
Jorunn 29
Jötunn 6
Jotunbjorn 6
Julnacht 54
**Käfer** 40
Kaldgrani 34
Kamille 45
Kampfmagie 64
Kannibalismus 55
Kara 31
Karabin 34
Kari 6
Katze 43
Kausalität 55
Keila 34

| | | | |
|---|---|---|---|
| Keiler 42 | **Lachanfall** 64 | Luchs 43 | Miötwitnir 32 |
| Kenningar 75 | Lachen 55 | Lutr 34 | Mjoll 34 |
| Kerbel 45 | Lachs 44 | Lyngheid 35 | Modgudr 29 |
| Kessel 57 | Landgeister 36 | **Magni** 19 | Modgudr 31 |
| Keule 66 | Lauch 45 | Malseron 34 | Modi 19 |
| Kiebitz 40 | Laufey 26 | Mana 35 | Modrädnir 32 |
| Kili 32 | Laurin 7 | Managarm 43 | Modsognir 7 |
| Kisi 34 | Laus 40 | Mannus 20 | Mögthrasir 6 |
| Kiste 57 | Leber 63 | Mardalla 27 | Moin 32 |
| Kjallandi 6 | Leib 63 | Marder 43 | Mökkurkjalfi 6 |
| Kjallandi 35 | Leidi 34 | Margerdr 35 | Molda 35 |
| Klaufi 34 | Leifi 6 | Margerthur 35 | Mona 20 |
| Klee 45 | Leifnir 6 | Mangold 45 | Mond 48 |
| Kleima 35 | Leikn 35 | Mantel 67 | Mondul 32 |
| Knochen 67 | Leimrute 66 | Mantel der Nanna 67 | Moosfrau von |
| Knoten 64 | Leiter 49 | Marnar 29 | Saalfeld 32 |
| Kobolde 36 | Leirvör 35 | Märzviole 45 | Moosleute von |
| Kol der Bucklige 39 | Leopard 43 | Maske => Helm | Arntschgereute 32 |
| Kolfrosta 28 | Lerche 40 | Maus 44 | Mörn 35 |
| Kolga 35 | Lidskialf 20 | Meer 49 | Möwe 40 |
| Kopf 63 | Liebestrank 70 | Meer der Zeit 55 | Mühle 66 |
| Kormoran 40 | Liebeszauber 64 | Meer-Menschen 36 | Mundilfari 6 |
| Korn 45 | Lif 39 | Mehlbeere 45 | Munin 40 |
| Körperteile 65 | Lifthrasir 39 | Mehltau 45 | Munnharpa 35 |
| Köttr 34 | Litr 6 | Meili 9 | Münze 67 |
| Kraftgütel => Gürtel | Litr 32 | Meise 40 | Muspel 6 |
| Krähe 40 | Ljod 29 | Menglöd 22 | Muspelheim => |
| Kraka 31 | Ljota 35 | Menja 28 | Feuer 52 |
| Kranich 40 | Lodin 6 | Menschenopfer 64 | Myrkrida 35 |
| Kräuter 45 | Lodinfingra 35 | Messer 66 | Myrkvid 49 |
| Kreppvör 35 | Lodur 16 | Midgard 52 | **Nabbi** 32 |
| Kriegerin 62 | Lofar 7 | Midgardschlange 41 | Nacktheit 60 |
| Kreuzblume 45 | Lofn 29 | Midi 6 | Nadel 55 |
| Kreuzkraut 45 | Lofnheid 35 | Midjungr 34 | Nägel 55 |
| Krönung 64 | Logi 34 | Midwitnir 6 | Naglfar 49 |
| Kröte 44 | Loki 16 | Mimir 6 | Nain 32 |
| Kuckuck 40 | Loni 32 | Mist 31 | Nali 32 |
| Kuril 6 | Lopthoena 28 | Mistel 45 | Namensgebung 64 |
| Kult 55 | Lori 35 | Mistkäfer 40 | Nanna 21 |
| Kundalini 64 | Loricus 6 | Mittelpfeiler => | Nauma (Hel) 35 |
| Kwasir 20 | Löwe 43 | Yggdrasil | Nar 32 |
| Kyrmir 6 | Löwenmäulchen 45 | Mittsommer 54 | Narfi 6 |

322

Nari Loki-Sohn 19
Nati 6
Naudir 36
Nebel 64
Nefia 35
Nehalennia 29
Neri 30
Neris Schwester 30
Nerthus 28
Nepr 20
Nessel 45
Netz 67
Neuentstehung aus
den Knochen 55
neun Heimdall-
Mütter 35
neun Schwestern 35
Niblung 7
Niblung 39
Nicor 34
Nid 64
Nidi 32
Nidr 28
Nidud 16
Nieswurz 45
Niflheim => Eis 52
Niping 32
Nirdir 10
Niola 48
Njola 48
Njörd 10
Njörun 29
Nölvi 10
Norden 54
Nordosten 54
Nordri 32
Nordwesten 54
Nori 32
Nornen 30
Norr 34
Norr 48
Nott 48

Nyi 32
Nyr 32
Nyrad 32
**Oddrun** 31
Odin 13/14
Odr 20
Ofoti 5
Öflugbarda 35
Öflugbardi 6
Ogautan 39
Ogladnir 6
Ogn 35
Ohr 63
Oin 7
Olius 32
Ölwaldi 5
Omen 71
Onarr 48
Öndudr 6
Onn 32
Opfer 64
Orakel 71
Oregano 45
Ori 32
Örnir 6
Ortnit 34
Ösgrui 5
Öskrudr 34
Ostara 29
Osten 54
Otr 32
Otter 44
Otunfaxe 39
**Penis** 55
Perchta 28
persönliches Glück 64
Pfeil 66
Pferd 42
Pferdezwillinge 12
Pflug 67
Phol 9
Polygamie 55

Priester 60
Priesterin 58
Prolog (Edda) 77
Prophezeiung 71
Pukis 36
**Rabe** 40
Rad 67
Radgrid 31
Radvör 35
Ragnar Lodenhose 39
Ragnarök 55
Ran 27
Randalin 31
Randgnid 31
Randgrid 31
Rangbeinn 5
Rasereitrank 70
Raswid 32
Rätsel 76
Raud 34
Raugnir 34
Raum 6
Reck 32
Regenbogenbrücke
49
Regin 7
Reginleif 31
Reiher 40
Rentier 42
Riesen auf der West-
Insel 6
Riesen-Baumeister 6
Riesen von
Feldkirchen 34
Riesen von
Lichtenberg 35
Rifingalfa 35
Rifingöflu 35
Rigingöflu 35
Rind 42
Rindr 20
Ring 57

Ringkampf 55
Rist 31
Robbe 44
Rögnir 7
Rose 45
Röskva 37
rot 46
rota 31
Rotkehlchen 40
Rücken 63
Rud 35
Rudent 6
Rudi 34
Runa 35
Runen 72
Runenkästchen von
Auzon => Kiste
Runenstein 64
Runenstein von Ardre
64
Rußland-Riese 6
Rütze 35
Rygi 35
**Saemdill** 6
Saga 28
Sährimnir 42
Säkarsmuli 6
Salbei 45
Salfangr 6
Sam 34
Sämingr 39
Sanngrid 31
Sati 51
Säule => Weltenbaum
52
Saxnot 20
Sceaf 20
Schachtelhalm 45
Schädelschale 63
Schadenszauber 64
Schaf 42
Schafgarbe 45